全国高职高专物业管理系列规划教材

房地产测绘

李会青　主　编

孔　达　王耀新　副主编

科学出版社

北　京

内 容 简 介

  本书主要介绍房地产测绘的相关内容。本书共十章,主要包括绪论、水准测量、角度测量、距离测量与全站仪、控制测量、大比例尺地形图测绘、房地产调查、地籍要素测量与地籍图测绘、房产要素测量与房产图测绘、图形面积量算与房产面积测算等。

  本书可作为高职高专物业管理、房地产管理、土地管理等专业的教学用书,也可供房地产管理、产权产籍管理、房地产测绘等专业人员参考。

图书在版编目(CIP)数据

房地产测绘 / 李会青主编 . —北京:科学出版社,2006
  (全国高职高专物业管理系列规划教材)
  ISBN 978-7-03-017331-7

  Ⅰ. 房… Ⅱ. 李… Ⅲ. 房地产-测量学-高等学校:技术学校-教材
Ⅳ. F293.3

  中国版本图书馆 CIP 数据核字(2006)第 054393 号

责任编辑:童安齐 彭明兰 / 责任校对:都 岚
责任印制:吕春珉 / 封面设计:耕者设计工作室

科 学 出 版 社 出版
北京东黄城根北街 16 号
邮政编码:100717
http://www.sciencep.com

铭洁彩色印装有限公司 印刷
科学出版社发行 各地新华书店经销

*

2006 年 6 月第 一 版   开本:B5(720×1000)
2017 年 1 月第五次印刷   印张:15 3/4
字数:301 000
定价:28.00 元
(如有印装质量问题,我社负责调换〈骏杰〉)
销售部电话 010-62136230   编辑部电话 010-62132124(VA03)

前　言

　　房地产测绘是随着我国对土地管理的重视与房地产业的发展而兴盛起来的,为土地管理和房地产管理提供服务。根据国家标准《房产测量规范》、《地籍测绘规范》,结合高职高专房地产管理、物业管理及相关专业的岗位需求,本书以面向实际能力的形成,着重介绍了房地产测绘的基本原理和基本操作,论述了房地产测绘的内容和方法,并配套给出实训及指导的内容。本书紧密结合生产实际,注重新技术的应用,力争做到叙述简明、通俗易懂,具备较强的先进性和通用性,可作为房地产管理、物业管理、土地管理、房地产测量等专业的教材,也可供相关专业技术人员参考。

　　本书共分 10 章,编写分工如下:丽水学院王耀新编写第一章;深圳职业技术学院李会青编写第二章、第七章,陈绍名编写第三章、第四章;黑龙江大学孔达编写第五章、第六章;郑州测绘学校时东玉编写第八章、第九章和第十章。李会青负责全书的统稿定稿。

　　西南交通大学黄丁发教授对本书进行了审阅,并提出了宝贵的修改意见,在此表示衷心感谢。

　　由于编者水平有限,书中可能存在疏漏,敬请读者批评指正。

目 录

第一章 绪 论

1.1 房地产测绘概述

1.1.1 房地产测绘的任务

房地产是指土地、建筑物及其他地上定着物,为人们生产生活提供必需的空间。它不仅是最基本的生活资料,也是最基本的生产要素。在国家总财富中,房地产往往占大部分,一般为 60%~70%,因此房地产测绘尤为重要。由于房产与土地密不可分,又不完全相同,所以目前房地产测绘一般分为房产测绘和地籍测绘。

1. 房地产测绘的任务

房产测绘的任务主要是调查和测定房屋及用地状况并绘制成图;地籍测绘的主要任务是调查和测定地块及其土地利用状况并绘制成图。为房地产产权、产籍管理,房产开发与土地利用,征收税费以及规划建设提供测量数据和资料。

2. 房地产测绘的作用

房地产测绘的作用是在房产和地产的管理、开发和经营中,通过测量和调查工作来确定房屋及其用地和地块的位置、权属、界线、质量、数量和现状,并以文字、数据和图件表示出来。其目的:一是为房地产管理包括产权产籍管理、开发管理、交易管理和拆迁管理服务,以及为评估、征税、收费、仲裁、鉴定等活动提供基础图、表、数字、资料和相关的信息;二是为城市规划、城市建设(如基础设施、地下管网、通信线路、环境保护)等提供基础数据和资料。

1.1.2 房地产测绘的内容

房地产测绘包括以下七个方面的内容。

1. 平面控制测量

房地产测绘的第一步就是在测区建立一个高精度的、有一定密度的、可长期使用的、覆盖全区的平面控制网。这是保证房地产测量成果质量的基础。

平面控制点应尽量利用已有的符合房地产测量规范要求的现有成果,并根据具体情况自行布测平面控制网。

2. 房产调查和地籍要素调查

房产调查包括房屋调查和房屋用地调查,其目的是查清房屋及其用地的地理位置、权属、权界、权源、数量和利用状况以及地理名称和行政境界等;地籍要素调查包括土地权属调查、土地利用类别调查、土地等级调查和地块内建筑物状况调查等。

3. 房地产要素测量

主要的房地产要素有界址点、界址线、角点(拐点)、房屋轮廓线以及相关地物的几何位置或数据等。测量方法有野外解析测量、航空摄影测量和全野外数据采集。

4. 房地产图绘制

房地产图主要包括房地产分幅平面图、房地产分丘平面图和房屋分户平面图。绘制要求按《房产测量规范》、《地籍测绘规范》所规定的内容、方法以及标准绘制。

5. 房地产面积测算

面积测算是房地产测量的重要内容,可以采用解析法、图解法、求积仪法。

6. 变更测量

我国正处于高速发展期,社会结构和经济体制也处于调整和变化中,城乡现状的不断变更,房地产的快速发展使得变更测量必须按规定进行。

7. 成果资料的检查与验收

成果资料的检查与验收工作是房地产测量的最后一道工序,也是保证房地产成果资料质量的最后一道关口,必须按房地产测量《房产测量规范》、《地籍测绘规范》所标准和要求来完成。

1.1.3 测量应遵循的原则

为了保证测量的精度,测量工作者必须遵守以下基本原则:从整体到局部、先控制后碎部、从高级到低级,前一步工作未做检核不进行下一步工作。

1.2 地面点位的确定

任何一个地面点都有三维坐标,房地产几何要素的测量需要测定点的坐标。为此必须确定地面点的坐标表示方法。

1.2.1 地球的形状和大小

测量是在地球表面进行的,地面点位的确定与地球的形状和大小密切相关。地球的自然表面有高山、丘陵、平原、海洋等形态,海洋面积约占地球表面的71%,陆地面积约占29%,是一个不规则曲面。假设一个静止不动的水面延伸并穿过陆地,包围整个地球,形成闭合曲面,称之为水准面;与水准面相切的平面称为水平面。在地球上重力线与水准面相垂直,重力线也称为铅垂线。铅垂线是测量工作的基准线。

水准面因其高度不同有无数个,其中与平均海水面相吻合的水准面称为大地水准面,它可以近似代表地球的形状。大地水准面是测量工作的基准面。大地水准面所包围的形体称为大地体。由于地球内部质量分布不均匀,重力受其影响,致使大地水准面成为一个不规则的、复杂的曲面。如果将地球表面上的点位投影到这样一个不完全均匀变化的曲面上,在计算上将是很困难的。因此,经过长期测量实践表明,大地体与一个以椭圆的短轴为旋转轴的旋转椭球的形状十分相似,所以测绘工作便取大小与大地体很接近的旋转椭球作为地球的参考形状和大小,如图1.1所示。

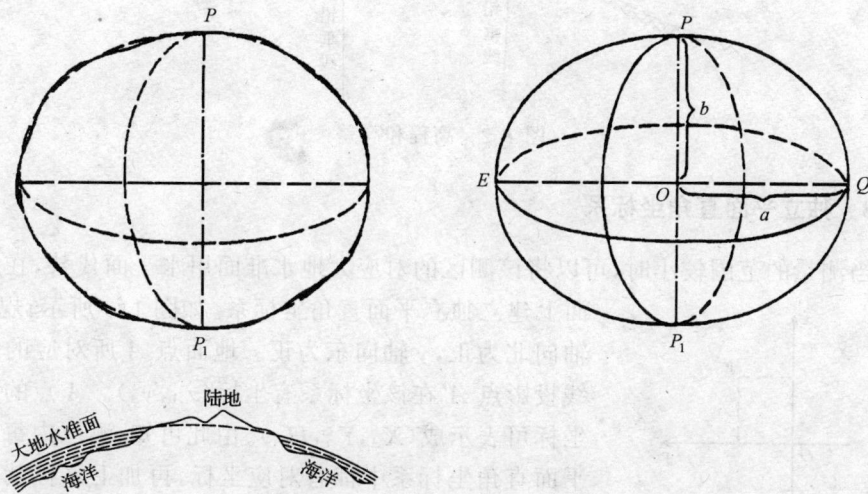

图 1.1 大地水准面与参考椭球

我国目前采用的旋转椭球的参数为

$$长半径\ a = 6\ 378\ 140\ \text{m}$$
$$短半径\ b = 6\ 356\ 755\ \text{m}$$
$$扁率\ \alpha = (a-b)/a = 1/298.257$$

由于旋转椭球的扁率很小,在测区面积不大,可以近似地把地球当作圆球,其半径 R 可按下式计算:

$$R = (a + a + b)/3 \tag{1.1}$$

1.2.2 地面点的高程

地面点到大地水准面的铅垂距离,称为点的高程,用 H 表示。如图 1.2 所示,过 A 有且仅有一条铅垂线,该铅垂线与大地水准面有一交点 A',则 AA' 是 A 点到大地水准面的铅垂距离,用 H_A 表示。同样用 H_B 表示 B 点的高程。

我国高程系统是以青岛验潮站历年记录的黄海平均海水面为基准,并在青岛建立了国家水准原点,其高程为 72.260m,称为 1985 年国家高程基准。

地面上两点高程之差称为高差,用 h 表示。A、B 两点的高差为

$$h_{AB} = H_B - H_A \tag{1.2}$$

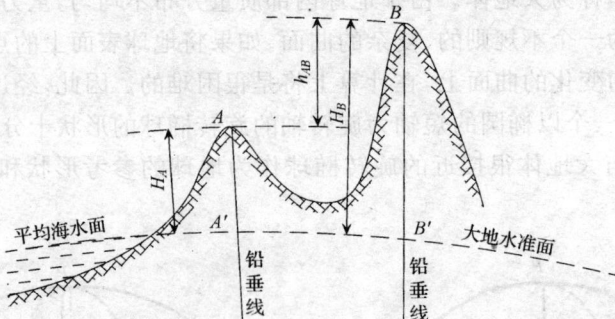

图 1.2 高程和高差

1.2.3 独立平面直角坐标系

当测量的范围较小时,可以将该测区的对应大地水准面用水平面代替,在该平面上建立独立平面直角坐标系。如图 1.3 所示,规定 x 轴向北为正,y 轴向东为正。地面点 A 所对应的铅垂线投影点 A' 在该坐标系有坐标 (x_A, y_A)。A 点的三维坐标可表示成 (X_A, Y_A, H_A)。由此可知,测区内每点在平面直角坐标系中都有对应坐标,再加上高程就可以表示地面点了。

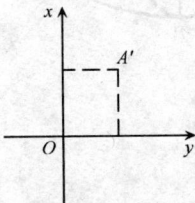

图 1.3 独立平面直角坐标系

1.2.4 高斯平面直角坐标系

当测量的范围大时,大地水准面不能再用水平面代替,而是作为球面处理。球面上不能建立直角坐标系。为此采用投影的方法将球面变为平面,然后再建立平面直角坐标系。我国采用的是高斯投影法。

高斯投影方法是:首先将地球按经线划分成带,称为投影带。投影带从首子午线开始,每隔 6° 划分一带(称为 6°带),如图 1.4 所示,共划分成 60 个带。从首子午

线开始自西向东编号,东经0°~6°为第一度带,6°~12°为第二度带,依此类推,如图1.5所示。位于每一带中央的子午线称为中央子午线,第一带中央子午线的经度为3°,任意一带中央子午线经度 λ_0 为

$$\lambda_0 = 6N - 3 \qquad (1.3)$$

式中:N——6°带带号。

采用高斯投影时,设想取一个空心圆柱与地球椭球的某一中央子午线相切,如图1.6所示。在地球图形与柱面图形保持等角的条件下,将球面上的图形投影到圆柱面

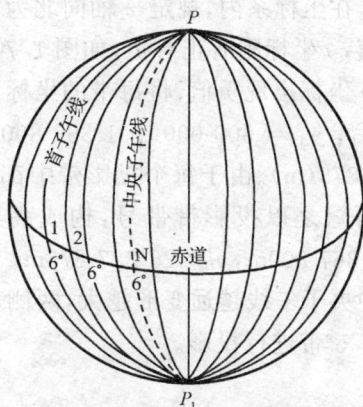

图1.4 高斯投影分带

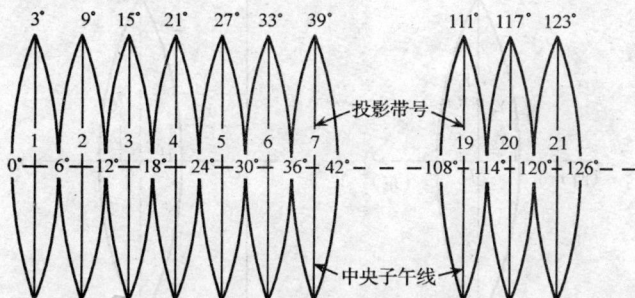

图1.5 6°带中央子午线及带号

上,然后将圆柱沿着通过南、北的母线切开,并展成平面。在这个平面上,中央子午线与赤道成为互相垂直的直线,其他子午线和纬线成为曲线,如图1.7(a)所示。取中央子午线为坐标纵轴 x,取赤道为坐标横轴 y,两轴交点 O 为坐标原点,组成高斯平面直角坐标系。

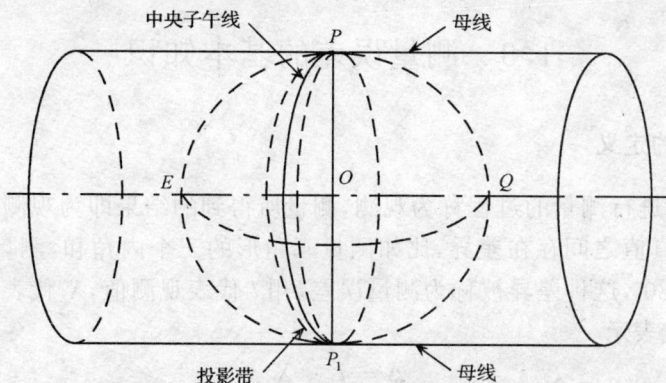

图1.6 高斯平面直角坐标系的投影

在坐标系内,规定 x 轴向北为正,y 轴向东为正。我国位于北半球,x 坐标均为正值,y 坐标则有正有负,如图 1.7 所示 $y_A=1\ 367\ 800\text{m}$,$y_B=-272\ 126\text{m}$。为了避免 y 坐标出现负值,将每带的坐标原点向西移动 500km,如图 1.7(b)所示,纵轴西移后,$y_A=500\ 000+1\ 367\ 800=6\ 367\ 800(\text{m})$,$y_B=500\ 000-272\ 125=227\ 875(\text{m})$。由于每个投影带中都有这样一个坐标的点,为了进行区别,在 y 坐标前再冠之以投影带带号,构成高斯实用坐标。如该两点在第 26 带中,则 $y_A=266\ 367\ 800\text{m}$,$y_B=26\ 227\ 875\text{m}$。在高斯投影中,离中央子午线近的部分变形小,离中央子午线越远变形越大,两侧对称。当要求投影变形更小时,可采用 3°带投影或 1.5°带进行投影。

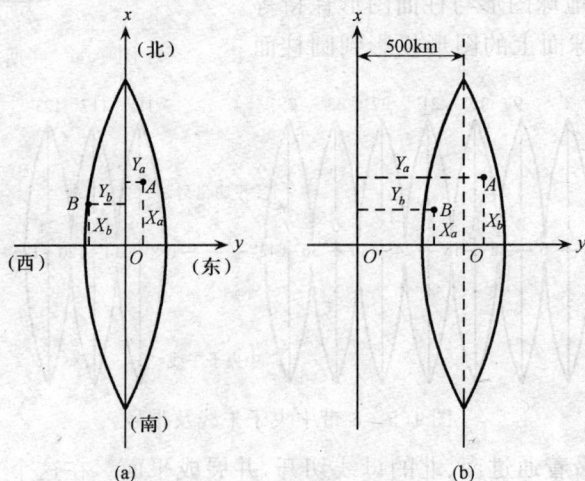

图 1.7　高斯平面直角坐标系

高斯平面直角坐标系和数学笛卡儿坐标系相比较,象限顺序不同,并赋予了统一的地理方位意义,这个变化不影响平面点线之间的数学关系。

1.3　测量误差的基本知识

1.3.1　误差的定义

对未知量进行测量的过程称为观测,测量所得到的结果即为观测值。一般情况下,观测值与真值之间存在差异,比如测量三角形的三个内角和,测量结果往往不等于其真值180°,这种差异被称为测量误差。用 l 代表观测值,X 代表真值,测量误差 Δ 可用下式表示

$$\Delta=l-X \tag{1.4}$$

测量误差是不可避免的。正因如此,同一角度不同人测量结果不同,同一距离不同时间丈量结果有差异。

1.3.2 误差产生的原因

测量是观测人员利用测量设备,在一定的外界条件下来完成的。所以,测量误差来源于以下三个方面:观测者、测量设备和外界条件。观测者的视觉鉴别能力和技术水平会导致测量结果产生误差。同样,测量设备的精密程度对测量结果也有影响,测量设备引起的误差称为仪器误差。仪器误差与测量仪器、工具的精密性相关,比如很难利用普通的量角器将一个角度的分和秒部分精确测量出来。外界条件的影响是指观测过程中不断变化着的大气温度、湿度、风力以及大气的能见度等给观测结果带来的误差,比如由于温度升高致使丈量距离的钢尺膨胀变长而引起的误差。

我们将观测者、测量设备和外界条件三者综合称为观测条件。

1.3.3 误差分类、特性及消减措施

测量误差按其产生的原因和对观测结果影响的性质分为系统误差和偶然误差两类。

1. 系统误差

在相同的观测条件下,对某一量进行一系列的观测,如果误差出现的符号和大小不变,或按一定的规律变化,这种误差称为系统误差。例如,用名义长度为 30m 而实际正确长度为 30.005m 的钢尺量距,每量一尺段就有 0.005m 的误差,大小符号不变,而且对观测结果影响具有累积性,因此一定要设法消除或减弱其影响。

系统误差对观测结果的影响相对来说具有稳定性或规律性,消除减弱方法有两种:① 采用合理的观测方法和观测程序,限制或削弱系统误差的影响。如角度测量时,采取盘左盘右观测,水准测量时保持前后视距相等。② 利用系统误差产生的原因和规律对观测值进行改正,如对距离测量值进行尺长改正、温度改正等。这些在以后章节会有介绍。

2. 偶然误差

在相同的观测条件下,对某一量进行一系列观测,如果误差出现的符号和大小从表面上看没有任何规律性,这种误差称为偶然误差。偶然误差是由人力所不能控制的因素或无法估计的因素(如人眼的分辨率等)引起的,其数值的大小、符号的正负具有偶然性。例如,我们用望远镜照准目标,由于大气的能见度和人眼的分辨率等因素使我们照准时有时偏左,有时偏右。在水准标尺上读数时,估读的毫米位有时偏大,有时偏小。

从单个偶然误差来看,其符号和大小没有任何规律性。但是,当进行多次观测对大量的偶然误差进行统计分析发现,偶然误差具有如下特性:

1）在一定的观测条件下,偶然误差的绝对值不会超过一定限值。

2）绝对值小的误差出现的频率大,绝对值大的误差出现的频率小。

3）绝对值相等的正、负误差具有大致相等的频率。

4）当观测次数无限增大时,偶然误差的理论平均值趋近于零,即偶然误差具有抵偿性。

由于偶然误差具有抵偿性,因此增加观测次数,取其平均值可以减弱偶然误差的影响。

在测量实践中有时存在读错数、记错数等情况,由此产生的错误被称为粗差。粗差是应该避免的。

1.3.4　精度指标

为了衡量观测结果的优劣,必须建立一套统一的精度标准。这里主要介绍以下几种。

1. 中误差

中误差用 m 表示,其计算公式为

$$m = \pm \sqrt{\frac{\Delta_1^2 + \Delta_2^2 + \cdots + \Delta_n^2}{n}} = \pm \sqrt{\frac{[\Delta\Delta]}{n}} \tag{1.5}$$

式中：$\Delta_1, \Delta_2, \cdots, \Delta_n$ ——测量误差;

n——测量次数。

从式(1.5)中可以看出,如果测量误差大,中误差就大;测量误差小,中误差就小。一般说来,中误差大,精度就低;中误差小,精度就高。

2. 相对误差

中误差有时不能完全表达精度的优劣,如分别测量了长度为100m和200m的两段距离中误差都为±0.02m,显然不能认为两段距离测量精度相同。为此引入了相对误差的概念。相对误差 k 是中误差 m 的绝对值与相应观测值 D 的比值,常用分子为1的分式表示：

$$k = \frac{|m|}{D} = \frac{1}{\dfrac{D}{|m|}} \tag{1.6}$$

上例中如果用相对精度来衡量,则容易发现第二段距离比第一段距离测量精度高。

相对精度不能用于角度测量,因为角度测量误差与角度大小无关。

第二章 水准测量

水准测量和三角高程测量是地面点高程测量的主要方法。前者一般用于平坦地区;后者用于起伏较大的地区。水准测量是一种精度较高的方法,较多地用于房地产测量。

2.1 水准测量原理

水准测量的原理是利用一条水平视线测量两地面点到该视线的铅垂距离以确定两点的高差。水平视线由水准仪提供,铅垂距离利用水准标尺测量,然后根据已知点的高程推算出另一个点的高程。

如图 2.1 所示,已知 A 点的高程为 H_A,现欲测量 B 点的高程 H_B,为此在 A、B 之间安置一台水准仪,在 A、B 两点上各竖立一根水准标尺,借助水准仪提供的水平视线在 A 尺上读数 a,在 B 尺上读数 b。a、b 分别是两段铅垂距离。

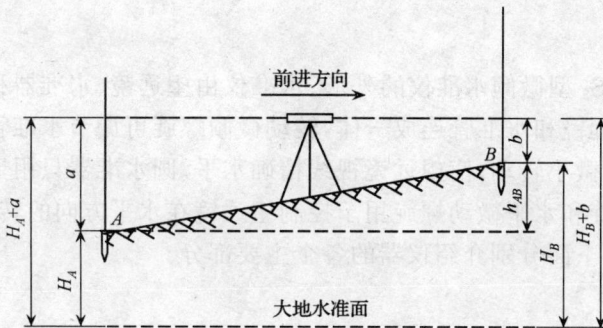

图 2.1 水准测量原理

我们知道 H_A、H_B 是 A、B 两点的高程,也是一段铅垂距离,由图 2.1 可以看出 H_A+a、H_B+b 是水平视线到大地水准面的铅垂距离即水平视线的高程,则有

$$H_A + a = H_B + b \qquad (2.1)$$

A、B 两点高差为两点高程之差,用 h_{AB} 表示,则根据式(2.1)有

$$h_{AB} = H_B - H_A = a - b \qquad (2.2)$$

B 点高程为

$$H_B = H_A + h_{AB} = H_A + a - b \qquad (2.3)$$

如果水准测量是由 A 到 B 进行的,如图 2.1 中的箭头所示,则 A 尺上的读数

a 为后视读数，B 尺上的读数 b 为前视读数。$a-b$ 是 A、B 两点之间的高差。由式(2.3)可以得到如下结论：

1）B 点的高程等于 A 点高程加两点之间的高差。

2）B 点的高程等于视线高程减前视标尺读数，而视线高程等于后视点高程加后视标尺读数。

如果 $H_A=10.123\text{m}$，$a=1.571\text{m}$，$b=0.685\text{m}$，则高差和视线高程分别为

$$h_{AB}=a-b=1.571-0.685=0.886(\text{m})$$
$$H_A+a=11.694(\text{m})$$
$$H_B=10.123+0.886=11.694-0.685=11.009(\text{m})$$

2.2 水准测量工具及水准仪使用

水准仪是为了水准测量提供水平视线的仪器，有不同规格、不同精度的仪器。在我国有 DS_{05}、DS_1、DS_3、DS_{10} 及 DS_{20} 等不同规格、不同精度的仪器。"D"和"S"分别代表"大地测量"和"水准仪"汉语拼音的第一个字母，通常省去 D，只写 S_{05}、S_1、S_3 等；数字代表该仪器能达到的精度，即每公里往、返测高差中数的中误差(mm)。房地产测量中一般使用 S_3 水准仪。

2.2.1 水准仪

图 2.2 为 DS_3 型微倾水准仪的外形。水准仪由望远镜、水准器和基座三个部分组成。水准仪望远镜和水准管连成一体，转动微倾螺旋可调节水准管连同望远镜一起在竖直面内做微小转动，使望远镜视线精确水平。圆水准器只用于仪器的粗略整平。水平制动螺旋和水平微动螺旋用于控制望远镜在水平方向的转动，使用望远镜精确瞄准目标。下面分别介绍仪器的各个主要部分。

1. 望远镜

水准仪的望远镜结构如图 2.3 所示，主要由物镜、目镜、调焦透镜和十字丝分划板组成。望远镜和水准管连成一个整体，转动微倾螺旋可调节水准管连同望远镜在竖直面内做微小转动，从而使望远镜视线精确水平。

十字丝分划板是一块刻有分划线的透明薄平板玻璃片，分划板上互相垂直的两条长丝称为十字丝。纵丝也称为竖丝，横丝也称为中丝，竖丝和横丝是用来照准目标和读数用的。上下两条对称的短丝称为视距丝，用于测量距离。

十字丝的交点与物镜光心的连线称为望远镜的视准轴，如图 2.3 所示，水准仪整平后，视准轴即为水平视线。

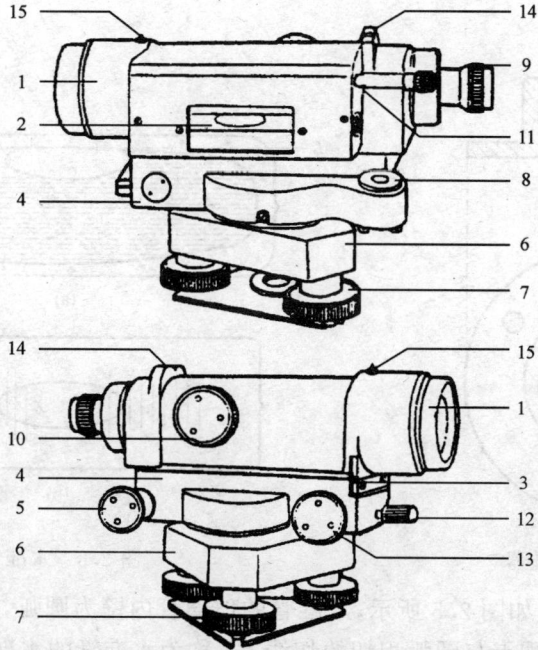

图 2.2　DS₃ 型微倾水准仪的外形

1. 望远镜物镜；2. 水准管；3. 簧片；4. 支架；5. 微倾螺旋；6. 基座；7. 脚螺旋；8. 圆水准器；
9. 望远镜目镜；10. 物镜调焦螺旋；11. 气泡观察镜；12. 制动螺旋；13. 微动螺旋；14. 缺口；15. 准星

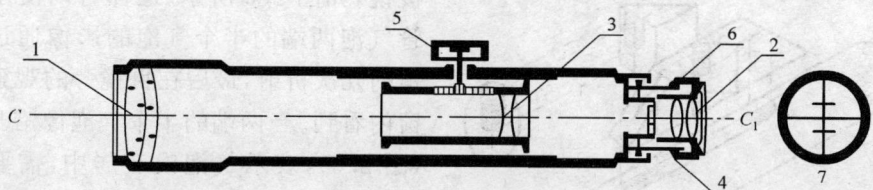

图 2.3　望远镜

1. 物镜；2. 目镜；3. 调焦透镜；4. 十字丝分划板；5. 物镜调焦螺旋；6. 目镜调焦螺旋；7. 十字丝放大像

2. 水准器

水准器是测量人员判断水准仪安置是否正确的重要装置。水准仪上通常有圆水准器和管水准器(也称水准管)两种。

1) 圆水准器装在仪器的基座上，用来对水准仪进行粗略整平。如图 2.4 所示，圆水准器内有一个气泡，它是将加热的乙醇和乙醚的混合液注满后密封，液体冷却后收缩形成一空间，亦即形成了气泡。圆水准器顶面的内表面是一个球面，其中央有一圆圈，圆圈的圆心叫做水准器的零点，连接零点与球心的直线称为圆水准器轴，当圆水准器气泡与零点重合时，表示气泡居中，此时圆水准器轴处于铅垂位置。圆水准器一般用作粗略整平用。

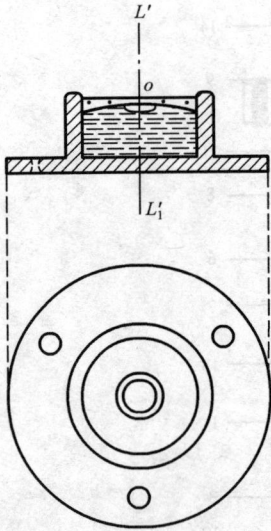

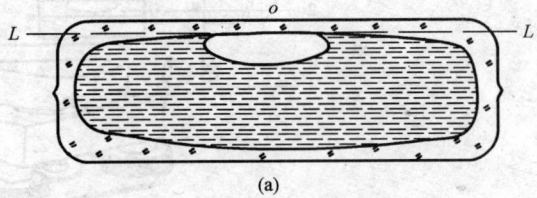

(a)

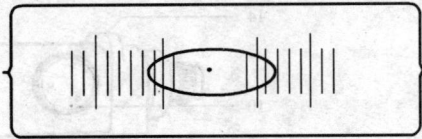

(b)

图 2.4　圆水准器　　　　　　　　图 2.5　水准管

2) 管水准器。如图 2.5 所示,水准管的玻璃管内壁为圆弧,圆弧的中心点是水准管的零点。通过零点与圆弧相切的切线 LL 称为水准管的水准轴。当气泡中心与零点重合时,气泡居中,此时水准管轴 LL 处于水平位置。管水准器用于仪器精平。

为了提高水准管气泡居中精度,DS_3 水准仪在水准管的上方安装了一组复合

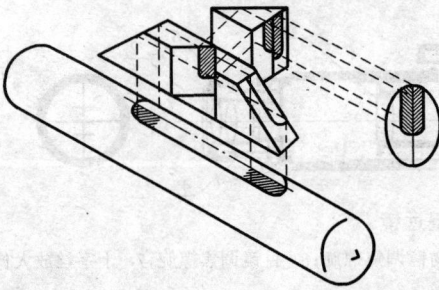

图 2.6　水准管与符合棱镜

棱镜,如图 2.6 所示。这样可以使水准管气泡两端的半个气泡的影像通过棱镜的几次折射,最后在目镜旁的观察小窗内看到。当两端的半个气泡像错开时(图 2.6),表示气泡没有居中,需要转动微倾螺旋使两端的半个气泡影像符合一致,则表示气泡居中。这种具有棱镜装置的水准管称为符合水准器,它能提高气泡居中的精度。

3. 基座

基座主要由轴座、脚螺旋、底板和三角压板构成。基座的作用是支撑仪器上部,即将仪器的竖轴插入轴座内旋转。基座上有三个脚螺旋,用来调节圆水准器使气泡居中,从而使竖轴处于竖直位置,将仪器粗略整平。底板通过连接螺旋与下部三脚架连接。

2.2.2 水准标尺及尺垫

1. 水准尺

水准尺是水准测量的重要工具,其质量好坏直接影响水准测量的成果。水准尺常用的有双面水准尺和塔尺两种,如图2.7所示。

塔尺通常制成3～5m,以铝合金或玻璃钢材料居多。塔尺可以伸缩,携带方便,但接头处容易损坏,影响尺的长度。水准尺上的分划一般是区格式,即1cm一格,黑白或红白相间,每0.1m注记一数字。因望远镜有正像和倒像两种,所以水准标尺注记也有正写和倒写之分。立尺时应注意将尺的零点接触立尺点。

双面水准尺一般选用干燥的优质木材制成。它两面都有刻画,一面为黑白格相间,另一面为红白格相间。黑面分划起始数字为0,而红面尺起始数字则为4.687或4.787。在一根尺上的同一高度,红黑两面的刻画之差为一常数,即4.687或4.787。

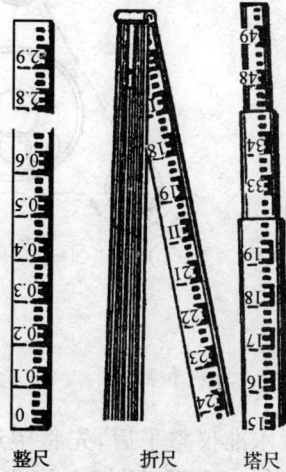

整尺　折尺　塔尺

图2.7　水准尺

2. 尺垫

如图2.8所示,尺垫一般生铁铸成,下部有三个尖足点,中部有突出的半球体,

图2.8　尺垫

作为临时转点的点位标志供竖立水准尺用。尺垫是水准测量的另一重要工具,在水准测量中,尺垫踩实后再将水准尺放在尺垫顶面的半球体上,可以防止水准尺垫下沉。

2.2.3 水准仪的使用

使用微倾水准仪的基本操作程序为安置仪器和粗略整平(简称粗平)、调焦和照准、精确整平(简称精平)和读数。

1. 安置水准仪和粗平

先选好平坦、坚固的地面作为水准仪的安置点,然后打开三脚架使其高度适中,架头大致水平,再用连接螺丝将水准仪固定在三脚架头上,将脚架踩实。调整三个脚螺旋,使圆水准器气泡居中,称为粗平。粗平后仪器竖轴大致铅直,视准轴也大致水平。

圆水准器整平方法如下。

如图2.9所示,当气泡不在中心而偏在图2.9(a)所示处时,可先用双手按箭头指示的方向转动脚螺旋1和2,使气泡移到图2.9(b)所示处,然后转动第三个脚螺旋使气泡从图2.9(b)所示处移动到圆圈中心。气泡移动方向与左手拇指移动方向一致、与右手的食指方向一致。

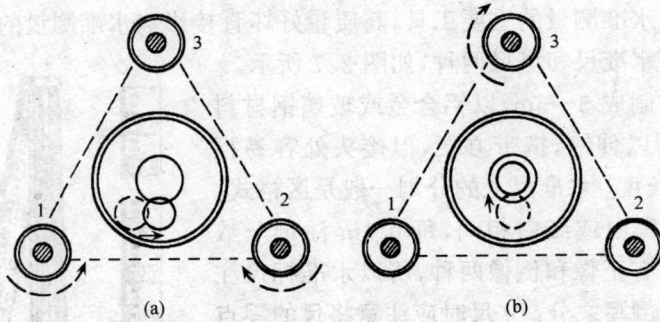

图 2.9 圆水准器气泡居中

2. 调焦和照准

水准仪整平后,先将望远镜对准天空或白色目标,转动目镜调焦螺旋,使十字丝清晰。再用望远镜上的准星瞄准水准标尺,随即转动水平制动固定望远镜。然后从望远镜中观察,转动物镜调焦螺旋使目标清晰,最后转动水平微动螺旋,使十字丝竖丝对准水准标尺。

瞄准目标后,眼睛可在目镜处做上下移动,如发现十字丝与目标影像有相对移动读数随眼睛的移动而改变,这种现象称为视差。产生视差的原因是目标影像与十字丝分划板不重合,它将影响读数的正确性。消除视差的办法是先调目镜调焦螺旋使十字丝清晰,再继续认真地进行物镜调焦,以消除视差。当眼睛在目镜处移动时,十字丝与标尺读数没有相对移动即读数不变,说明没有视差。

3. 精平

如图2.10所示,转动微倾螺旋,同时察看水准管气泡观察窗,当符合水准器气泡成像吻合时,表明气泡已精确整平。此时与水准管轴平行的视准轴处于水平状态。

4. 读数

视准轴水平后,用十字丝中丝在水准尺上读数,亦即读出水准尺零点到十字丝中丝的高度。读数应保持四位数字,m(米)、dm(分米)、cm(厘米)可在标尺上直接读出,毫米数则估读出来。如图2.11所示,读数为0.858,以m(米)为单位。读数后再检查一下气泡是否移动了,否则需重新用微倾螺旋调整气泡使之符合后再次读数。

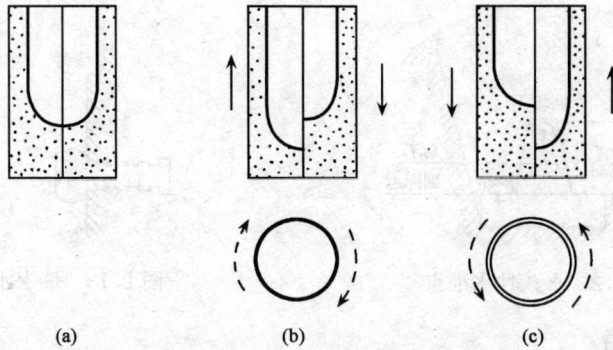

图 2.10　水准管气泡调节

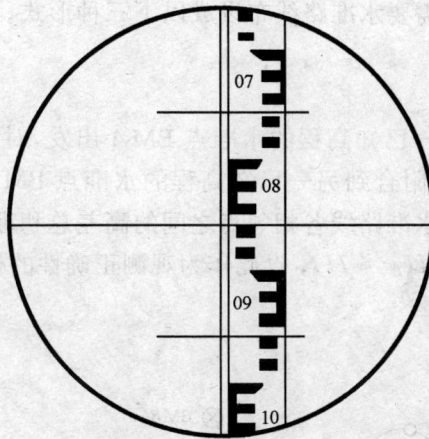

图 2.11　瞄准水准尺读数

2.3　水准测量实施与注意事项

2.3.1　水准点

　　用水准测量的方法测定的高程控制点称为水准点(bench mark)，常用 BM 表示。水准测量通常是从水准点引测其他点的高程。水准点有永久性和临时性两种。国家级水准点按《国家水准测量规范》要求埋设永久性标石标志，如图 2.12 所示，一般用石料或钢筋混凝土制成，深埋到地面冻结线以下 0.5m。在标石的顶面设有用不锈钢或其他不易锈蚀的材料制成的半球状标志。有些水准点也可以设置在稳定的墙脚上，称为墙上水准点，如图 2.13 所示。地形测量的图根水准点或建筑工地的水准点可以采用临时性标志，用木桩或道钉打入地面，也可以选用地面上突出的坚硬岩石等。为了便于他人寻找使用，埋设水准点后应做点记，注明点号、等级、高程值以及该点位置、与其他明显地物点的相对关系，并绘制附近地形草图。

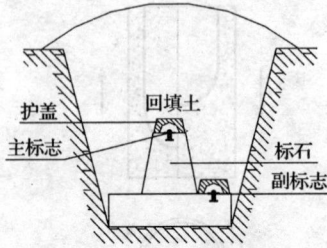

图 2.12　永久性水准点

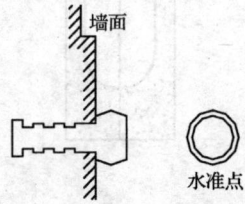

图 2.13　墙上水准点

2.3.2　水准线路

在水准点之间进行水准测量所经过的路线,称为水准路线.按照已知高程的水准点的分布情况和实际需要水准路线布设成以下三种形式。

1. 附合水准路线

如图 2.14 所示,从一已知高程的水准点 BMA 出发,对各高程待定水准点 1、2、3 进行水准测量,最后附合到另一已知高程的水准点 BMB,这样的水准路线称为附合水准路线. 附合水准路线各相邻点之间的高差总和理论上等于两端已知点之间的高差即 $\sum h_{理} = H_B - H_A$,以此作为观测正确性的检核条件。

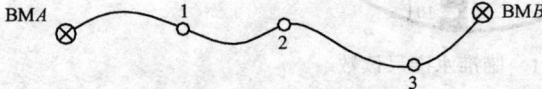

图 2.14　附合水准路线

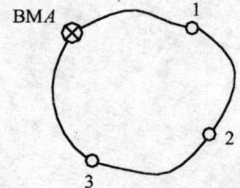

图 2.15　闭合水准路线

2. 闭合水准路线

如图 2.15 所示,从某一已知高程的水准点 BMA 出发,对各高程待定的水准点 1、2、3 进行水准测量,最后仍回到原水准点 BMA,这样的水准路线称为闭合水准路线. 从 BMA 到 1,1 到 2 及以后相邻点间的高差测量可采用上节所述方法. 对于闭合水准路线,各相邻点间的高差总和在理论上应等于零,即 $\sum h_{理} = 0$,可以用于观测正确性的检核。

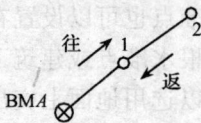

图 2.16　支水准路线

3. 支水准路线

如图 2.16 所示,从某一已知高程的水准点 BMA 出发,对各高程待定的水准点 1、2 进行水准测量,其线路既不闭合也不附合,这样的水准路线称为支水准路线. 支水准路线一定要进行往返测。往测高差总和与返测高差总和在理论上应是大小相等符号相反，即 $\sum h_{往} + \sum h_{返} = 0$，可以作为观测正确性的检核。

2.3.3 水准测量实施及注意事项

1. 水准测量实施

当高程待定点离开已知点较远或高差较大时，仅安置一次仪器进行一个测站的测量就不能测出两点之间的高差。这时需要在两点之间加设若干个临时立尺点，分段连续多次安置仪器来求得两点间的高差。这些临时加设的立尺点是作为传递高程用的，称为转点(Turning Point，一般用 TP 表示)，转点处应放置尺垫用于立尺。

如图 2.17 所示，水准点 A 的高程为 17.580m，要测定 B 点高程。观测时临时加设了 3 个转点，共进行了四个测站的观测，每个测站观测的程序相同，其观测步骤、记录、计算说明如下。

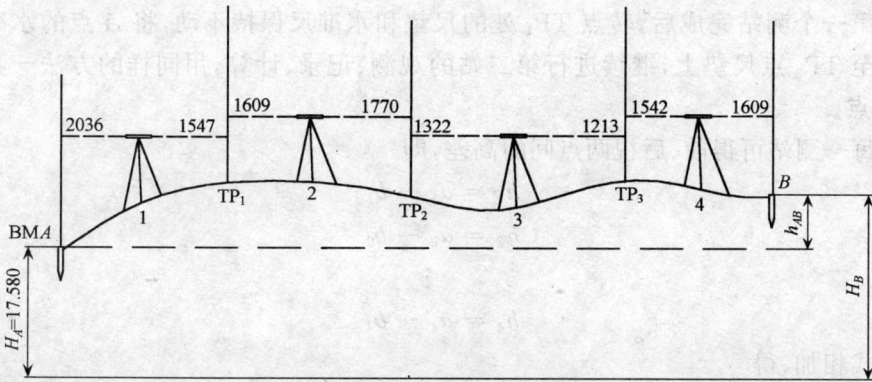

图 2.17 水准测量的实施

作业时，先在水准点 BMA 上立尺，作为后视标尺，再沿水准路线的前进方向选择一处安置水准仪，同时选择适当位置放置尺垫，作为转点 TP_1，然后在尺垫上立前视标尺。选择测站和转点时要注意水准仪距前、后视标尺的距离尽可能相等。视线长度不超过 100m。

在第一测站上的观测程序如下。

1) 安置仪器，调整脚螺旋使圆水准器气泡居中即粗平。

2) 照准后视(A 点)标尺，并转动微倾螺旋使水准管气泡居中，用中丝读后视标尺读数 $a_1 = 2036$，记入表 2.1 所示手簿。照准前视(转点 TP_1)标尺，精平，读前视标尺读数 $b_1 = 1547$，记录人员复读后记入手簿，并计算 A 点与转点 TP_1 之间的高差，即

$$h_1 = a_1 - b_1 = 2036 - 1547 = + 0.489(\text{m})$$

3) 填入表 2.1 中高差栏。

表 2.1　水准测量手簿

测站	测点	水准标尺读数		高差/m	高程/m	备注
		后视 a	前视 b			
1	BMA	2036		$+0.489$	17.580	已知水准点高程
	TP$_1$		1547			
2	TP$_1$	1609		-0.161		
	TP$_2$		1770			
3	TP$_2$	1322		$+0.109$		
	TP$_3$		1213			
4	TP$_3$	1542		-0.067		
	B		1609		17.950	
计算校核		$\sum 6509$ -6139	$\sum 6139$	$+0.370$	17.950 -17.580	
		$+0.370$			$+0.370$	

　　第一个测站完成后,转点 TP$_1$ 处的尺垫和水准尺保持不动,将 A 点的水准标尺移至 TP$_2$ 点尺垫上,继续进行第二站的观测、记录、计算,用同样的方法一直测到 B 点。

　　每一测站可得前、后视两点间的高差,即

$$h_1 = a_1 - b_1$$
$$h_2 = a_2 - b_2$$
$$\vdots$$
$$h_4 = a_4 - b_4$$

将各式相加,得

$$\sum h = \sum a - \sum b \tag{2.4}$$

B 点高程

$$H_B = H_A + \sum h \tag{2.5}$$

2. 水准测量的注意事项

　　由于测量受各种因素的影响,所以我们在测量过程中尽量采用各种各样的措施以达到消除或减弱误差的目的。同时应绝对避免在测量中存在错误,因此在水准测量时应注意以下几点:

　　1) 观测前对所用仪器和工具进行认真检验和校正。

　　2) 仪器、标尺应尽量安置在土质坚实处,并将脚架和尺垫踩紧,以防下沉带来误差。

　　3) 水准仪前、后视距应尽量相等,以减弱仪器误差等影响。

4）视距（水准仪到标尺的距离）应不超过 100m。

5）读数前注意调焦、消除视差，读数前后水准管气泡应精确吻合。

6）水准标尺要扶直，测量过程中要注意检查清除标尺底部泥土等。

7）烈日下作业要撑伞防晒。

8）记录员要复读读数并注意数据的核对，记录应整洁、没有涂改。

2.4　水准测量成果计算

2.4.1　闭合差计算

水准测量的成果整理首先是利用各种水准路线的检核条件对观测结果进行检核，在满足检核条件之后再对观测结果进行改正并计算高程。

高差闭合差是相邻点间的实测高差总和与其理论值之差，计算随水准路线的形式而不同，现分述如下：

附合水准路线

$$f_h = \sum h_测 - \sum h_理 = \sum h_测 - (H_终 - H_始) \tag{2.6}$$

闭合水准路线

$$f_h = \sum h_测 - \sum h_理 = \sum h_测 \tag{2.7}$$

支水准路线

$$f_h = \sum h_往 + \sum h_返 \tag{2.8}$$

2.4.2　闭合差允许值

由于仪器的精密程度和观测者的分辨能力都有一定的限制，而且还受到外界环境的影响，观测中含有一定范围内的误差是不可避免的，高差闭合差 f_h 是水准测量观测误差的反映，当 f_h 在允许范围内时，认为精度合格，成果可用；否则，返工重测直至符合要求为止。普通水准测量高差闭合差的允许范围公式为

$$f_{h_允} = \pm 40 \sqrt{L} (\text{mm}) \tag{2.9}$$

式中：L——水准路线长度，km。

在山区或丘陵地区当每公里路线中安置水准仪的测站数超过 16 站时，高差闭合差允许值可采用下式计算，即

$$f_{h_允} = \pm 12 \sqrt{n} (\text{mm}) \tag{2.10}$$

式中：n——水准路线中总的测站数。

2.4.3　高差改正数与高程计算

当 f_h 的绝对值小于 $f_{h_允}$ 时，说明观测成果合格，可以进行高差闭合差分配、高

差改正和高程计算。

高差闭合差的分配即计算高差的改正数,分配公式如下:

$$v_i = -\frac{f_h}{\sum L}L_i \qquad (2.11)$$

或

$$v_i = -\frac{f_h}{\sum n}n_i \qquad (2.12)$$

当给定数据是路线长度时采用式(2.11),当给定数据是测站数时采用式(2.12)。

将所测高差加上所对应的改正数即得到改正后的高差。利用已知高程和改正后的高差按高差的方向计算各点高程。

2.4.4 算例

1. 附合水准路线成果计算

A、B 为两个已知水准点,A 点高程为 21.326m,B 点高程为 25.062m,其观测成果如图 2.18 所示,计算 1、2、3 各点高程。

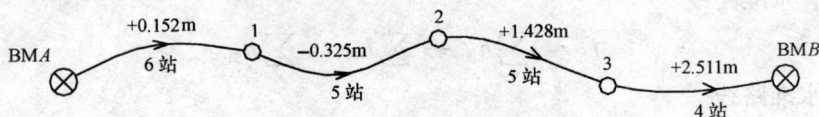

图 2.18 附合水准路线观测成果

将图 2.18 中数据按高程顺序列入表 2.2 进行计算。

表 2.2 附合水准路线成果整理

点号	测站数 n_i/站	实测高差 h_i/m	高差改正数 v_i/m	改正后高差 $h_{改}$/m	高程 H/m	备注
BMA					21.326	已知点
	6	+0.152	−0.009	+0.143		
1					21.469	
	5	−0.325	−0.007	−0.332		
2					21.137	
	5	1.428	−0.008	+1.420		
3					22.557	
	4	2.511	−0.006	+2.505		
BMB					25.062	已知点
$\sum$	20	3.766	−0.030	3.736		

计算步骤如下:

(1) 计算闭合差

$$f_h = \sum h_{测} - (H_{终} - H_{始}) = +30(\text{mm})$$

（2）计算闭合差容许值

$$f_{h_{\text{允}}} = \pm 12 \sqrt{n} \, (\text{mm}) = \pm 12 \sqrt{20} = \pm 54 (\text{mm})$$

因为 $|f_h| \leqslant |f_{h_{\text{容}}}|$，所以高差测量结果满足要求，可做下一步计算。

（3）计算高差改正数

$$v_i = -\frac{f_h}{\sum n} n_i$$

各测段高差改正数 v_i 计算如下：

$$v_1 = -\frac{f_h}{\sum n} n_1 = -\frac{30}{20} \times 6 = -9(\text{mm})$$

$$v_2 = -\frac{f_h}{\sum n} n_2 = -\frac{30}{20} \times 5 = -7.5(\text{mm})$$

$$v_3 = -\frac{f_h}{\sum n} n_3 = -\frac{30}{20} \times 5 = -7.5(\text{mm})$$

$$v_4 = -\frac{f_h}{\sum n} n_4 = -\frac{30}{20} \times 4 = -6(\text{mm})$$

改正数凑整到毫米，且凑整后的改正数之和必须与闭合差绝对值相等，符号相反。这是计算中的一个检核条件，即

$$\sum v = -f_h = -0.030\text{m}$$

（4）计算改正后高差

各测段观测高差 h_i 分别加上相应的改正数 v_i，即得改正后的高差。例如

$$h_{1\text{改}} = h_1 + v_1 = +0.152 - 0.009 = +0.143$$
$$h_{2\text{改}} = h_2 + v_2 = -0.325 - 0.007 = -0.332$$
$$\vdots$$

（5）高程计算

利用测段起点高程加测段改正后高差逐点计算高程，最后推算的终点高程应与已知高程相等。例如

$$H_1 = H_A + h_{1\text{改}} = 21.326 + 0.143 = 21.469(\text{m})$$
$$H_2 = H_1 + h_{2\text{改}} = 21.469 - 0.332 = 21.137(\text{m})$$
$$\vdots$$

2. 闭合水准路线成果计算

闭合水准路线与附合水准路线基本相同，不同的是高差闭合差计算公式。

$$f_h = \sum h_{\text{测}}$$

在图 2.19 中 A 点为已知水准点，A 点高程为 51.732m，其观测成果如图 2.19

所示,计算 1、2、3 各点高程。

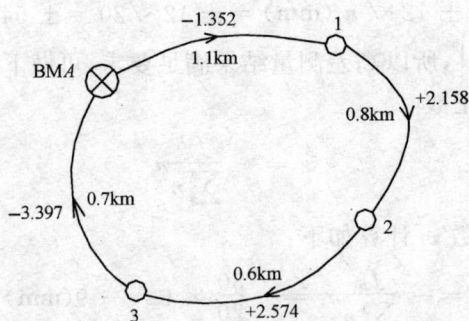

图 2.19　闭合水准路线观测成果

将图 2.19 中数据按高程顺序列入表 2.3 进行计算。

表 2.3　闭合水准路线成果整理

点号	距离 l_i/km	实测高差 h_i/m	高差改正数 v_i/m	改正后高差 $h_{改}$/m	高程 H/m	备注
BMA					51.732	已知点
	1.1	−1.352	+0.006	−1.346		
1					50.386	
	0.8	+2.158	+0.004	+2.162		
2					52.548	
	0.6	+2.574	+0.003	+2.577		
3					55.125	
	0.7	−3.397	+0.004	−3.393		
BMA					51.732	已知点
$\sum$	3.2	−0.017	+0.017	0		

计算步骤如下:

(1) 计算闭合差

$$f_h = \sum h_测 = -17(\text{mm})$$

(2) 计算闭合差容许值

$$f_{h_允} = \pm 40\sqrt{L} = \pm 40\sqrt{3.2} = \pm 72(\text{mm})$$

因为 $|f_h| \leqslant |f_{h_容}|$,所以高差测量结果满足要求,可做下一步运算。

(3) 计算高差改正数

$$v_i = -\frac{f_h}{\sum L}L_i$$

各测段改正数 v_i 计算如下:

$$v_1 = -\frac{f_h}{\sum L}L_1 = -\frac{-17}{3.2} \times 1.1 = +6(\text{mm})$$

$$v_2 = -\frac{f_h}{\sum L}L_2 = -\frac{-17}{3.2} \times 0.8 = +4(\text{mm})$$

$$v_3 = -\frac{f_h}{\sum L}L_3 = -\frac{-17}{3.2} \times 0.6 = +3(\text{mm})$$

$$v_4 = -\frac{f_h}{\sum L}L_4 = -\frac{-17}{3.2} \times 0.7 = +4(\text{mm})$$

改正数凑整到毫米,且凑整后的改正数之和必须与闭合差绝对值相等,符号相反。这是计算中的一个检核条件,即

$$\sum v = -f_h = +0.017\text{m}$$

(4)计算改正后高差

各测段观测高差 h_i 分别加上相应的改正数 v_i,即得改正后的高差。例如

$$h_{1改} = h_1 + v_1 = -1.352 + 0.006 = -1.346(\text{m})$$
$$h_{2改} = h_2 + v_2 = +2.158 + 0.004 = +2.162(\text{m})$$
$$\vdots$$

(5)高程计算

利用已知点高程加测段改正后高差逐点计算高程,最后推算回已知点高程应与已知高程相等。例如

$$H_1 = H_A + h_{1改} = 51.732 - 1.346 = 50.386(\text{m})$$
$$H_2 = H_1 + h_{2改} = 50.386 + 2.162 = 52.548(\text{m})$$
$$H_3 = H_2 + h_{3改} = 52.548 + 2.577 = 55.125(\text{m})$$
$$H_{A算} = H_3 + h_{4改} = 55.125 - 3.393 = 51.732(\text{m}) = H_{A已知}$$

2.5 实训项目及指导

2.5.1 实训内容

闭合水准路线测量、记录、计算、闭合差调整及高程计算。

2.5.2 实训计划

实训时数安排 2～3 学时。实训小组由 4～5 人组成。每组实训设备为 DS_3 水准仪 1 台,水准尺 2 根,尺垫 2 个,记录板 1 块,测伞 1 把。自备 2H 铅笔与计算器。

2.5.3 实训步骤

1) 由教师给出已知高程点和待测点并指定闭合水准路线进行测量,水准路线需要 4～6 个测站。

2) 首先在起始水准点和第一个立尺点之间安置水准仪(注意:应使仪器至前后标尺距离大致相等),在前后视点上竖立水准尺(注意:已知高程点和待测点上均不放尺垫,而转点上必须放尺垫),按一个测站上的操作程序进行观测,即安置—粗平—照准后视标尺—精平—读数—照准前视尺—精平—读数。

观测员的每次读数,记录员都应回报检核后记入表 2.4 中,并在测站上算出测站高差。

表 2.4 水准测量记录计算表

仪器编号:　　　　　　　　　　　　　　　　　　　　　　　　　填表日期:

测站	测点	后视读数 /mm	前视读数 /mm	高差 /m	高差改正值 /m	改正后高差 /m	高程 /m
	总和						
闭合差及其限差计算							

第　　　组　　　　　　　　　　观测员:　　　　　　　　记录员:

3) 第一站测完后,前尺点不动作为下一站的后尺点,将水准仪沿水准路线搬至下一站,与此同时后视标尺也前搬作第二站的前尺点,按要求安置仪器进行观测。以后各站依此类推,直至回到起始水准点。

4)计算闭合差,若在$\pm 12\sqrt{n}$(mm)或$\pm 40\sqrt{L}$(mm)之内(n为测站数,L为水准路线长度,以 km 为单位),将闭合差分配改正,求出待测点高程。若超限应重测。

2.5.4 注意事项

1)水准仪前、后视距应大致相等。

2)同一测站,圆水准器只能整平一次。

3)每次读数前要消除视差和精平。

4)水准尺应立直,水准点和待测点上不放尺垫,只在转点处放尺垫,也可以选择有凸出点的坚实地物作为转点而不用尺垫。

5)一站测量结束,仪器未搬迁,前、后尺均不得移动。仪器搬迁了,后尺才可以携尺和尺垫前进,前尺尺垫仍不得移动。

6)水准路线的闭合差不应大于$\pm 12\sqrt{n}$(mm)或$\pm 40\sqrt{L}$(mm)。

2.5.5 上交资料

水准测量记录计算表(表2.4)。

2.5.6 实训考核

实训期间指导教师要对每一位学生进行操作考核,考核内容主要是水准仪操作,根据每一位学生仪器安置、现场操作用时和测量成果,按五级分评定成绩。

第三章 角 度 测 量

本章主要介绍水平角和竖直角的概念和测量的基本原理,以及光学经纬仪的构造及使用,详细阐述水平角和竖直角的测量与计算,简要介绍角度测量的误差和注意事项。

角度是确定点位不可缺少的三个要素之一,因此要进行角度测量。角度测量分为水平角测量和垂直角测量。测量水平角是为了确定地面点的平面位置,测量竖直角是为了求得地面点的间接高程或将倾斜距离化为水平距离。

3.1 角度测量原理

3.1.1 水平角观测原理

1. 水平角的定义

水平角是指相交的两条直线在同一水平面上的投影所夹角度,或指分别过两条直线所作的竖直面间所夹的二面角。

根据水平角定义,图 3.1 中 OA 与 OB 所夹的水平角,即为 OA、OB 在同一水平面 H 上的投影 $O'A'$ 和 $O'B'$ 所构成的夹角 β,或为过 OA、OB 的竖直角间的二面角。

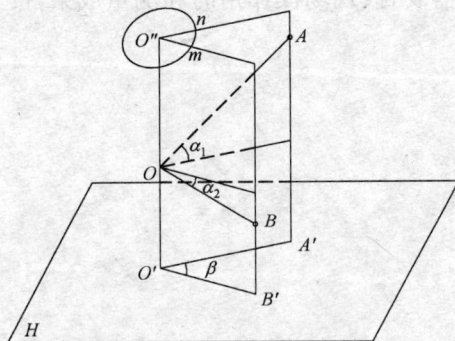

图 3.1 水平角和竖直角的原理

2. 水平角测量原理

在图 3.1 中,为了获得水平角 β 的大小,假想有一个能安置成水平的刻度圆盘,且圆盘中心可以在过 O 点铅垂线上的任意位置 O'',如能在刻度圆盘上获得 OA

和 OB 所在铅垂面在刻度盘上相应的读数 n 和 m，则水平角为

$$\beta = m - n \tag{3.1}$$

这样就可以获得地面上任意三点所构成的水平角的大小，其角值范围为 $0° \sim 360°$。

3.1.2 竖直角测量原理

1. 竖直角的定义

竖直角是指在同一竖直面内，一直线与水平线之间的夹角，测量上又称为倾斜角，简称为竖角或高度角。

竖直角有仰角和俯角之分。夹角在水平线以上，称为仰角，取正号，角值在 $0° \sim +90°$，如图 3.1 所示中的 α_1；夹角在水平线以下，称为俯角，取负号，角值在 $-90° \sim 0°$，如图 3.1 所示中的 α_2。

2. 竖直角的测量原理

如图 3.1 所示中，欲确定 α_1 和 α_2 的大小，假想有一竖直刻度圆盘，并能处在过目标点的竖直面内，通过瞄准设备和读数装置可分别获得目标视线的读数和水平视线的读数，则水平角 α 可以写成

$$\alpha = 目标视线的读数 - 水平视线的读数 \tag{3.2}$$

值得注意的是，在过 O 点的铅垂线上不同的位置设置竖直圆盘时，每个位置观测所得的竖直角是不同的。

根据上述水平角和竖直角测量原理而设计的经纬仪，就是可以完成观测水平角和竖直角的测角仪器。

3.2 光学经纬仪及使用

测量角度的仪器称之为经纬仪。经纬仪的种类很多，分光学经纬仪和电子经纬仪两大类。

经纬仪按测量精度的不同，我国把经纬仪分为 DJ_{07}、DJ_1、DJ_2、DJ_6 等不同级别。其中"D"、"J"分别是"大地测量"、"经纬仪"两个汉语拼音第一个字母的简写，数字"07"、"1"、"2"、"6"等表示该级别仪器所能达到的测量精度指标（数字表示此精度级别的电子经纬仪一测回方向观测中误差的秒值）。

电子经纬仪、全站仪按照不同测角（测距）精度可分为 0.5s、1s、2s、5s 等几个级别。表 3.1 列出了各等级光学经纬仪的主要技术参数及主要用途。

目前，在一般的土木工程测量中使用较多的是光学经纬仪，在工程上最常用的是 DJ_6 光学经纬仪。本节重点介绍 DJ_6 经纬仪的操作及使用。

表 3.1 系列光学经纬的主要仪技术参数及主要用途

项目名称	经纬仪等级		
	DJ$_1$	DJ$_2$	DJ$_6$
一测回水平方向中误差不大于	±1″	±2″	±6″
望远镜物镜有效孔径（不小于）/mm	60	40	40
望远镜放大倍数	30	28	20
主要用途	二等平面控制测量及精密工程测量	三、四等平面控制测量、一般工程测量	图根控制测量、一般工程测量

3.2.1 DJ$_6$ 光学经纬仪

DJ$_6$ 光学经纬仪属于普通经纬仪。经纬仪一般都包括照准部、水平度盘和基座三大部分。图 3.2 为 DJ$_6$ 型光学经纬仪的基本构造示意图。

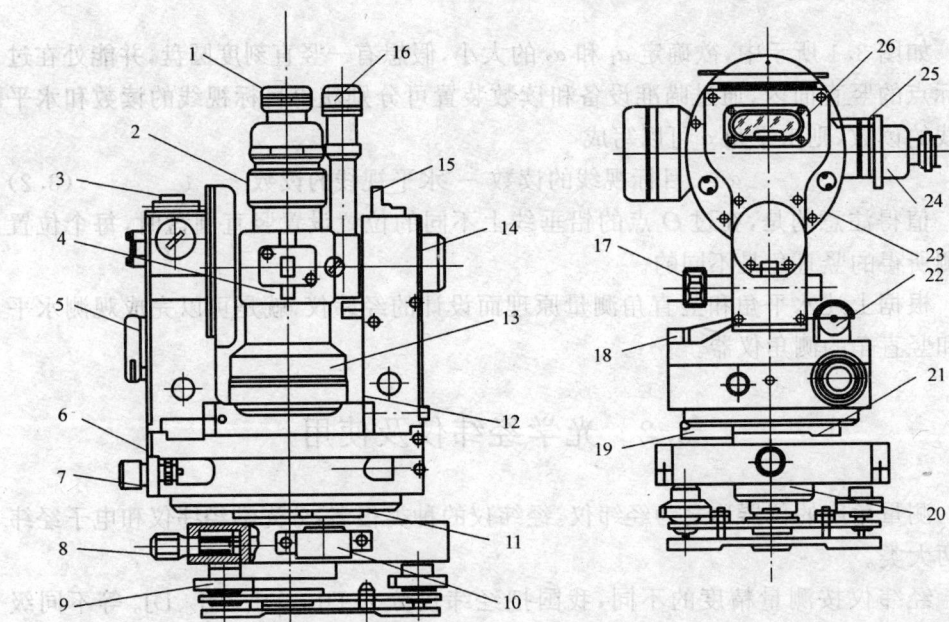

图 3.2 DJ$_6$ 型光学经纬仪的基本构造示意图

1. 望远镜目镜；2. 调焦螺旋；3. 零位水准器反光镜；4. 光学粗瞄器；5. 照明反光镜；6. 水平微动螺旋；
7. 水平制动螺旋；8. 轴座固定螺旋；9. 脚螺旋；10. 圆水准器；11. 电刷；12. 水准器调节螺旋；
13. 望远镜；14. 照明变阻器；15. 磁针插座；16. 读数显微镜；17. 垂直微动螺旋；18. 光学对中器；
19. 照明插座；20. 基座；21. 水平度盘变换手轮；22. 照准部水准器；23. 竖直度盘；24. 分划板胡罩；
25. 照准部；26. 竖盘水准器

1. 基座部分

基座主要有轴座、脚螺旋和连接板。转动脚螺旋可使照准部上的水准气泡居中，从而使竖轴铅直，水平度盘水平。将三角架头上的连接螺旋旋进基座连接板，仪器与三角架就可固定连在一起。

2. 照准部部分

照准部的构件最多,主要有望远镜、读数设备、竖直度盘、水准器和竖轴。照准部的旋转轴即为仪器的纵轴,照准部在水平方向转动,瞄准目标时,由水平制动螺旋和水平微动螺旋来控制。

望远镜用来照准远处的观测目标,望远镜旋转的轴为横轴。瞄准目标时,由望远镜制动螺旋和望远镜微动螺旋来控制。由于望远镜在竖直平面内转动,所以又称为垂直制动螺旋和垂直微动螺旋。

3. 度盘部分

经纬仪的水平度盘和垂直度盘由光学玻璃制成。水平度盘安装在纵轴套外围,不随照准部一起转动,但是可以通过转动水平度盘变换手轮使水平度盘转动一个位置。垂直度盘以横轴为中心,并与横轴固定连接,随望远镜一起转动。

3.2.2 光学经纬仪读数设备

光学经纬仪的度盘读数装置包括光学系统和测微器。水平度盘和垂直度盘的分划线(度盘读数),经照明后通过一系列棱镜和透镜,最后成像在读数显微镜内。DJ$_6$光学经纬仪有测微尺和平行玻璃测微器两种装置。

1. 测微尺读数装置

测微尺结构简单,读数方便,目前大部分 DJ$_6$ 经纬仪都采用这种测微器。图 3.3 即为此类读数系统。读数窗口上半部分的影像为水平度盘读数,一般标有"H"或"水平"字样,下半部分为竖直度盘,一般标有"V"或"垂直"字样。上半部和下半部各有一测微尺,其长度与成像在读数窗口分划线上的度盘分划间隔的宽相等。测微尺分为 60 小格,相当于度盘上的 1°的分划间隔分成 60 等分,每小格的格值为 1′,不足 1′的小数可以估读。为了读数方便,每 10 小格标有注记。实际读数时,则以度盘的分划线作为读数指标。读数时,"度"从压在度盘测微尺的度盘分划线上的注字读出,"分"以下的数以该分划线为指标读出。在图 3.3 中,水平度盘读数为 49°52′30″,垂直度盘读数为 287°01′48″。注意,估读秒时,按 1/10 格为 6″估读,因此秒值应是 6″的整数倍。

2. 平行玻璃测微器读数装置

根据光学原理,光线经一定的入射角穿过平行玻璃时,将会产生平移。平行玻璃测微器就是根据这一原理设计的。采用平行玻璃测微器的经纬仪,度盘分划值一般为 30′,整读数标有注记。测微器主要由平行玻璃板、测微尺和测微轮组成。转动

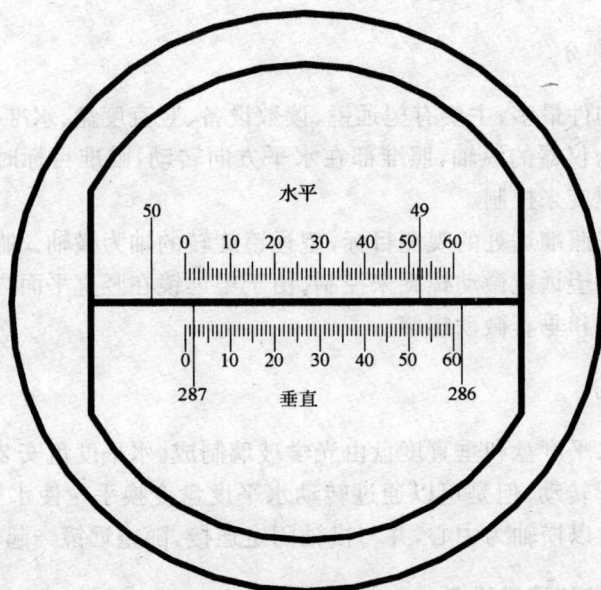

图 3.3　测微尺的读数窗

测微轮可带有平行玻璃和与之相连在一起的测微尺转动。这时,可以在读数显微镜中看到度盘分划的影像和测微尺一起转动,当度盘分划影像移动一格(即为 30′)时,测微尺正好转动 90 小格。因此,测微尺的格值为每格 20″,一般常规最小可估读至 0.1 格(即 $0.1 \times 20″ = 2″$)。图 3.4 为在读数显微镜中看到的平行玻璃测微器的读数窗。在读数窗中有三个读数窗口,下窗口为水平度盘影像,中窗为竖盘读数影像,上窗为测微尺影像。读数时,先转动测微轮,使度盘分划线精确地位于双标线的中间,整度数(或 30′)根据该分划线读出,分数和秒数从测微尺上读取,两个读数

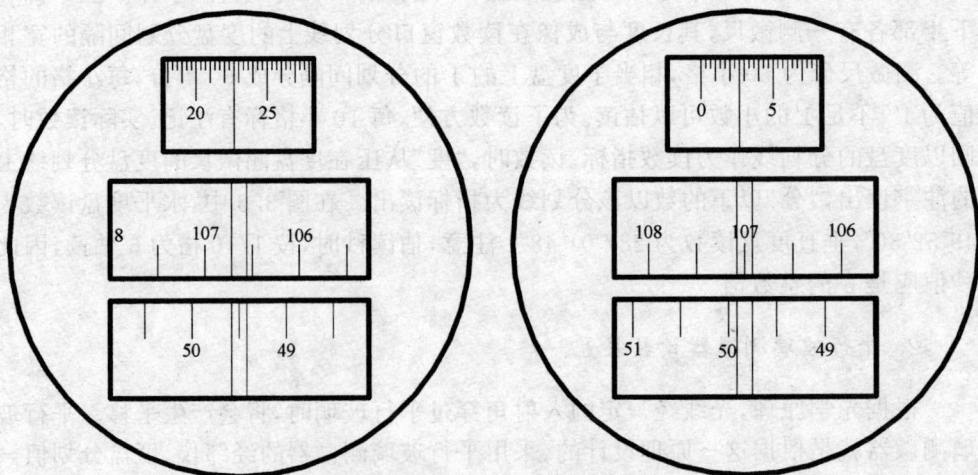

图 3.4　平行玻璃测微器读数窗

相加，即为度盘的完整读数。在图 3.4 中，水平度盘读数：49°30′＋22′40″＝49°52′40″；垂直度盘读数：107°＋01′40″＝107°01′40″。

3.2.3 光学经纬仪的使用

经纬仪的使用包括对中、整平、瞄准和读数等几个步骤。

1．经纬仪的对中

对中的目的是要把经纬仪的纵轴安置在测站点所在的铅垂线上，并同时保持水平度盘的水平。其大致方法是：按观测者的身高调整好三脚架腿的长度，张开三角架，将三角安放在测站点上，使三条腿的张度适中，成120°，架头大致水平，此时从仪器箱中取出经纬仪放在架头上，一手握住仪器，另一手将三角架的连接螺旋旋入基座底板，并旋紧连接螺旋。对中的方法有两种，即垂球对中和光学对中器对中。

（1）垂球对中

把垂球挂在连接螺旋中心的挂钩上，调整垂球线长度，使垂球尖离地面的高差为1～2mm。如果偏差太大，可平移三角架，使垂球尖大致对准地面点，将三角架的脚尖踩入土中（如果在水泥地板上，要将仪器脚架固定，防止打滑），使三脚架稳定。当垂球尖与地面点的偏差不大时，可稍旋松连接螺旋，在三脚架头上移动仪器，使垂球准确地对准测站点，并将连接螺旋转紧。垂球对中的误差不应超过 2mm。

（2）光学对中器对中

1）先将三角架升到合适的高度，然后在测站点上方张开三脚架，并将连接螺旋转紧连接经纬仪，调节光学对中器目镜调焦螺旋，使对中标志（小圆圈或十字丝）清晰，转动对中器物镜调焦螺旋，使地面点成像清晰。

2）双手轻轻提起三角架的两个脚移动，眼睛同时通过光学对中器瞄准地面，直至对中器分划板的刻画中心与测站点中心标志大致重合，然后轻轻放下三角架并踩实。

3）调节脚螺旋使测站点标志中心与对中器分划板的刻画中心严格重合。

4）伸缩三脚架的相应架腿，使圆水准气泡基本居中。调节脚螺旋，使水平度盘水准管在相互垂直的两个方向上气泡都居中。

5）观察测站点标志中心与对中器中心是否重合。当偏离较小时，可稍微旋松连接螺栓，在三脚架头上平移仪器，使之重合，并将连接螺旋旋紧。光学对中误差不应超过 1mm。重复第 4）、5）步骤，直至使仪器即整平又对中。

6）当偏离较大时，再调节脚螺旋使测站点标志中心与对中器分划板的刻画中心严格重合，并重复第 4）、5）步骤。

2．经纬仪的整平

整平的目的是使经纬仪的纵轴铅垂，从而使水平度盘和横轴处于水平位置，垂直度盘位于铅垂面内。

整平的方法是：首先松开水平制动螺旋，转动照准部，使长水准管与任意两个脚螺旋大致平行，如图 3.5 所示。两手以相反方向旋转①、②两个脚螺旋，使水准管气泡居中。然后将照准部平转 90°使水准管垂直①、②脚螺旋的连线，旋转③脚螺旋，并使水准管气泡居中。以上操作重复进行，直到气泡在任何位置都居中。

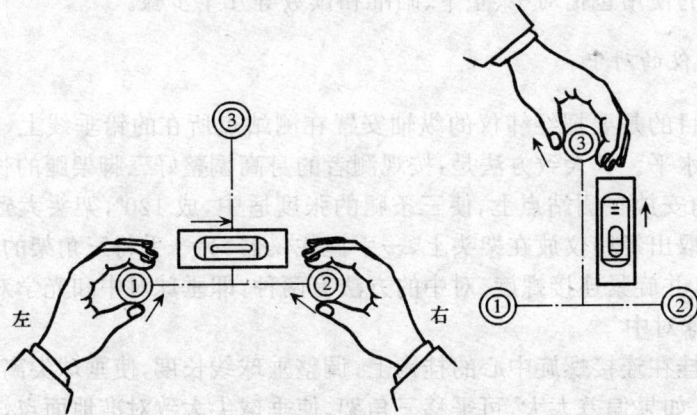

图 3.5　经纬仪的整平操作

3. 观测目标的瞄准

在进行观测前，首先松开望远镜制动螺旋和照准部制动螺旋，将望远镜对向明亮的背景（如天空），调节目镜调焦螺旋，使十字丝分划板成像最清晰。

用望远镜瞄准目标的一般方法是：松开望远镜和照准部制动螺旋，通过望远镜筒上面的瞄准器，旋转照准部和望远镜粗略瞄准目标，并使目标的成像位于十字丝附近，然后旋紧制动螺旋。调节物镜调焦螺旋，使目标成像十分清晰，旋转照准部和望远镜微动螺旋，将十字丝对准目标的适当位置，如图 3.6 所示。

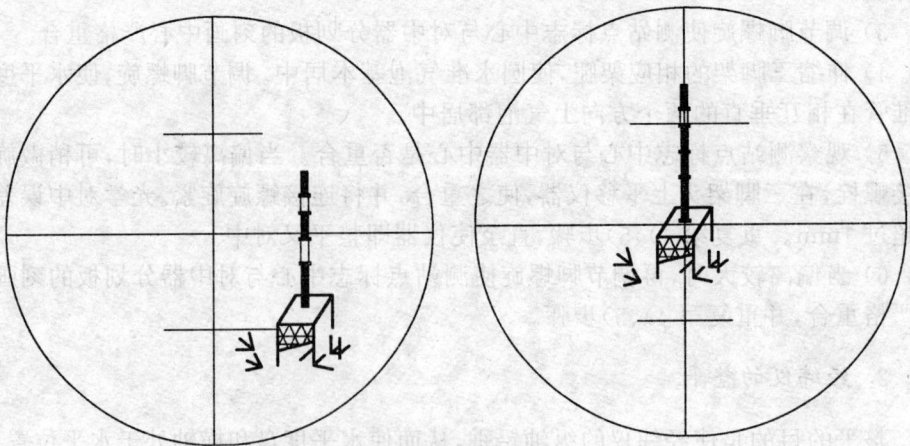

图 3.6　瞄准目标

在观测中,如果向左、右或上、下稍许移动眼睛时,会出现成像目标与十字丝之间相对移动,则说明有视差存在。此时应重新进行物镜与目镜调焦,消除视差,才能进行观测。

4. 经纬仪的读数

(略)

3.3 水平角的测量与计算

水平角测量的方法常用测回法和方向观测法两种。

3.3.1 测回法

测回法是观测水平角的一种最常用的基本方法,适用于观测两个方向的单角,如图 3.7 所示,设采用测回法观测水平角$\angle AOB$,按下述步骤进行:

1) 测站点 O 安置经纬仪,对中及整平。

2) 将仪器置于盘左位置(垂直度盘在望远镜的左侧)转动照准部,利用望远镜粗略瞄准 A 点后,制动照准部,精确瞄准 A 点目标,并读取水平度盘读数 a_1,设为 $88°28'48''$。

3) 顺时针方向转动照准部,同样精确瞄准 B 点目标,又读取读数 b_1,设为 $135°46'12''$,则水平角等于 B 目标点读数减 A 目标点读数,即

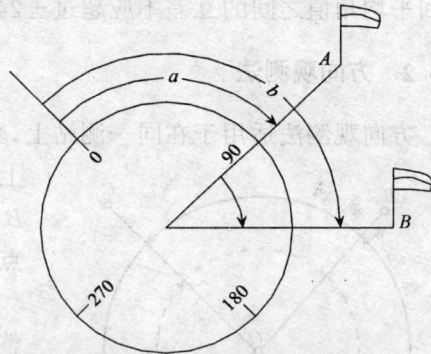

图 3.7 测回法测水平角

$$\beta_1 = b_1 - a_1 = 135°46'12'' - 88°28'48'' = 47°17'24''$$

到此完成了上半测回的观测工作。

4) 松开照准部制动螺旋,倒转望远镜,由盘左位置变成盘右位置(垂直度盘在望远镜右侧),瞄准 B 点目标,读取读数 b_2,设为 $315°45'36''$。

5) 逆时针方向旋转照准部再次瞄准 A 点目标,读取读数 a_2,设为 $268°28'18''$。

同法计算水平角,即

$$\beta_2 = b_2 - a_2 = 315°45'36'' - 268°28'18'' = 47°17'18''$$

到此,完成了下半测回的观测工作。上、下两半测回合称为一个测回。取两个测回角值的平均数为一测回角值,即

$$\beta = \frac{1}{2}(\beta_1 + \beta_2) = \frac{1}{2}(47°17'24'' + 47°17'18'') = 47°17'21''$$

观测记录见表 3.2。

表 3.2 水平角观测手簿(测回法)

观测日期＿＿＿＿＿＿　　天气状况＿＿＿＿＿＿　　工程名称＿＿＿＿＿＿

仪器型号＿＿＿＿＿＿　　观测者＿＿＿＿＿＿　　记录者＿＿＿＿＿＿

测站	度盘位置	目标	水平度盘读 /(° ′ ″)	半测回角值 /(° ′ ″)	一测回角值 /(° ′ ″)	各测回平均 /(° ′ ″)	备注
O	盘左	A	88 28 48	47 17 24	47 17 21		
		B	135 46 12				
	盘右	B	315 45 36	47 17 18			
		A	268 28 18				

当观测精度要求较高时,往往需要观测几个测回。为了减少度盘分划误差的影响,各测回之间要根据测回数 n,以 $180/n$ 的差值变换度盘的起始位置。例如,当测回数 $n=4$ 时,各测回的起始方向读数应配置成略大于 $0°$、$45°$、$90°$、$135°$ 的读数。各测回平均角值之间的互差不应超过 $\pm 24''$。

3.3.2 方向观测法

方向观测法适用于在同一测站上,当观测多个角度,即观测方向数为三个及以上时采用。如图 3.8 所示,O 点为测站点,A、B、C、D 为四个目标点,欲测定 O 点到各目标点之间的水平角,其观测步骤如下:

1) 将经纬仪安置于测站点 O,对中、整平。

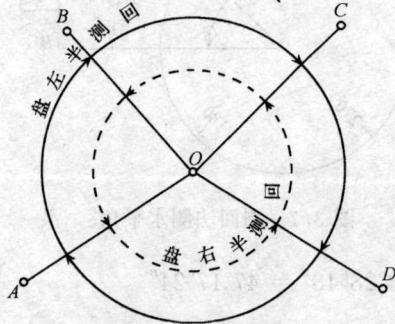

图 3.8 方向观测法测水平角

2) 用盘左位置选定一距离适中,目标明显、成像清晰的 C 作为起始方向(零方向),将水平度盘读数配置为略大于 $0°$,在精确瞄准后读取读数。松开水平制动螺旋,顺时针方向依次照准 D、A、B 三个目标点,并读数,最后再次瞄准起始点 C,称为归零,并读数。以上为上半测回。两次瞄准 C 点的读数之差称为"归零差"。对于不同等级的仪器,限差要求不同,如表 3.3 所示。

表 3.3 方向观测法的各项限差

经纬仪型号	半测回归零差/s	一测回内 $2c$ 差/s	同方向值各测回归零差/s
DJ_2	8	13	9
DJ_6	18	60	24

3）用盘右位置瞄准起始目标 C，并读数。然后逆时针方向依次照准 B、A、D、C 各目标，并读数。以上称为下半测回，其归零差也应满足规定要求。

4）观测记录计算。表 3.4 为方向观测法观测手簿，盘左各目标的读数从上往下记录，盘右各目标读数按从下往上的顺序记录。

表 3.4　方向观测法观测手簿

观测日期＿＿＿＿＿　　天气状况＿＿＿＿＿　　工程名称＿＿＿＿＿

仪器型号＿＿＿＿＿　　观测者＿＿＿＿＿　　记录者＿＿＿＿＿

测回	测站	目标	水平度盘读数		2c	平均读数	一测回归零方向值	各测回平均方向值	角值
			盘左	盘右					
			/(° ′ ″)	/(° ′ ″)	/(″)	/(° ′ ″)	/(° ′ ″)	/(° ′ ″)	/(° ′ ″)
1	2	3	4	5	6	7	8	9	10
第一测回	O					(0 00 34)			79 26 55
		C	0 00 54	180 00 24	+30	0 00 39	0 00 00	0 00 00	
		D	79 27 48	259 27 30	+18	79 27 39	79 27 05	79 26 59	63 03 30
		A	142 31 18	322 31 00	+18	142 31 09	142 30 35	142 30 29	146 15 18
		B	288 46 30	108 46 06	+24	288 46 18	288 45 44	288 45 47	71 14 13
		C	0 00 42	180 00 18	+24	0 00 30			
		Δ	−12	−6					
第二测回	O					(90 00 52)			
		C	90 01 06	270 00 48	+18	90 00 57	0 00 00		
		D	169 27 54	349 27 36	+18	169 27 45	79 26 53		
		A	232 31 30	42 31 00	+30	232 31 15	142 30 23		
		B	18 46 48	198 46 36	+12	18 46 42	288 45 50		
		C	90 01 00	270 00 36	+24	90 00 48			
		Δ	−6	−12					

① 归零差的计算。对起始目标，每一测回都应计算"归零差" Δ，并计入表格。一旦"归零差"超限，应及时进行重测。

② 两倍视准误差 $2c$ 的计算

$$2c = 盘左读数 - (盘右读数 \pm 180°) \tag{3.3}$$

式（3.3）中，盘右读数大于 180°时用则减去 180°；盘右读数小于 180°时用则加上 180°。各目标的 $2c$ 值分别列入表 3.4 中。对于同一台仪器，在同一测回内，各方向的 $2c$ 值应为一个稳定数，若有变化，其变化值不应超过表 3.3 规定的范围。

③ 各方向平均读数的计算为

$$\text{平均读数} = \frac{\text{盘左读数} + (\text{盘右读数} \pm 180°)}{2} \qquad (3.4)$$

计算时,以盘左读数为准,将盘右读数加或减180°后和盘左读数取平均值,其结果列入表3.4中。

④ 归零后方向值的计算。将各方向的平均读数分别减去起始目标的平均读数,即得归零后的方向值。表 3.4 中 c 目标的平均读数为 $\frac{0°00'39'' + 0°00'30''}{2}$ $= 0°00'34''$。

各方向归零方向值列入表 3.4 中。

⑤ 各测回值归零后平均方向值的计算。当一个测站观测两个或两个以上测回时,应检查同一方向各测回的方向值互差。互差要求见表3.3。当检查结果符合要求,取各测回同一方向归零后的方向值的平均值作为最后结果,列入表3.4中。

⑥ 水平角的计算。两方向的方向值之差,即为其所夹的水平角,计算结果列入表3.4中。

当需要观测的方向为 3 个时,可以不作归零观测,其他均与 3 个以上方向观测方法相同。

方向观测法有三项限差要求,见表3.3。若任何一项限差超限,均应重测。

3.4　竖直角测量

在前面已经介绍了竖直角的定义及测量原理。竖直角是指在同一竖直面内,一直线与水平线之间的夹角,测量上又称为倾斜角,简称为竖角或高度角。

3.4.1　垂直度盘构造与竖直角计算公式

各种类型光学经纬仪的竖盘刻画注记分为顺时针注记和逆时针注记两种,在测量竖直角之前,应判断出仪器的注记形式,并用相应的计算公式,判断的具体方法如下:

经纬仪安置后,在盘左位置大致放平望远镜。根据读数情况判定视线水平时读数应是 90°,如图 3.9(a)所示,然后上仰望远镜,观察读数是否增加或减少。若读数增加,如图 3.9(b)所示,则为逆时针注记,反之则为顺时针注记。在逆时针注记时,设在望远镜瞄准一方向,其值为 L,则盘左时竖直角的计算公式为(逆时针注记的竖直角计算公式)

$$\alpha_L = \text{视线倾斜读数} L - \text{视线水平读数} 90° \qquad (3.5)$$

同法,如图 3.9(c)、(d)所示,可写出盘右时竖直角的计算公式为

$$\alpha_R = \text{视线水平读数} 270° - \text{视线倾斜读数} R \qquad (3.6)$$

若为顺时针注记,则竖直角计算公式为

$$\alpha_L = 视线水平读数\ 90° - 视线倾斜读数\ L \qquad (3.7)$$

$$\alpha_R = 视线倾斜读数\ R - 视线水平读数\ 270° \qquad (3.8)$$

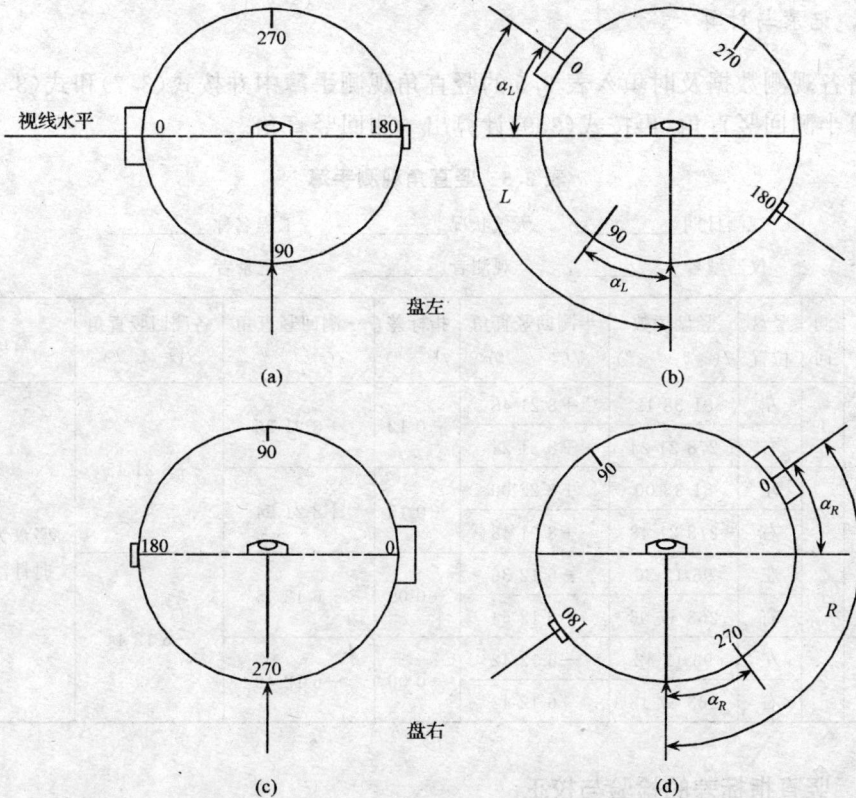

图 3.9　竖直角刻画示意图

对于同一目标,由于观测中存在误差,以及仪器本身和外界条件的影响,盘左、盘右所获得的竖直角 α_L 和 α_R 不完全相等,应取盘左、盘右的平均值作为竖直角的结果,即

$$\alpha = \frac{1}{2}(\alpha_L + \alpha_R) \qquad (3.9)$$

3.4.2　竖直角观测

1. 竖直角观测步骤

1)在测站点上安置经纬仪,正确判断竖盘的注记方式以确定竖直角的计算公式。

2)盘左位置瞄准目标,使十字丝中的中丝切目标的顶端,调节竖盘指标水准管微动螺旋,使气泡居中,读取竖盘读数 L。

3) 盘右瞄准原目标,使竖盘指标水准管气泡居中,读取竖盘读数 R。

以上盘左、盘右观测构成一个竖直角测回。

2. 记录与计算

将各观测数据及时填入表 3.5 的竖直角观测手簿中并按式(3.7)和式(3.8)分别计算半测回竖直角,再按式(3.9)计算出一测回竖直角。

表 3.5 竖直角观测手簿

观测日期＿＿＿＿＿＿＿＿　　天气状况＿＿＿＿＿＿＿＿　　工程名称＿＿＿＿＿＿＿＿

仪器型号＿＿＿＿＿＿＿＿　　观测者＿＿＿＿＿＿＿＿　　　记录者＿＿＿＿＿＿＿＿

测站	目标	测回	竖盘位置	竖盘读数/(° ′ ″)	半测回竖直角/(° ′ ″)	指标差/(′ ″)	一测回竖直角/(° ′ ″)	各测回竖直角/(° ′ ″)	备注
B	*A*	1	左	81 38 12	+8 21 48	−0 12	+8 21 36		
			右	278 21 24	+8 21 24			+8 21 45	
	A	2	左	81 38 00	+8 22 00	−0 16	+8 21 54		
			右	278 21 48	+8 21 48				竖盘为顺时针注记
	C	1	左	96 12 36	−6 12 36	−0 09	−6 12 45		
			右	263 47 06	−6 12 54			−6 12 44	
	C	2	左	96 12 42	−6 12 42	−0 00	−6 12 42		
			右	263 47 18	−6 12 42				

3.4.3 竖直指标差的检验与校正

由式(3.7)和式(3.8)的推导条件可知,竖盘的起始(零)读数应是 90° 或 270°。实际上,由于仪器的安装或搬运过程中的振动等原因,当视线水平、水准管气泡居中时,竖盘读数却不一定在正确的零位置上,而是与应有的起始读数有一个微小差数,即所说的指标差,通常用符号 i 表示。在进行竖直角测量之前,都需要对仪器进行检验与校正,以消除指标差。

以盘左瞄准某一目标,测得竖直角为 α_L,由图 3.10(a)可知

$$\alpha = L - 90° - i = \alpha_L - i \tag{3.10}$$

倒转望远镜,盘右瞄准同一目标,测得竖直角 α_R,由图 3.10(b)可知

$$\alpha = 270° - R + i = \alpha_R + i \tag{3.11}$$

由式(3.10)和式(3.11)可得正确的竖直角为

$$\alpha = \frac{1}{2}(\alpha_L - i + \alpha_R + i) = \frac{1}{2}(\alpha_L + \alpha_R) \tag{3.12}$$

指标差为

$$i = \frac{1}{2}(\alpha_L - \alpha_R) \tag{3.13}$$

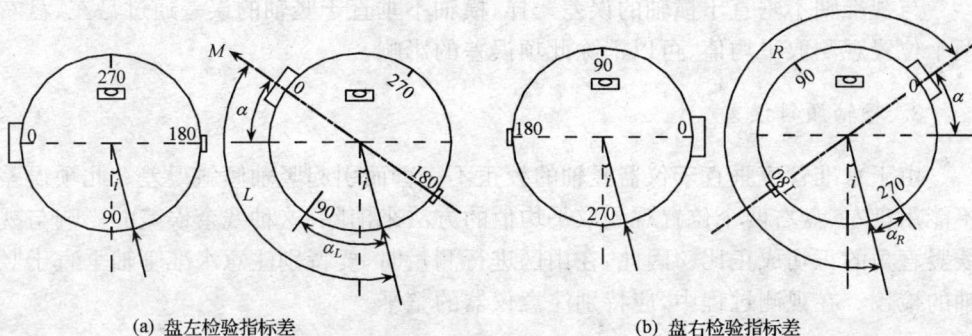

(a) 盘左检验指标差   (b) 盘右检验指标差

图 3.10   竖直角指标差示意图

由式(3.12)可知,盘左、盘右观测竖直角取平均值,可以消除指标差对竖直角 α 的影响。由式(3.13)可知,用盘左减去盘右观测的竖直角可求出指标差 i,以进行校正。

指标差的校正方法是:先按式(3.12)计算出正确的竖直角 α 值,再计算盘左或盘右时竖盘应有的正确读数,即

$$L' = \alpha + 90°; \qquad R' = 270° - \alpha$$

将望远镜瞄准原目标,用竖盘水准管微动螺旋使读数指标指于正确读数 L'(或 R')。此时竖盘水准管气泡就不再居中,则拨动该水准管校正螺丝,使气泡重新居中即可。此校正一般需要重复进行 2～3 次才能逐渐校正好。

3.5   角度测量中的误差来源与注意事项

水平角观测误差的主要来源有仪器误差、观测误差以及外界条件影响带来的误差。下面分别加以分析。

3.5.1   仪器误差

仪器误差的来源有两方面:一方面是仪器检校不完善所引起的,如视准轴不垂直于横轴,以及横轴不垂直于竖轴等;另一方面是由于仪器制造加工不完善所引起的,如度盘偏心差、度盘刻画误差等。

1. 视准轴不垂直于横轴的误差

尽管仪器进行了检校,但校正不可能绝对完善,总是存在一定的残余误差。在观测过程中,通过盘左、盘右两个位置观测取平均值,可以消除此项误差的影响。

2. 横轴不垂直于竖轴的误差

与视准轴不垂直于横轴的误差一样,横轴不垂直于竖轴的误差通过盘左、盘右两个位置观测取平均值,可以消除此项误差的影响。

3. 竖轴倾斜误差

由于水准管应垂直于仪器竖轴的校正不完善而引起竖轴倾斜误差。此项误差不能用盘左、盘右两个位置观测取平均值的方法来消除。这种残余误差的影响与视线竖直角的正切成正比。因此,在山区进行测量时,要特别注意水准管轴垂直于竖轴的检校。在观测过程中,应特别注意仪器的整平。

4. 度盘偏心差

由于水平度盘的刻画中心与仪器照准部的旋转中心不重合而产生的照准部偏心误差称为度盘偏心差,如图 3.11 所示。采用对径方向两读数的平均值方法可以消除此项误差的影响。对于单指标读数的仪器,可通过盘左、盘右取平均值来消除此项误差的影响。在图 3.11 中,由于 O 与 O' 不重合,当盘左瞄准某目标时,经纬仪一侧的水平度盘读数 a_1'(实线箭头读数)有一个小角度 x 的误差。在盘右位置,瞄准该目标时,实线箭头读数 a_2' 比无偏心的虚线箭头 a_2 小一个同样大小的 x 小角度。因此,若盘左、盘右观测同一目标时,读数不相差 $180°$,就可能存在照准部偏心误差,取盘左、盘右读数的平均值,可消除此种影响。

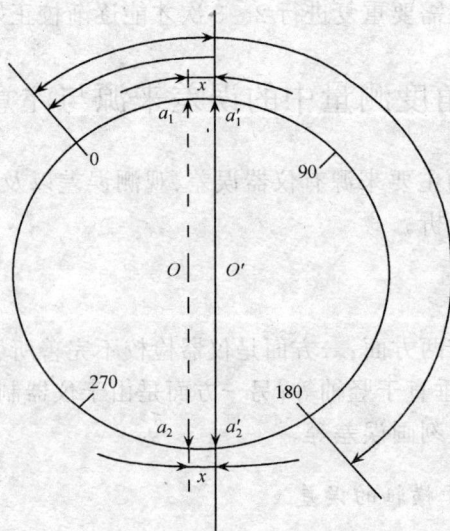

图 3.11　度盘偏心差

5. 度盘刻画误差

度盘的刻画或多或少存在误差。在观测水平角时,采用各测回间变动度盘起始位置($\frac{180°}{n}$,n 为测回数)的办法来消除或削弱其影响。

3.5.2 观测误差

1. 仪器对中误差

如图 3.12 所示,设 O 为测站点,A、B 为两目标点。由于仪器存在对中误差,仪器中心到了 O_1 点,与测站点 O 偏移了 e 量,则实测角 β_1 与正确角 β 相比,包含有误差角 δ_1 和 δ_2,则

$$\beta = \beta_1 - \Delta\beta = \beta_1 - (\delta_1 + \delta_2)$$

因 δ_1、δ_2 均很小,从 $\triangle AOO_1$ 和 $\triangle BOO_1$ 中得

$$\delta_1 = \frac{e\sin\theta}{O_1 A}\rho; \qquad \delta_2 = \frac{e\sin(\beta - \theta)}{O_1 B}\rho$$

而 $O_1 A$、$O_1 B$ 实际与 S_1、S_2 相差也很小,故写为

$$\delta_1 = \frac{e\sin\theta}{S_1}\rho; \qquad \delta_2 = \frac{e\sin(\beta - \theta)}{S_2}\rho$$

则

$$\Delta\beta = \delta_1 + \delta_2 = e\left[\frac{\sin\theta}{S_1} + \frac{\sin(\beta - \theta)}{S_2}\right]\beta \tag{3.14}$$

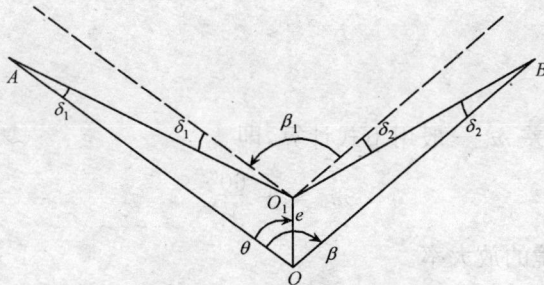

图 3.12 仪器对中误差

由式(3.14)可知仪器对中误差对水平角观测的影响与下列因素有关:

1)与偏心距 e 成正比,e 越大,$\Delta\beta$ 越大。

2)与边长成反比,边越短,误差越大。

3)与水平角的大小有关,θ、$(\beta - \theta)$ 越接近 $90°$,误差越大。

例如,当边长为 100m 时,若对中误差 $e=5$mm,则对测角的影响约为 $\pm 10''$;当边长为 20m 时,则影响增加到 $\pm 50''$。所以,在进行水平角观测时,仪器的对中误差

不应超过规定的范围,特别是对于短边的角度测量,更应注意精准对中。

2. 目标偏心误差

目标偏心是由于目标点的标志倾斜而引起的,如图 3.13 所示,目标顶部偏斜的投影距为 e_1,而测角是瞄准这样的顶部,则引起测角误差 ω 为

$$\omega = \frac{e_1 \sin\theta}{S} \rho \qquad (3.15)$$

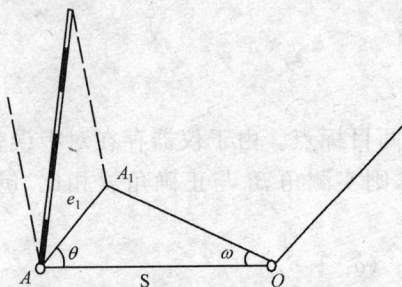

由式(3.15)可知,目标偏心对测角也与偏心距 e_1 成正比,与边长成反比,边长越短影响越大。例如,当 $e_1 = 10\text{mm}$(2m 花杆只相当于倾斜约 $16'$),$\theta = 90°$,$S = 50\text{m}$ 时,目标偏心误差 $\omega = 41''$。若另一方向也有目标偏心影响则实测角是两个方向误差影响的代数和。因此,目标偏心不容忽视,尤其对于短边,花杆一定要铅垂地立于测点上,提倡观测时要尽量瞄准花杆底部,甚至是标点的钉子。

图 3.13 目标偏心误差

3. 仪器整平误差

水平角观测时必须保持水平度盘水平、竖盘垂直。若气泡不居中,导致竖轴倾斜而引起的角度误差,不能通过改变观测方法来消除。因此,在观测过程中,应特别注意仪器的整平。在同一测回内,若气泡偏离超过 2 格,应重新整平仪器,并重新观测该测回。

4. 照准误差

望远镜照准误差 m_v 一般用下式计算,即

$$m_v = \pm \frac{60''}{V} \qquad (3.16)$$

式中:V——望远镜的放大率。

照准误差除取决于望远镜的放大率以外,还与人眼的分辨能力,目标的形状、颜色、大小、亮度和清晰度等有关。因此,在水平角观测时,除适当选择经纬仪外,还应尽量选择适宜的标志、有利的气候条件和观测时间,以削弱照准误差的影响。

5. 读数误差

读数误差与仪器的读数设备及人的因素有关。对 DJ_6 光学经纬仪来说,估读误差一般不超过分划值($1'$)的十分之一,即 $\pm 6''$。如果照明情况不佳,读数显微镜目镜未调好,以及读数不熟练,则估读的极限误差也可能会增大。

3.5.3 外界条件影响带来的误差

外界环境的影响比较复杂,一般难以由人力来控制。大风可使仪器和标杆不稳定;雾气会使目标成像模糊;松软的土质会影响仪器的稳定;烈日暴晒可使三脚架发生扭转,影响仪器的整平;温度变化会引起视准轴位置变化;大气折光变化致使视线发生偏折等。这些都会给角度测量带来误差。因此,应选择有利的观测条件,尽量避免不利因素对角度测量的影响。

3.6 实训项目及指导

3.6.1 实训内容

本章实训内容主要有水平角测回法、水平角方向观测法及竖直角的观测。

1. 水平角测回法

测回法是观测水平角的一种最常用的基本方法,适用于观测两个方向的单角。

2. 水平角方向观测法

水平角方向观测法适用于在同一测站上,当观测多个角度,即观测方向多于三个以上时采用。

3. 竖直角的观测

竖直角观测完成前后,应注意量取仪器高和目标高。

3.6.2 实训计划

实训计划主要包括本章各实训项目所需课时、实训所需仪器设备。具体计划见表3.6。

表 3.6 实训计划内容表

实训项目	课时	仪器设备
水平角测回法	2	经纬仪、小木桩、花杆
水平角方向观测法	3	经纬仪、小木桩、花杆
竖直角的观测	2	经纬仪、小木桩、花杆

3.6.3 实训步骤

水平角测回法实训步骤参见 3.3.1 节。
水平角方向观测法实训步骤参见 3.3.2 节。

竖直角的观测实训步骤参见 3.4.2 节。

3.6.4 上交资料

上交资料主要是指上交实训项目的记录手簿。各项目表格形式参见表 3.7、表 3.8、表 3.9。

表 3.7 水平角观测手簿(测回法)

观测日期＿＿＿＿＿ 　天气状况＿＿＿＿＿ 　工程名称＿＿＿＿＿

仪器型号＿＿＿＿＿ 　观测者＿＿＿＿＿ 　记录者＿＿＿＿＿

测站	度盘位置	目标	水平度盘读 /(° ′ ″)	半测回角值 /(° ′ ″)	一测回角值 /(° ′ ″)	各测回平均 /(° ′ ″)	备注

表 3.8 方向观测法观测手簿

观测日期＿＿＿＿＿   天气状况＿＿＿＿＿   工程名称＿＿＿＿＿

仪器型号＿＿＿＿＿   观测者＿＿＿＿＿   记录者＿＿＿＿＿

测回	测站	目标	水平度盘读数		2c	平均读数	一测回归零方向值	各测回平均方向值	角值
			盘左 /(° ′ ″)	盘右 /(° ′ ″)	/(″)	/(° ′ ″)	/(° ′ ″)	/(° ′ ″)	/(° ′ ″)

表 3.9 竖直角观测手簿

观测日期＿＿＿＿＿＿＿　天气状况＿＿＿＿＿＿＿　工程名称＿＿＿＿＿＿＿

仪器型号＿＿＿＿＿＿＿　观测者＿＿＿＿＿＿＿　记录者＿＿＿＿＿＿＿

测站	目标	测回	竖盘位置	竖盘读数/(° ′ ″)	半测回竖直角/(° ′ ″)	指标差/(′ ″)	一测回竖直角/(° ′ ″)	各测回竖直角/(° ′)	备注

3.6.5　实训考核

实训项目主要从以下几个方面来进行考核：

1）熟练程度。

2）操作正确与否。

3）结果的合理性。

4）实训态度。

第四章 距离测量与全站仪

本章主要介绍钢尺量距、直线定向与普通视距测量的方法,简要介绍电磁波测距及全站仪方面的内容。为了确定地面点的平面位置,除需要测量角度、高程外,还要测定地面两点间的水平距离和某直线的方向。两点间的水平距离可用钢尺直接量取,也可以用视距法、电磁波测距法间接求得。

4.1 钢尺量距

根据量距精度要求的不同,量距可用钢尺、皮尺和测绳。在房地产测量中,以钢尺量距为主。

4.1.1 丈量工具

钢尺又叫钢卷尺(图 4.1),长度有 20m、30m、50m 等,其基本分划有厘米和毫米两种。厘米分划的钢尺在起始的 10cm 内刻有毫米分划。由于尺上零点位置不同,有端点尺和刻线尺之分(图 4.2)。

图 4.1 钢卷尺

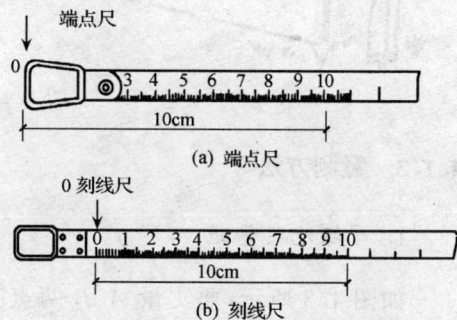

(a) 端点尺

(b) 刻线尺

图 4.2 端点尺和刻线尺

钢尺量距的辅助工具有测钎(图 4.3)、标杆(图 4.3)、锤球等。

4.1.2 直线定线

地面两点间的距离大于整根尺子长度时,用钢尺一次(一尺段)不能量完,这就需要在直线方向上标定若干个点,这项工作称为直线定线。

如图 4.4 所示,A、B 为地面上待测距离的两个端点,要在 A、B 直线上定出1、2等点。先在 A、B 点上竖标杆,甲在 A 点标杆后 $1\sim2$m 处,指挥乙左右移动标杆,直到 A、2、B 三根标杆在同一直线上.同法可以定出直线上的其他点.一般定线时,点与点的间距宜稍短于一整尺长.

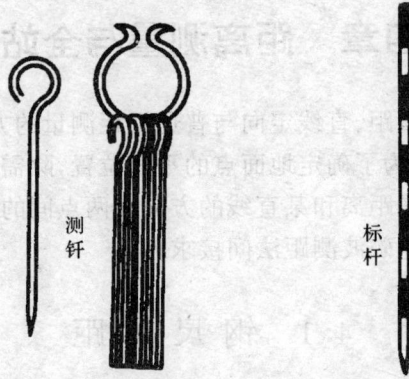

图 4.3　测钎和标杆

图 4.4　直线定线

4.1.3　量测方法

1. 平坦地段量距

如图 4.5 所示,要丈量 A、B 两点间的距离,则后尺手持尺的零端于 A 点,前尺手持尺的另一端沿定线方向丈量,可用测钎标定尺端点的位置(在坚硬地面上,可用铅笔在地面上划线作标记).丈量时,钢尺要拉紧、拉平,不要卷曲.读数时,后尺手指挥前尺手将钢尺拉在 AB 直线上,前、后尺手同时读数,记录员立即记入手簿.量完第一尺段后,前、后尺手举尺前进,同法丈量第二尺段.依次丈量,直到最后量出不足一整尺的余长,前尺手在钢尺上读取余长值 g.丈量尽量用整尺段,一般仅在末端用零尺段丈量.A、B 两点间距离为

$$D = nl + g \tag{4.1}$$

式中:n——整尺段数;

l——整尺长度;

g——不足一整尺的余长。

图 4.5 平坦地段量距

为了防止错误和提高丈量精度,需要往、返丈量,取平均值为最后结果。量距精度以相对误差 K 表示,通常化为分子为 1 的分数形式。《房地产测量规范》规定:一级图根导线往返丈量较差应达到 1/8000,二级应达到 1/4000。相对较差用下式表示,即

$$K = \frac{\left| D_{往} - D_{返} \right|}{D_{平均}} = \frac{1}{\dfrac{D_{平均}}{\left| D_{往} - D_{返} \right|}} \qquad (4.2)$$

例如,AB 往测距离为 448.25m,返测距离为 448.16m,距离平均值为 448.20m,则相对误差为

$$K = \frac{\left| 448.25 - 448.16 \right|}{448.20} = \frac{1}{4983}$$

注:分母越大表示精度越高。

2. 倾斜地段量距

在倾斜地面上量距,由于地面上的起伏,只能量出斜距,如图 4.6 所示。要获得水平距,当两点的高差较大时,首先按上述方法量出倾斜距离 L,并观测倾角 δ(或两点的高差 h),然后计算出水平距离,故有

$$D = L\cos\delta \qquad (4.3)$$

或

$$D = L - \Delta L_h \qquad (4.4)$$

其中,

$$\Delta L_h = -\frac{h^2}{2L} \qquad (4.5)$$

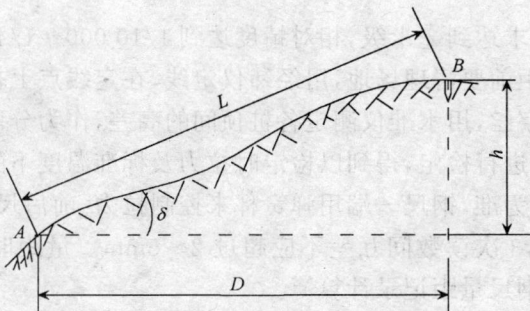

图 4.6 倾斜地段量距

当两点的高差较小时,可以将钢尺放在水平位置丈量,丈量时将尺子一端抬高,用目估法使尺子水平,并用垂球或花杆将尺子的端点投到地面上量取各段的水平距离 D_i,则 AB 间的距离为

$$D = \sum_{i=1}^{n} D_i \qquad (4.6)$$

4.1.4 注意事项

1) 钢尺使用前,应慢慢从尺盒或尺架上把它拉出。要注意,钢尺不能扭曲。若拉得过快,容易使钢尺折断。

2) 使用钢尺时,钢尺绝对不容许车辆碾过或行人践踏,也不应在地面上拖拉。

3) 开始丈量之前,应认清钢尺的零点位置,应把事先检查好的钢尺打开放在地上停十几分钟,使钢尺温度和大气温度一致,然后开始丈量。

4) 前、后尺手动作要配合好,注意钢尺要拉直,用力要均匀,定线要直,尺身要水平,即保持齐、紧、直、平。

5) 尺子两端必须同时读数,而且读数时尺子要稳定。为此,丈量时一定要规定丈量读数的口令。

6) 拉力的大小和温度的高低都会引起钢尺长度的变化,所以拉紧钢尺要用力适当,尽量接近检定时的拉力。

7) 记录员和观测员要密切配合,记录要清楚,记录前要复读读数,以便互相校核。严禁涂改、擦拭、抄录等,如有记错应以横线正规画去重写。最后立即计算出长度(后-前),每次丈量的较差如超限应重测。重测要保持结果的连续性,不得在很多次观测中挑选几个结果作为成果。

8) 丈量完成后,钢尺需用油布及时擦净,并应擦上机油,存放在干燥的地方,以防生锈。

4.1.5 精密量距

1. 精密量距

当量距精度要求达到毫米级,相对精度达到 1/10 000~1/40 000 时,则要用精密量距的方法。量距前要清理场地,用经纬仪定线,在定线点上打小木桩,桩顶钉小铁钉,上面刻上十字丝,用水准仪测定各桩顶间的高差,作为分段倾斜改正的依据。丈量的钢尺要事先进行检定,得到以检定时拉力及标准温度下的尺长改正数。丈量要以检定时的拉力为准,钢尺一端用弹簧秤来控制拉力。前后尺手要同时读取尺上读数,一般读 3 次,3 次读数间互差不应超过 2~5mm。量距时要记温度,估读到 0.5℃。表 4.1 为钢尺量距记录计算簿。

表 4.1　钢尺量距记录计算簿

尺段	钢尺读数/m		尺段长	温度改正数/mm	高差改正数/mm	尺长改正数/mm	改正后尺长长度/m	备注
	后尺段	前尺段	后-前					
A~1	29.9365	0.0705	29.8660	26.5℃	−0.15			所用钢尺30m，温度20℃，拉力10kg 下的实际长度为30.0025m
	29.9405	0.0760	29.8645					
	29.9505	0.0860	29.8645					
			29.8650	2.3	−0.4	2.5	29.8694	
1~2	29.9335	0.0185	29.9050	27.5℃	−0.17			
	29.9305	0.0255	29.9050					
	29.9380	0.0310	29.9070					
			29.9060	2.7	−0.5	2.5	26.9107	
⋮			⋮					
6~B	18.9755	0.0765	18.8990	27.5℃	−0.07			
	18.9540	0.0555	18.8985					
	18.9805	0.0810	18.8995					
			18.8990	1.7	−0.1	1.6	18.9022	
合计			138.4830	11.2	−1.7	11.6	138.5041	

2. 尺长方程式

钢尺出厂前必须经过检定，并提供尺长方程式。一般形式如下：

$$L_t = L_0 + \Delta L + \alpha L_0 (t - t_0)$$

式中：L_0——钢尺的名义长度；

L_t——是温度为 t 时钢尺的实际长度；

ΔL——尺长改正数；

α——钢尺膨胀系数；

t_0——钢尺检定时的温度，℃；

t——丈量时的温度，℃。

3. 内业计算

(1) 尺长改正数 ΔL_D

钢尺在标准温度、拉力下的检定长度 L' 与其名义长度 L_0 往往不一致，其差值 $\Delta L = L' - L_0$，称为整尺段的尺长改正，则任一尺段 L 的尺长改正数 ΔL_D 为

$$\Delta L_D = L \frac{L' - L_0}{L_0} \tag{4.7}$$

式中：L——实际丈量长度，m。

（2）温度改正数 ΔL_t

钢尺检定时的温度为 t_0，丈量时的温度为 t，钢尺膨胀系数为 α（一般为 0.000 012），则丈量一个尺段 L 的温度改正数 ΔL_t 为

$$\Delta L_t = \alpha(t - t_0)L \qquad (4.8)$$

（3）倾斜改正数 ΔL_h

设 L 为量得的斜距，h 为两端点的高差，则倾斜改正数 ΔL_h 为

$$\Delta L_h = -\frac{h^2}{2L} \qquad (4.9)$$

（4）改正后的水平距离 D

对于野外实地丈量的倾斜距离加入尺长、温度和倾斜改正数之后，即可算出实际的水平距离 D，即

$$D = L + \Delta L_D + \Delta L_t + \Delta L_h \qquad (4.10)$$

例如，设用 30m 钢尺量得 $A \sim 1$ 的长度为 29.865m，测得温度 26.5℃，高差为 -0.15m，且该尺在温度 20℃、拉力 10kg 下的实际长度为 30.0025m。按上述公式计算 $A \sim 1$ 的改正数及水平距离如下：

$$\Delta L_D = 29.865 \times \frac{30.0025 - 30}{30} = 2.5(\text{mm})$$

$$\Delta L_t = 0.000\ 012 \times (26.5 - 20) \times 29.865 = 2.3(\text{mm})$$

$$\Delta L_h = -\frac{(-0.15)^2}{2 \times 29.865} = -0.4(\text{mm})$$

$$D_{A1} = 29.865 + 0.0025 + 0.0023 - 0.0004 = 29.8694(\text{m})$$

将各改正后的尺段距离相加起来便得 AB 的全长水平距离。分别算得往、返测改正后全长水平距离后，取平均值作为 AB 直线的最终结果，并可求得其相对误差的大小。如果相对误差超限则应进行重测。

4.2　视　距　测　量

视距测量是根据几何光学原理测距的一种方法。视距测量可分为精密视距测量和普通视距测量。目前精密视距测量已被光电测距仪所取代。普通视距测量（视距测量）的测距精度虽然仅有 1/200～1/300，但由于操作简便迅速，不受地形起伏限制，可同时测定距离和高差，所以经常用于较低级的平面控制、高程控制和地形测量。

4.2.1　普通视距测量原理

经纬仪、水准仪等测量仪器的十字丝分划板上都有与横丝平行等距对称的两根短丝，称为视距丝。利用视距丝配合标尺就可以进行视距测量。

1. 视准轴水平时的距离与高差公式

如图 4.7 所示,在 A 点安置仪器,并使视准轴水平,在 1 点或 2 点立标尺,视准轴与标尺垂直。对于倒像望远镜,下丝在标尺上读数为 a,上丝在标尺上的读数为 b,下、上丝读数之差称为视距间隔或尺间隔 $p(p=a-b)$。由于上、下丝间距固定,两根丝引出的视线在竖直面内夹角 φ 是一个固定角度(约为 $34'23''$)。因此,尺间隔 p 和立尺点到测站的水平距离 D 成正比,即

$$\frac{D_1}{p_1} = \frac{D_2}{p_2} = K \tag{4.11}$$

式中:K——视距乘常数,由上、下丝的间距来决定。

制造仪器时,通常把 K 设计成 100,因而视准轴水平时的视距公式为

$$D = Kp = 100p \tag{4.12}$$

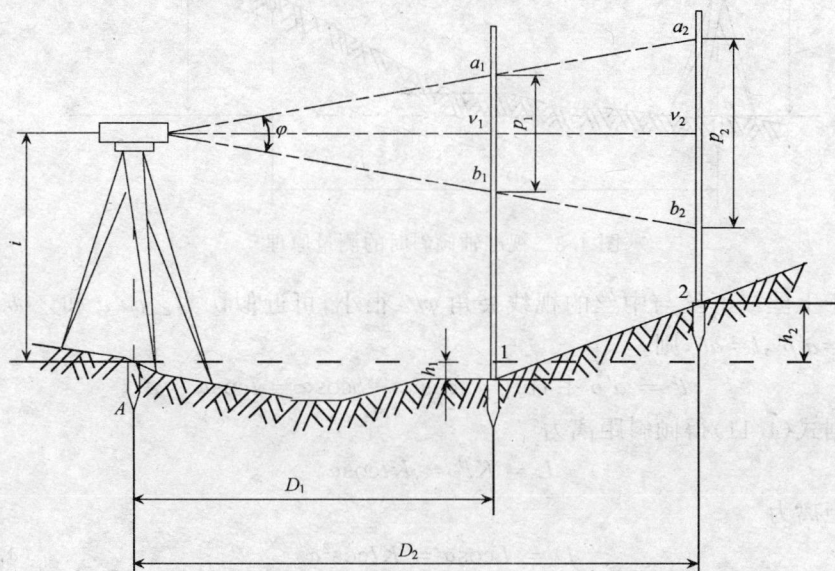

图 4.7　视准轴水平时的测量原理

由图 4.7 还可以看出,平坦地区视线水平时,读取十字丝横丝(中丝)在标尺上的读数 v 及量得仪器高 i,则测站点至立尺点的高差 h 为

$$h = i - v \tag{4.13}$$

当测站点的高程 H_A 已知时,立尺点 B 的高程为

$$H_B = H_A + h = H_A + i - v \tag{4.14}$$

2. 视线倾斜时的视距和高差公式

在地面起伏较大的山区进行视距测量时,必须把望远镜倾斜才能读取尺间隔,

如图 4.8 所示。这时视线不再垂直于标尺，要想利用视线倾斜时在标尺上的尺间隔 ab 求出水平距离和高差，首先要将尺间隔 ab 化算为与视线轴垂直的尺间隔 $a'b'$，再算出倾斜距离 L，根据 L 和竖直角 α 最后算出水平距离 D 和高差 h。

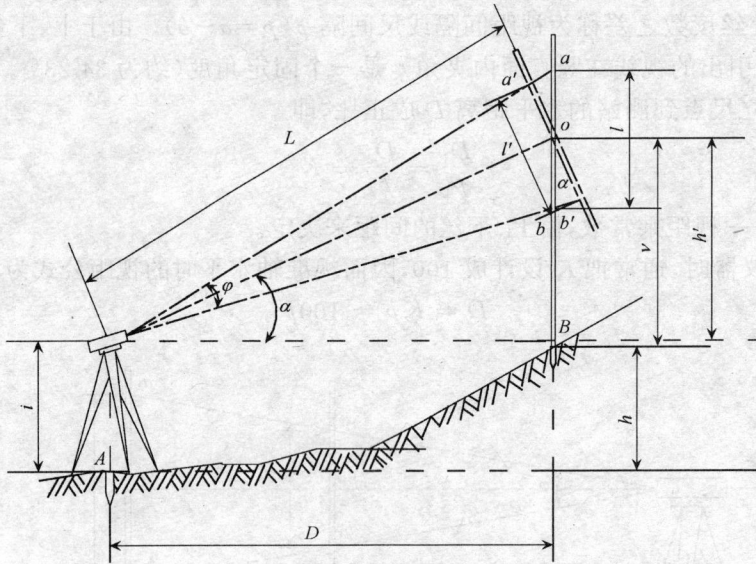

图 4.8 视准轴倾斜时的测量原理

由于上丝或下丝与中丝的视线夹角 $\varphi/2$ 很小，可近似认为 $\angle oa'a$ 和 $\angle ob'b$ 是直角，$l'=a'b'$，$l=ab$，则

$$l' = a'o + ob' = a\cos\alpha + b\cos\alpha = l\cos\alpha$$

根据式(4.11)得倾斜距离为

$$L = Kl' = Kl\cos\alpha$$

则水平距离为

$$D = L\cos\alpha = Kl\cos^2\alpha \tag{4.15}$$

当视线倾斜时，待测点 B 相对于测站点 A 的高差为

$$h = h' + i - v \tag{4.16}$$

其中

$$h' = Kl\cos\alpha\sin\alpha = \frac{1}{2}Kl\sin2\alpha$$

当仪器高与中丝度数相等时(即 $i=v$)，则

$$h = h' = \frac{1}{2}Kl\sin2\alpha \tag{4.17}$$

4.2.2 视距测量的观测与计算

下面举例说明视距的观测与计算。

1. 观测

在 A 点安置经纬仪，量取仪器高度（$i=1.420$m）。转动照准部和望远镜瞄准 B 点标尺，分别读取中丝、上丝、下丝读数（$v=1.420$m、$b=1.261$m、$a=1.579$m）。调整竖盘读数指标水准管气泡居中，读取竖盘读数（设在盘左位置，$L=93°28'$）。

2. 计算

所用经纬仪竖直角计算公式为：$\alpha=90°-L+x$，竖盘指标差 $x=+1'$。

尺间隔

$$l=a-b=1.579-1.261=0.318(\text{m})$$

竖直角

$$\alpha=90°-L+x=90°-93°28'+1'=-3°27'$$

水平距离

$$D=Kl\cos^2\alpha=100\times0.318\times\cos^2(-3°27')=31.689(\text{m})$$

高差

$$h=\frac{1}{2}Kl\sin2\alpha=-1.912(\text{m})$$

4.2.3 视距测量误差及注意事项

1. 读数误差

读数误差直接影响尺间隔 l，当视距乘常数 $K=100$ 时，误差将扩大 100 倍地影响距离测定。如读数误差为 1mm，则对距离的影响为 0.1m。因此，读数时应注意消除视差。

2. 标尺不垂直误差

标尺立得不垂直对距离与标尺倾斜度和竖直角有关。当标尺倾斜 1°，竖直角为 30°时，产生的视距相对误差可达 1/100。为减小标尺不垂直误差的影响，应选用安装圆水准器的标尺。

3. 乘常数不准确的影响

一般视距乘常数 $K=100$，但是由于视距丝间各有误差，视距尺有系统性刻画误差，以及仪器检定时的误差都会使 K 值不为 100。K 值一旦确定，其误差对视距的影响是系统性的。所以,乘常数 K 的测定要特别小心。

4. 外界条件的影响

外界条件影响主要有大气的竖直折光、空气对流使标尺成像不稳定、风力使尺子抖动等。因此,应尽可能使仪器视线高出地面 1m,并选择合适的天气作业。

上述四种误差对视距测量影响较大。此外还有标尺分划误差、竖直角观测误差等。

4.3 电磁波测距

目前,电磁波测距在我国测量工作中已得到普遍应用。电磁波测距比之钢尺量距和普通视距有操作简便、速度快、效率高、测程长、精度高及对测线地形条件要求低等许多优点。

电磁波测距仪按测程来分有短程、中程和远程三类;按测距精度可分为高精度和一般精度两类;按载波来分则有采用光波(可见光或红外光)作为载波的光电测距仪和采用微波段的无线电波作为载波的微波测距仪。

4.3.1 测距原理

电磁波测距是通过测定电磁波(微波或光波)在测线两端点往返传播的时间来计算待测距离的。例如,欲测定 AB 两点间的距离 D,如图 4.9 所示把测距仪安置在 A 点,反射镜安置在 B 点,由仪器发出的光束经距离 D 到达反射镜,经反射回到仪器。由于光在大气中的传播速度 c 可以求出,如果测定出光波在 AB 之间传播的时间 t_{2D},则距离 D 可按下式计算,即

$$D = \frac{1}{2} c t_{2D} \tag{4.18}$$

式中:c——光波在大气中的传播速度(可根据观测时的气象条件确定);

t_{2D}——电磁波在待测距离上的往返传播时间。

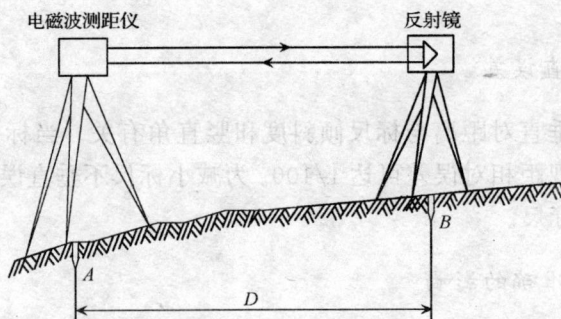

图 4.9 光电测距原理

根据传播时间 t_{2D} 的测定方法可分为下列两类。

1. 脉冲法测距

脉冲法测距是通过测量激光脉冲在待测距离上往返一次所经历的时间而求得的距离。当仪器在 t_1 时发出激光脉冲,计数闸门开启,至 t_2 接收到反射光,闸门关闭,经历的时间 $t=t_2-t_1$,简称闸门时间,它与距离成正比。同时,在闸门时间内填充时钟脉冲,并由计数器记录脉冲个数,每个脉冲代表一定的单位长度,从而测得距离。

由于脉冲宽度和电子计数器时间分辨率的限制,脉冲式测距仪测距精度较低。工程测量中使用的精密测距仪几乎都采用相位式。

2. 相位式测距仪

相位式测距仪是通过测量连接电磁波在待测距离上往返传播所产生的相位变化,间接测得时间 t 的仪器。由物理学知,对于一个正弦变量,频率 f、角速度 ω、时间 t、波长 λ、波速 c 和相位移 φ 之间有下列关系:

$$\left. \begin{array}{l} \varphi = \omega t \\ \omega = 2\pi f \\ \lambda = \dfrac{c}{f} \\ t = \dfrac{\varphi}{2\pi f} \end{array} \right\} \tag{4.19}$$

相位移 φ 以 2π 为周期变化,N 是正整数,表示在被测距离上调制波相位移 φ 变化的整周期的个数;ΔN 是小于 1 的数,表示不足一个整周期的尾数,即 $\Delta N = \dfrac{\Delta\omega}{2\pi}$,那么,相位移 $\varphi = 2\pi N + \Delta\omega$。将其代入式(4.19),得

$$t = \frac{2\pi N + \Delta\omega}{2\pi f}$$

则

$$D = \frac{1}{2}ct = \frac{c}{2}\left(\frac{2\pi N + \Delta\omega}{2\pi f}\right) = \frac{c}{2f}(N + \Delta N) \tag{4.20}$$

其中 $L_s = \dfrac{1}{2}\cdot\dfrac{c}{f} = \dfrac{\lambda}{2}$ 为单位长度,俗称"光尺",则式(4.20)可写为

$$D = \frac{\lambda}{2}(N + \Delta N) \tag{4.21}$$

式(4.21)是相位式测距仪的基本测距公式,即距离 D 就是 N 个整光尺长度与不足一个整光尺长度的余长之和。

实际上,相位式光电测距仪中的相位计只能测出不足 2π 的相位尾数 $\Delta\omega$,无法测定整周期 N,因此式(4.21)有多解值,只有待测距离小于光尺长度时,才能有确

定的距离值。此外,仪器测相系统精度一般可达到 $10^{-3} \sim 10^{-4}$,光尺长度越长,测距误差越大。例如,10m 的光尺,误差为 1cm;1000m 的光尺,误差达 1m。为了兼顾测程和精度,相位式测距仪选用了几把光尺配合测距,用短光尺(精测尺)测出精确的小数,用长光尺(粗测尺)测出距离的大数。

在实际仪器结构中,由精、粗测尺读数计算工作,可由仪器内部的逻辑电路自动完成。按相位法制造的相位测距仪,测量精度高。在反射棱镜组成的反射器配合下,可以测量几米至几十千米的距离,测量精度为毫米级至厘米级,故在工程测量中主要使用相位式测距仪。

4.3.2 测距仪

按测程远近,测距仪一般可分为三类。

1）短程电磁波测距仪。测程小于等于 3km。

2）中程电磁波测距仪。测程为 3~15km。

3）长(远)程电磁波测距仪。测程大于 15km。

在房地产测量工作中,使用最多的是中、短程电磁波测距仪。根据测距仪出厂所标称精度的绝对值,按 1km 测距中误差 m_D 划分为三级:

Ⅰ 级	$m_D < 5mm$
Ⅱ 级	$5mm \leqslant m_D \leqslant 10mm$
Ⅲ 级	$10mm \leqslant m_D \leqslant 20mm$

现以 REDmini 为例简要介绍其使用步骤。

1）在测站上安置经纬仪,大致整平对中,然后将测距仪安置并固定在井位以上。

2）进行整平、对中,取出温度计和气压计,把电池安装在测距仪上,打开电池开关。

3）在镜站上安置反射镜,同时对中、整平,利用反射镜上的照准器对准测距仪。

4）用经纬仪瞄准反射镜下的照准牌。

5）按"POWER"按钮(打开电源开关),用测距仪瞄准反射镜。

6）按"·"按钮,测距开始,约 7s 后,显示斜距。

7）一般测距 3 次(执行上一步骤 3 次),互差符合要求即可。

8）记录温度和气压,以便进行改正。

9）读取竖盘读数,以便计算水平距离。

4.3.3 成果计算

测距仪测得的一测回或几测回距离读数平均值 L 还必须经过气象改正和倾斜改正,才能得到水平距离最终结果。

1. 气象改正

影响光速的大气折射率是光的波长 λ、气温 t 和气压 p 的函数。λ 为一定值,因此可根据观测时测定的气温和气压对测距结果进行气象改正。REDmini 型测距仪的气象改正公式为

$$\Delta L = \left(278.96 - \frac{0.3872p}{1 + 0.003\,661t} \right) L \qquad (4.22)$$

式中:ΔL——气象改正值,mm;

$\quad\quad p$——测站气压,mmHg①;

$\quad\quad t$——测站温度,℃;

$\quad\quad L$——距离,km。

2. 倾斜改正

若已知测线两端点间的高差 h,可用 $\Delta L_h = -h^2/2L$ 计算倾斜改正值;若测定了测线竖直角 α,可用 $D = L\cos\alpha$ 计算水平距离。

【例 4.1】 测得 A、B 两点间斜距为 516.350m,高差为 7.432m,测距时温度为 20℃,气压为 740mmHg,计算 A、B 两点间的水平距离。

【解】 气象改正值为

$$\Delta L = \left(278.96 - \frac{0.3872 \times 740}{1 + 0.003\,661 \times 20} \right) \times 0.516\,35 = 6.2(\text{mm})$$

倾斜改正值为

$$\Delta L_h = -\frac{7.432^2}{2 \times 516.350} = -0.053(\text{m})$$

水平距离为

$$D = L + \Delta L + \Delta L_h = 516.35 + 0.0062 - 0.053 = 516.303(\text{m})$$

4.3.4 电磁波测距的注意事项

1)在阳光下作业或雨天作业均要撑伞遮阳或遮雨。要防止阳光或其他强光直接射入接收物镜。

2)测线两侧或镜后面应避开反射物体,以免障碍物反射的信号进入接受系统产生干扰信号。主机应尽可能避开高压线、高压变压器等强电场干扰。

3)测线应离开地面障碍物 1.3m 以上,避免通过发热体和较宽水面的上空。

4)测距结束后一定要关机,迁站时要拔掉电源线。

5)测距仪在运输过程中要注意防潮、防震、防高温。

---

① 1mmHg=133.322Pa,下同。

4.4 电子全站仪

全站仪即全站型电子速测仪。它是随着计算机和电子测距技术的发展,近代电子科技和光学经纬仪结合的新一代既能测角又能测距的仪器,它是在电子经纬仪的基础上增加了电子测距的功能,使仪器不仅能够测角,而且也能测距,并且测量的距离长、时间短、精度高。全站型电子速测仪是由电子测角、电子测距、电子计算和数据存储单元等组成的三维坐标测角系统,测量结果能自动显示,并能与外围设备交换信息的多功能仪器。由于全站型电子速测仪较完善地实现了测量和处理过程的电子化与一体化,所以人们也通常称之为全站型电子速测仪或称全站仪。

1. 电子测距的基本原理

电子测距即电磁波测距,它的基本原理可参考电磁波测距原理。

2. 全站仪的组成

全站仪主要由下列两大部分组成。

1) 采集数据的专用设备。主要有电子测角系统、电子测距系统、数据存储系统及自动补偿设备等。

2) 过程控制机。包括与测量数据相连接的外围设备及进行计算、产生指令的微处理机。它主要用于有序地实现每一专用设备的功能。

3. 全站仪的分类

全站仪的分类根据系统的组合不同分为组合式和整体式两类。

1) 组合式。也称积木式,它是指电子经纬仪和测距仪既可以分离也可以组合。用户可以根据实际工作的要求,选择测角、测距设备进行组合。

2) 整体式。也称集成式,它是指将电子经纬仪和测距仪做成一个整体,共用一个望远镜,外壳还装有包括数据储存器和微处理器在内的电子器(组)件。这类仪器使用非常方便,一次瞄准就能同时测出方向和距离,其结果即可自动显示和记录。避免了人为的读数差错,精度好、效率高,几乎同时获得平距、高差和点的坐标,电子手簿常作为附件单独连接。20世纪90年代以来,全站仪基本上都发展为集成式全站仪。随着计算机的不断发展和用户的特殊要求以及其他工业技术的应用,全站仪进入了一个新的发展时期,出现了带内存、防水型、防爆型、电脑型等的全站仪,使全站仪在各项测绘工作中发挥越来越大的作用。

图4.10是日本产TOPCON GTS-211D电子全站仪。角度测量采用光栅增量法读数系统,角度显示最小为1″,测角精度为5″;距离测程在0.9~1800m的范围,

测量精度达±（3mm＋2ppm①），最小读数 1mm，测量时间为 2.5s。竖轴与水平轴的双轴倾斜自动补偿范围是±3′，补偿精度1″。

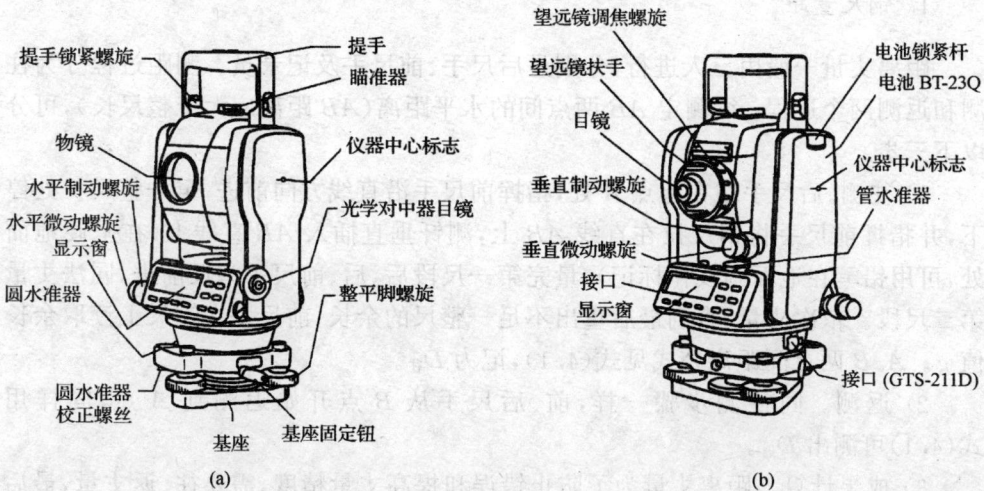

图 4.10　日本产 TOPCON GTS-211D 电子全站仪

使用该仪器时，在测站上安置好仪器，对中、整平后瞄准目标（光学棱镜中心）后，在测角模式下，即可显示水平角、竖直角；按动距离功能键后，即可显示测量的距离。水平角、距离、斜距可同时显示在面板上。根据测量功能选择的不同，还可进行测量放样，显示出测量的距离与设计的距离之差；也可以进行坐标测量，直接测定未知点的坐标。

4.5　实训项目及指导

4.5.1　实训内容

本章实训项目主要内容有距离丈量和电磁波测距。

4.5.2　实训计划

本章实训项目所需课时、实训所需仪器设备具体计划如表 4.2 所示。

表 4.2　实训计划内容

实训项目	课　时	仪器设备
距离丈量	1	钢卷尺、测钎、垂球、标杆
电磁波测距	1	测距仪、棱镜及配套脚架

① 1ppm＝10^{-6}，下同。

4.5.3 实训步骤

1. 钢尺量距

距离丈量一般由三人进行,分别是后尺手、前尺手及记录员。测距过程分为往测和返测两个过程。欲测定 AB 两点间的水平距离(AB 距离应大于整尺长),可分以下三步。

1) 往测。后尺手站在起点 A 处,指挥前尺手沿直线方向前进,至一整尺长处停下,并指挥前尺手将钢尺拉在直线 AB 上,测钎垂直插入 AB 直线上(在坚硬地面处,可用铅笔在地面画线作标记)。量完第一尺段后,后、前尺手举尺前进,同法丈量第二尺段。依次丈量,直到最后量出不足一整尺的余长,前尺手在钢尺上读取余长值 g。A、B 两点间距离公式见式(4.1),记为 $D_{往}$。

2) 返测。同往测步骤一样,前、后尺手从 B 点开始返测到 A 点,同样用式(4.1)可测出 $D_{返}$。

3) 成果计算。距离丈量为了防止错误和提高丈量精度,需要往、返丈量,最后结果通常取往、返距离的平均值,并计算其量距精度[量距精度的相对较差公式见式(4.2)]。如果相对较差不满足测量要求,则需重测。

2. 电磁波测距

在刚才进行钢尺量距的两端点(如 A、B)上安置测距仪和棱镜(包括对中、整平),用测距仪照准棱镜,按测距要求进行测距,并按正确的操作规程量取仪器高、棱镜高,读记温度、气压。测量数据记入表 4.3 中。

表 4.3　电磁波测距记录手簿

测站名称_____　镜站名称_____　观测者_____　记录者_____

	测距读数	气温_____		测距读数	气温_____
往			返		
测		气压_____	测		气压_____
		仪器高_____			仪器高_____
中数		棱镜高_____	中数		棱镜高_____

4.5.4 上交资料

上交资料主要是指上交实训项目的记录手簿。表格参考见表 4.4。

表 4.4　距离丈量记录手簿

观测日期_____　　天气状况_____　　记录者_____

次数	起点名称	终点名称	往测		返测		平均长度 /m	精度 往返较差 平均长度
			l n g	D	l n g	D		

4.5.5　实训考核

实训项目主要从以下几个方面来进行考核:

1)熟练程度。

2)操作正确与否。

3)结果的合理性。

4)实训态度。

第五章 控制测量

5.1 概 述

进行地形测量或施工测量必须遵循"先整体、后局部"的原则,采用"先控制、后碎部"的工作步骤。控制测量就是在测区内选择若干控制点,用较高的精度对控制点进行测量,以确定其空间位置。由控制点构成的几何图形称为控制网。控制测量的作用是控制误差的连续传播,保证测量图和测量设备必要的精度,使分区域施测的碎部能以一定的精度连成一个整体。

控制测量分平面控制测量[测定控制点的平面位置(x,y)]和高程控制测量(测定控制点的高程H),根据控制网的测量精度不同,控制网可分为国家基本控制网、城市控制网、小区域控制网和图根控制网,现分述如下。

5.1.1 国家基本控制网

1. 平面控制网

建立平面控制网的常用方法有三角测量和精密导线测量。如图 5.1 所示,由A、B、C、D、E、F 组成互相邻接的三角形,观测三角形的内角并至少确定其中一条边长(称为基线)及方位角,通过计算获得它们之间的相对位置,进行这种控制测量称为三角测量。三角形顶点称为三角点,构成的网形称为三角网。如图 5.2 所示,控制点 1、2、3、4、5、6 用折线连接起来,测量各边的长度和各转折角,并确定一条边的方位角,通过计算同样可获得它们之间的相对位置,这种控制测量称为导线测量,控制点称为导线点。

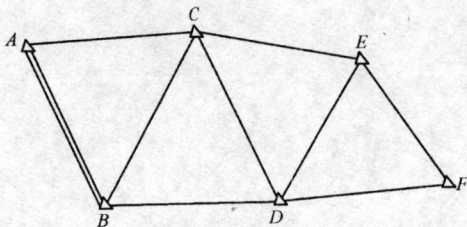

图 5.1 三角网

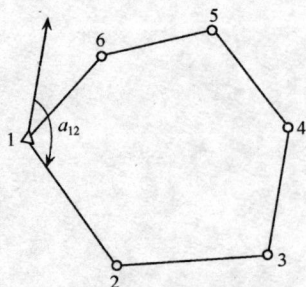

图 5.2 导线网

国家平面控制网是在全国范围内主要按三角网和精密导线网布设,按精度分为一等、二等、三等、四等四个等级,其中一等精度最高,二等、三等、四等精度逐级降低,低一级控制网是在高一级控制网的基础上建立的。控制点的密度,一等最小,逐级增大,如图5.3所示,一等三角网沿经纬线方向布设,一般称为一等三角锁,它不仅作为低等级平面控制网的基础,还为研究地球的形状和大小提供精确的科学资料。二等三角网布设于一等三角锁内,是扩展低等级平面控制网的基础,三等、四等三角网作为一等、二等控制网的进一步加密,满足测绘各种比例尺地形图和各项工程建设的需要。

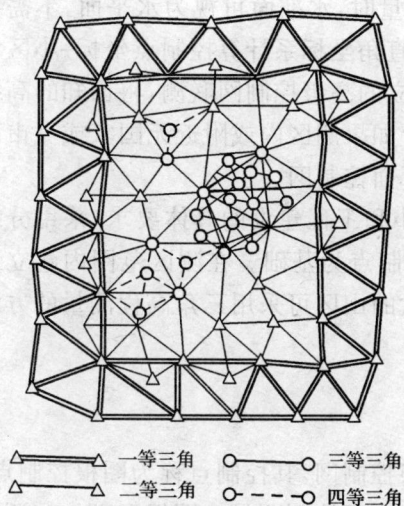

图 5.3　国家平面控制网

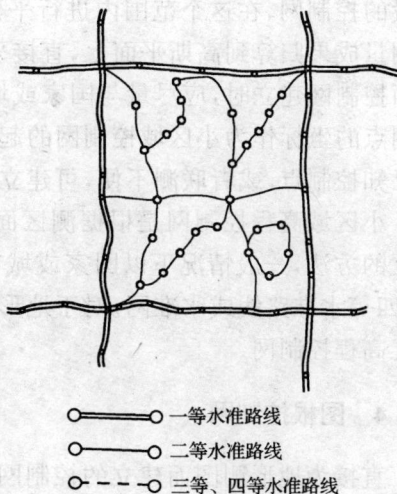

△——△ 一等三角　　○——○ 三等三角
△——△ 二等三角　　○--○ 四等三角

○——○ 一等水准路线
○——○ 二等水准路线
○--○ 三等、四等水准路线

图 5.4　国家高程控制网

2. 高程控制网

建立国家高程控制网的主要方法是采用水准测量的方法,按精度分一等、二等、三等、四等,逐级控制,逐级加密。如图5.4所示,一等水准测量精度最高,由它建立的一等水准网是国家高程控制网的骨干,二等水准网在一等水准环内布设,是国家高程控制网的基础,三等、四等水准网是国家高程控制网的加密,主要为测绘各种比例尺地形图和各项工程建设提供高程的起算数据。

全球卫星定位技术的出现,给控制测量带来了革命性的突破,应用GPS空间定位技术建立的控制网称为GPS网,按精度分为A、B、C、D、E五级。GPS测量具有精度高、全天候、高效率、多功能、布设灵活,操作简单、应用广泛等优点。只要将GPS接收机安置于控制点上,通过接收卫星数据,利用随机处理软件及平差软件,即可解算出地面控制点的三维坐标。

5.1.2 城市控制网

城市控制网是在国家基本控制网的基础上布设的,用以满足城市大比例尺测图、城市规划和各种市政建设工程的设计、施工及管理的需要而建立的控制网。根据城市面积的大小和市政工程的不同精度要求,可布设为不同等级的城市控制网。

5.1.3 小区域控制网

小区域控制网是为小区域(测区面积小于 15km²)大比例尺测图或工程建设所布设的控制网,在这个范围内进行平面控制测量时,水准面可视为水平面,不需要将测量成果归算到高斯平面上,直接采用平面直角坐标系计算控制点坐标。小区域平面控制网建立时,应尽量与国家或城市已建立的高级控制网联测,将已知的高级控制点的坐标作为小区域控制网的起算数据。如果测区内或附近无国家或城市高级已知控制点,或者联测不便,可建立独立的平面控制网。

小区域高程控制网是根据测区面积的大小和工程建设的具体要求,采用分级建立的方法,一般情况下以国家或城市高级控制点为基础。在测区范围内建立三等、四等水准路线或水准网。对于地形起伏较大的山区可采用三角高程测量的方法建立高程控制网。

5.1.4 图根控制网

直接为地形测图而建立的控制网称为图根控制网,其控制点称为图根控制点。图根控制测量也分为图根平面控制测量和图根高程控制测量。图根平面控制测量通常采用图根导线测量、小三角测量和交会定点等方法来建立。图根高程控制测量一般采用三等、四等、五等水准测量和三角高程测量。

5.2 直线定向与坐标计算的正、反算

5.2.1 直线定向

确定地面直线与标准方向间的水平夹角称为直线定向。

1. 标准方向的种类

(1)真子午线方向

通过地球表面上一点的真子午线的切线方向称为该点的真子午线方向,用 N 表示。真子午线方向是通过天文观测方法或陀螺经纬仪来测定。

(2)磁子午线方向

通过地球表面上一点的磁子午线的切线方向称为该点的磁子午线方向,用

N'表示。磁针自由静止时其 N 极所指的方向即为磁子午线方向,磁子午线方向可用磁针或罗盘仪测定。

(3) 坐标纵轴方向

我国采用高斯平面直角坐标系,其每一投影带中央子午线的投影为坐标纵轴方向,即 x 轴方向。

2. 表示直线方向的方法

测量工作中,表示直线方向的方法常用方位角和象限角来表示。

(1) 方位角

由标准方向线的北端起顺时针方向量到某直线的水平夹角,称为该直线的方位角。角值范围为 0°~360°。根据标准方向线的不同,方位角又分为真方位角、磁方位角和坐标方位角三种,如图 5.5 所示。

1) 真方位角。由真子午线方向线的北端起顺时针方向量到某直线的水平夹角,称为该直线的真方位角,用 A 表示。

2) 磁方位角。由磁子午线方向线的北端起顺时针方向量到某直线的水平夹角,称为该直线的磁方位角,用 A_m 表示。

3) 坐标方位角。由坐标纵轴方向北端起顺时针方向量到某直线的水平夹角,称为该直线的坐标方位角,用 α 表示。

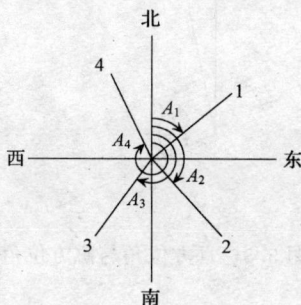

图 5.5　方位角

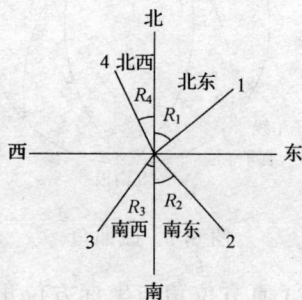

图 5.6　象限角

(2) 象限角

由标准方向线的北端或南端起顺时针或逆时针量到某直线的水平夹角,用 R 表示,其值在 0°~90°之间。如图 5.6 所示,直线 01、02、03、04 的象限角分别为 R_1、R_2、R_3 和 R_4。象限角不但要表示角度的大小,而且还要注记该直线位于第几象限。象限分为 Ⅰ~Ⅳ,分别用北东、南东、南西和北西表示。如 04 在第四象限,角值为 25°,则该象限角表示为北西 25°。

象限角一般只在坐标计算时用,这时所说的象限角是指坐标象限角。坐标象限角与坐标方位角之间的关系如下:

I 象限　$\alpha=R$；$R=\alpha$；

II 象限　$\alpha=180°-R$；$R=180°-\alpha$；

III 象限　$\alpha=180°+R$；$R=\alpha-180°$；

IV 象限　$\alpha=360°-R$；$R=360°-\alpha$。

3. 三种方位角之间的关系

(1) 真方位角与磁场方位角之间的关系

由于地球的真南北极与磁南北极不重合,如图 5.7 所示,因此,过地球表面上一点的真子午线方向与磁子午线方向也不重合,两者之间的夹角称为磁偏角,用 δ 表示。磁偏角有东偏和西偏,取值有正值和负值。磁子午线方向位于真子午线方向东侧,称为东偏,δ 取正值;磁子午线方向位于真子午线方向西侧,称为西偏,δ 取负值。

真方位角与磁方位角之间的关系,如图 5.8 所示,其关系为

$$A = A_m + \delta \tag{5.1}$$

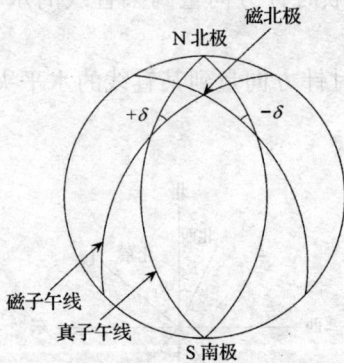

图 5.7　磁偏角

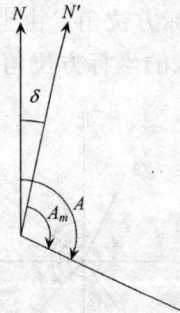

图 5.8　真方位角与磁方位角

(2) 真方位角与坐标方位角之间的关系

在高斯投影中,中央子午线投影后是一条直线,也就是该带的坐标纵轴,其他子午线投影后均为收敛于两极的曲线。过地面上一点的子午线的切线方向与坐标纵轴之间的夹角称为子午线收敛角,用 γ 表示。γ 角值有正值和负值,如果该点位于中央子午线东侧,称为东偏,γ 值为正值;如果该点位于中央子午线西侧,称为西偏,γ 值为负值,如图 5.9 所示。

真方位角与坐标方位角之间的关系如图 5.10 所示,其关系为

$$A = \alpha + \gamma \tag{5.2}$$

(3)坐标方位角与磁场方位角之间的关系

已知某点的子午线收敛角 γ 和磁偏角 δ,如图 5.11 所示,则坐标方位角与磁场方位角之间的关系为

$$\alpha = A_m + \delta - \gamma \qquad (5.3)$$

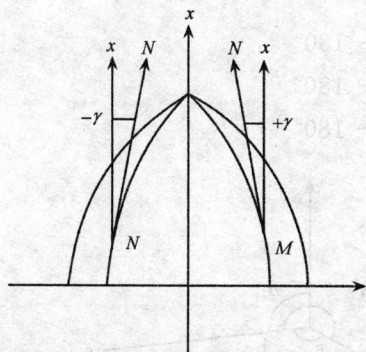

图 5.9 子午线收敛角

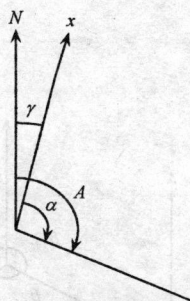

图 5.10 真方位角与坐标方位角

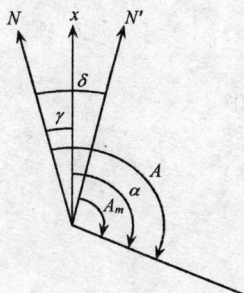

图 5.11 坐标方位角与磁方位角

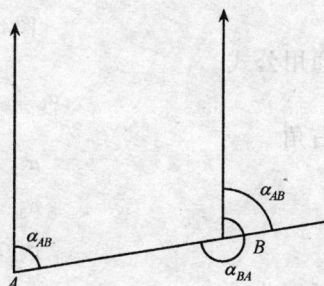

图 5.12 正、反坐标方位角

4. 正、反坐标方位角

在平面直角坐标系中,表示直线的方位角通常是用坐标方位角来表示。如直线 AB 的坐标方位角可用 α_{AB} 或 α_{BA} 来表示,则称 α_{AB} 为正坐标方位角,α_{BA} 为反坐标方位角,如图 5.12 所示,其关系式为

$$\alpha_{BA} = \alpha_{AB} \pm 180°$$

或

$$\alpha_{反} = \alpha_{正} \pm 180°$$

5. 坐标方位角的推算

测量工作中,各直线的坐标方位角不是直接测定的,而是测定各相邻边之间的水平夹角 β_i,然后通过已知坐标方位角和观测角推算出各边的坐标方位角。在推算时,β_i 角有左角和右角之分,其公式也有所不同。所谓左角(右角)是指该角位于前进方向左侧(右侧)的水平夹角。

如图 5.13 所示,已知 α_{12},观测前进方向的左角 $\beta_{2左}$、$\beta_{3左}$、$\beta_{4左}$(或 $\beta_{2右}$、$\beta_{3右}$、

$\beta_{4右}$),α_{23}、α_{34}、α_{45}的计算公式如下:

左角

$$\alpha_{23} = \alpha_{12} + \beta_{2左} - 180°$$
$$\alpha_{34} = \alpha_{23} + \beta_{3左} - 180°$$
$$\alpha_{45} = \alpha_{34} + \beta_{4左} - 180°$$

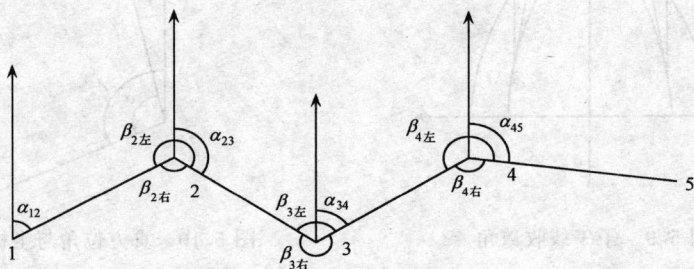

图 5.13　坐标方位角推算

通用公式

$$\alpha_{i,i+1} = \alpha_{i-1,i} + \beta_{i左} - 180° \tag{5.4}$$

右角

$$\alpha_{23} = \alpha_{12} - \beta_{2右} + 180°$$
$$\alpha_{34} = \alpha_{23} - \beta_{3右} + 180°$$
$$\alpha_{45} = \alpha_{34} - \beta_{4右} + 180°$$

通用公式

$$\alpha_{i,i+1} = \alpha_{i-1,i} - \beta_{i左} + 180° \tag{5.5}$$

式中:$\alpha_{i-1,i}$、$\alpha_{i,i+1}$——直线前进方向上相邻边中后一边的坐标方位角和前一边的坐标方位角,一般为

$$\alpha_{前} = \alpha_{后} \pm \beta_{左右}^{} \pm 180° \tag{5.6}$$

用式(5.6)算得的 α 值超过 360°时,应减去 360°。

5.2.2　坐标计算的正、反算问题

1. 坐标正算问题

坐标正算是已知一个点的坐标及该点到未知点的水平距离和坐标方位角,推算未知点的坐标。

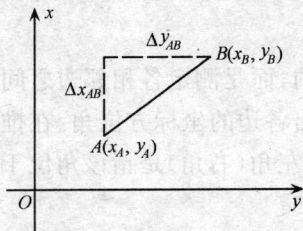

如图 5.15 所示,设 A 点的坐标(x_A,y_A),AB 边的边长 D_{AB} 及坐标方位角 α_{AB} 均为已知,现求 B 点的坐标(x_B,y_B)。由图 5.14 可知

$$x_B = x_A + \Delta x_{AB} \tag{5.7}$$
$$y_B = y_A + \Delta y_{AB} \tag{5.8}$$

图 5.14　坐标正反算　其中坐标增量为

$$\Delta x_{AB} = D_{AB} \cos \alpha_{AB}$$
$$\Delta y_{AB} = D_{AB} \sin \alpha_{AB}$$

(5.9)

则有

$$x_B = x_A + D_{AB} \cos \alpha_{AB}$$
$$y_B = y_A + D_{AB} \sin \alpha_{AB}$$

(5.10)

式(5.10)为坐标正算的基本公式,即根据两点间的边长和坐标方位角,计算两点间的坐标增量,再根据已知点的坐标,计算另一未知的坐标。

2. 坐标反算问题

坐标反算是已知两个点的坐标,求两点间的水平距离和坐标方位角。

设 A、B 两点的坐标(x_A, y_A),(x_B, y_B)均为已知,现计算 α_{AB} 和 D_{AB}。

由图 5.18 可知:

$$\begin{cases} \alpha_{AB} = \arctan \dfrac{\Delta y_{AB}}{\Delta x_{AB}} = \arctan \dfrac{y_B - y_A}{x_B - x_A} \\[2mm] D_{AB} = \dfrac{\Delta x_{AB}}{\cos \alpha_{AB}} = \dfrac{\Delta y_{AB}}{\sin \alpha_{AB}} = \sqrt{\Delta x_{AB}^2 + \Delta y_{AB}^2} \end{cases}$$

(5.11)

式(5.11)为坐标反算的基本公式。当求直线 AB 的坐标方位角 α_{AB} 时,还应根据 Δx_{AB}、Δy_{AB} 的"$+$"、"$-$"符号来确定 α_{AB} 所在的象限。

5.3 导线测量

5.3.1 导线的布设形式

1. 闭合导线

自某一已知点出发经过若干点的连续折线仍回至原来一点,形成一个闭合多边形,如图 5.15 所示。

2. 附合导线

自某一高一级的控制点(或国家控制点)出发,附合到另一个高一级的控制点上的导线。如图 5.16 所示,A、B、C、D 为高一级的控制点,从控制点 B(作为附合导线的第 1 点)出发,经 2、3、4、5 等点附合到另一控制点 C(作为附合导线的最后一点 6),布设成附合导线。

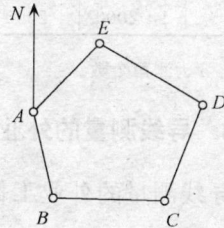

图 5.15 闭合导线示意图

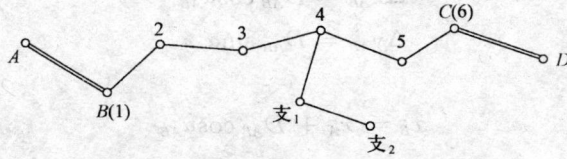

图 5.16 附合导线与支导线示意图

3. 支导线

仅是一端连接在高一级控制点上的伸展导线,如图 5.16 中所示的 4-支₁-支₂,4 点对支₁、支₂ 来讲是高一级的控制点。支导线在测量中若发生错差,无法校核,故一般只允许从高一级控制点引测一点,对 1:2000、1:5000 比例尺测图可连续引测两点。

导线按测量边长方法的不同有钢尺量距导线、电磁波测距导线等。二者仅测距方法不同,其余工作完全相同。

5.3.2 导线测量的等级与技术要求

在进行导线测量时,究竟采用何种形式,应根据原有控制点可利用的情况和密度、地形条件、测量精度要求及仪器设备而定。

用导线测量的方法建立小区域平面控制网,通常可分为一级导线、二级导线、三级导线和图根导线几个等级,其主要技术指标列入表 5.1 中。

表 5.1　平面控制网主要技术指标

等　级	测　图 比例尺	导　线 全长/m	平　均 边长/m	往返丈 量相对 中误差	测角 中误差 /(″)	导线全 长相对 闭合差	测回数 DJ₆	测回数 DJ₂	角度闭合 差/(″)
一　级		2500	250	1/20 000	±5	1/10 000	2	4	$\pm 10\sqrt{n}$
二　级		1800	180	1/15 000	±8	1/7000	1	3	$\pm 16\sqrt{n}$
三　级		1200	120	1/1000	±12	1/5000	1	2	$\pm 24\sqrt{n}$
图　根	1:500	500	75						
	1:1000	1000	110	1/3 000	±20	1/2000		1	$\pm 60\sqrt{n}$
	1:2000	2000	180						

注:n 为测角个数。

5.3.3 导线测量的外业工作

导线测量的外业工作包括踏勘选点、测角、量边和连测等。

1. 踏勘选点

测量前应广泛搜集与测区有关的测量资料,如原有三角点、导线点、水准点的成果,各种比例尺的地形图等。然后做出导线的整体布置设计,并到实地踏勘,了解测区的实际情况,最后根据测图的需要,在实地选定导线点的位置,并埋设点位标志,给予编号或命名。

选点时应注意做到以下几项:

1）导线应尽量沿交通线布设,相邻导线点间应通视良好,地势平坦,便于丈量边长。

2）导线点应选择在有利于安置仪器和保存点位的地方,最好选在土质坚硬的地面上。

3）导线点应选在视野比较开阔的地方,不应选在低洼、闭塞的角落,这样便于碎部测量或加密。

4）导线边长应大致相等或按表 5.1 规定的平均边长。尽量避免由短边突然过渡到长边。短边应尽量少用,以减小照准误差的影响和提高导线测量的点位精度。

5）导线点在测区内应有一定的数量,密度要均匀,便于控制整个测区。

导线点选定后,要用明显的标志固定下来,通常是用一木桩打入土中,桩顶高出地面 1～2cm,并在桩顶钉一小钉,作为临时性标志。当导线点选择在水泥、沥青等坚硬地面时,可直接钉一钢钉作为标志,需要长期保存使用的导线点要埋设混凝土桩,桩顶刻"十"字,作为永久性标志。导线点选定后,应进行统一编号。为了方便寻找,还应对每个导线点绘制"点之记",如图 5.17 所示,注明导线点与附近固定地物点的距离。

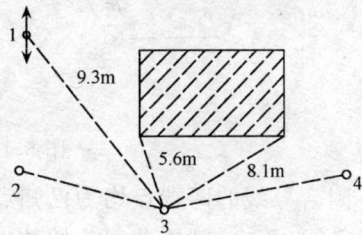

图 5.17 点之记

2. 测角

用测回法观测导线的转折角,导线的转折角分左角和右角,位于导线前进方向左侧的角叫左角;位于导线前进方向右侧的角叫右角。附合导线中,测量导线的左角,闭合导线中均测内角,若闭合导线按逆时针方向编号,则其内角也就是左角,这样便于坐标方位角的推算。对于图根导线,一般用 DJ$_6$ 级光学经纬仪观测一个测回,其半测回角值之差不得超过 $\pm 36''$。其他等级的导线测角技术要求见表 5.1。

3. 量边

用来计算导线点坐标的导线边长应是水平距离。边长可以用测距仪单程观测,也可用检定过的钢尺丈量。对于等级导线,要按钢尺量距的精密方法丈量。对于图根导线,用一般方法直接丈量,可以往、返各丈量 1 次,也可以同一方向丈量 2 次,取其平均值,其相对误差不应大于 1/3000。

4. 测定方位角或连接角和边

导线必须与高一级控制点连接,以取得坐标和方位角的起始数据。

闭合导线的连接测量分两种情况:一是没有高一级控制点可以连接,或在测区内布设的是独立闭合导线,这时,需要在第 1 点上测出第一条边的磁方位角,并假定第 1 点的坐标,就具有起始数据,如图 5.18(a)所示,第二种情况如图 5.18(b)所示,A、B 为高一级控制点,1、2、3、4、5 等点组成闭合导线,则需要测出连接角 β' 及 β'',以及连接边长 D_0,才具有起始数据。

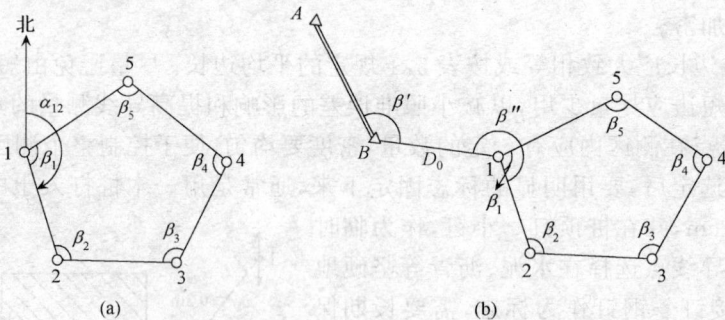

图 5.18 闭合导线连接测量

附合导线的两端点均为已知点,如图 5.19 所示,只要在已知点 B 及 C 上测出连接角 β_1 及 β_6,就能获得起始数据。

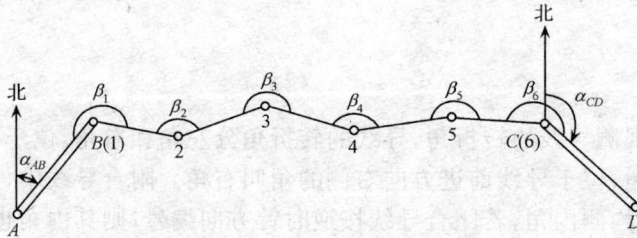

图 5.19 附合导线的连接测量

5.3.4 导线测量的内业计算

导线测量内业计算的目的是计算各导线点的坐标。因此,在外业工作结束后,首先应整理外业测量资料,导线测量内业计算所必须具备的资料有:各导线边的水平距离;导线各转折角和导线边与已知边所夹的连接角;高级控制点的坐标。当导线不与高级控制点连测时,应假定一起始点的坐标,并用罗盘仪测定起始边的坐标方位角。

计算前应对上述数据进行检查复核,当确认无误后,可绘制导线草图,注明已知数据和观测数据,并填入闭合导线坐标计算表(表 5.2)。

表 5.2　闭合导线坐标计算表

点号	观测角/(°′″)	改正数/(″)	改正角/(°′″)	方位角/(°′″)	距离/m	增量计算值		改正后增量		坐标值	
						Δx/m	Δy/m	Δx/m	Δy/m	x/m	y/m
1	2	3	4=2+3	5	6	7	8	9	10	11	12
1				144 36 00	77.38	−2 −63.07	−1 44.82	−63.09	44.81	500.00	800.00
2	89 33 47	+16	89 34 03	54 10 03	128.05	−3 74.96	−2 103.81	74.93	103.79	436.91	844.81
3	72 59 47	+16	73 00 03	307 10 06	79.38	−2 47.96	−1 −63.26	47.94	−63.27	511.84	948.60
4	107 49 02	+16	107 49 18	234 59 24	104.16	−2 −59.76	−2 −85.31	−59.78	−85.33	559.78	885.33
1	89 36 20	+16	89 36 36	144 36 00						500.00	800.00
2				144 36 00							
总和	359 58 56	+64	360 00 00		388.97	+0.09	+0.06	0.00	0.00		

辅助计算:

$$f_\beta = \sum \beta_{测} - \sum \beta_{理} = 359°58'56'' - 360° = 64''$$
$$f_{\beta容} = \pm 60 \sqrt{4} = \pm 120''$$
$$f_x = \sum \Delta x = +0.09$$
$$f_y = \sum \Delta y = +0.06$$
$$f_D = \sqrt{f_x^2 + f_y^2} = 0.11$$
$$K = \frac{f_D}{\sum D} = \frac{0.11}{388.97} = \frac{1}{3500} \leqslant \frac{1}{2000}$$

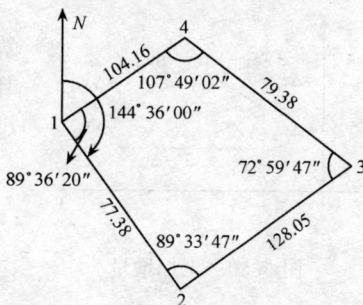

1. 闭合导线坐标计算

闭合导线是由各导线点组成的一多边形,因此,它必须满足两个条件:一是多边形内角和条件;二是坐标条件,即由起始点的已知坐标,逐点推算导线点的坐标到最后一点后继续推算起始点的坐标,推算得出的坐标应等于已知坐标。现以表5.2中草图为例,说明其计算步骤如下:

(1) 角度闭合差的计算与调整

具有 n 条边的闭合导线,内角总和理论上应满足下列条件,即

$$\sum \beta_{理} = (n - 2) \times 180° \tag{5.12}$$

设内角观测值的总和为 $\sum \beta_{测}$,则角度闭合差为

$$f_\beta = \sum \beta_{测} - (n - 2) \times 180° \tag{5.13}$$

角度闭合差是角度观测质量的检验条件,各级导线角度闭合差的允许值按表5.1的规定计算。若 $f_\beta \leqslant f_{\beta允}$,说明该导线水平角观测的成果可用;否则,应返工重测。

由于角度观测的精度是相同的,角度闭合差的调整往往采用平均分配原则,即

将角度闭合差按相反符号平均分配到各角中(计算到秒),其分配值称角改正数 V_β,用下式计算

$$V_\beta = -\frac{f_\beta}{n} \qquad (5.14)$$

调整后的角值为

$$\beta = \beta_{测} + V_\beta \qquad (5.15)$$

调整后的内角和应满足多边形内角和条件。

(2)坐标方位角推算

用起始边的坐标方位角和改正后的各内角可推算其他各边的坐标方位角。推导公式为

$$\alpha_{前} = \alpha_{后} + \beta_{左} \pm 180° \qquad (5.16)$$

以表 5.2 中的图为例,按 1—2—3—4—1 逆时针方向推算,使多边形内角即为导线前进方向的左角。为了检核,还应推算回起始边。

(3)坐标增量闭合差的计算与调整

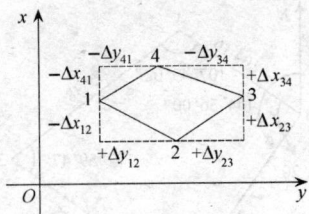

图 5.20 坐标增量

根据导线各边的边长和坐标方位角,按坐标正算公式计算各导线边的坐标增量。对于闭合导线,其纵、横坐标增量代数和的理论值应分别等于零(图 5.20),即

$$\begin{cases} \sum \Delta x_{理} = 0 \\ \sum \Delta y_{理} = 0 \end{cases} \qquad (5.17)$$

量边的误差和角度闭合差调整后的残余误差,使得由起点 1 出发,经过各点的坐标增量计算,其纵、横坐标增量的总和 $\sum \Delta x_{测}$、$\sum \Delta y_{测}$ 都不等于零,这就存在着导线纵坐标增量闭合差 f_x 和横坐标增量闭合差 f_y,其计算式为

$$\begin{cases} f_x = \sum \Delta x_{测} - \sum \Delta x_{理} = \sum \Delta x_{测} \\ f_y = \sum \Delta y_{测} - \sum \Delta y_{理} = \sum \Delta y_{测} \end{cases} \qquad (5.18)$$

如图 5.21 所示,由于坐标增量闭合差 f_x、f_y 的存在,从导线点 1 出发,最后不是闭合到出发点 1,而是 $1'$ 点,期间产生了一段差距 $1-1'$,这段距离称为导线全长闭合差 f_D,由图 5.21 可知:

$$f_D = \sqrt{f_x^2 + f_y^2} \qquad (5.19)$$

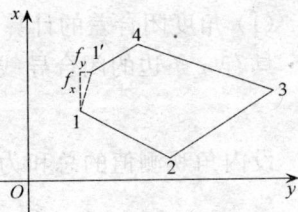

图 5.21 坐标增量闭合差

导线全长闭合差是由测角误差和量边误差共同引起的。一般说来,导线越长,全长闭合差就越大。因此,要衡量导线的精度,可用导线全长闭合差 f_D 与导线全长 $\sum D$ 的比值来

表示,得到导线全长相对闭合差(或叫导线相对精度)K,且化成分子是1的分数形式,即

$$K = \frac{f_D}{\sum D} = \frac{1}{\sum D / f_D} \qquad (5.20)$$

不同等级的导线其导线全长相对闭合差有着不同的限差,见表5.1。当$K \leqslant K_允$时,说明该导线符合精度要求,可对坐标增量闭合差进行调整。调整的原则是将f_x、f_y反符号与边长成正比例分配到各边的纵、横坐标增量中去,即

$$V_{xi} = - \frac{f_x}{\sum D} \times D_i$$

$$\qquad (5.21)$$

$$V_{yi} = - \frac{f_y}{\sum D} \times D_i$$

式中:V_{xi}、V_{yi}——第i条边的坐标增量改正数;

D_i——第i条边的边长。

计算坐标增量改正数V_{xi}、V_{yi}时,其结果应进行凑整,满足

$$\begin{cases} \sum V_{xi} = - f_x \\ \sum V_{yi} = - f_y \end{cases} \qquad (5.22)$$

(4)导线点坐标计算

根据起始点的坐标和改正后的坐标增量 $\Delta x_i'$、$\Delta y_i'$,可以依次推算各导线点的坐标,即

$$\begin{cases} \Delta x_i' = \Delta x_i + V_{xi} \\ \Delta y_i' = \Delta y_i + V_{yi} \end{cases} \qquad (5.23)$$

$$\begin{cases} x_{i+1} = x_i + \Delta x_i' \\ y_{i+1} = y_i + \Delta y_i' \end{cases} \qquad (5.24)$$

最后还应推算起始点的坐标,其值应与原有的数值一致,以做校核。

2. 附合导线坐标计算

附合导线的计算方法与闭合导线的计算方法基本相同,但由于计算条件有些差异,致使角度闭合差与坐标增量闭合差的计算有所不同,现叙述如下:

如图5.22所示,1—2—3—…—$(n-1)$—n 为一附合导线,它的起点1和终点 n 分别与高一级的控制点 A、B 和 C、D 连接,后者的坐标已知,因此可按坐标反算公式(5.11),计算起始边和终了边的方位角 α_{AB} 和 α_{CD},即

$$\alpha_{AB} = \arctan \frac{y_B - y_A}{x_B - x_A}$$

$$\alpha_{CD} = \arctan \frac{y_D - y_C}{x_D - x_C}$$

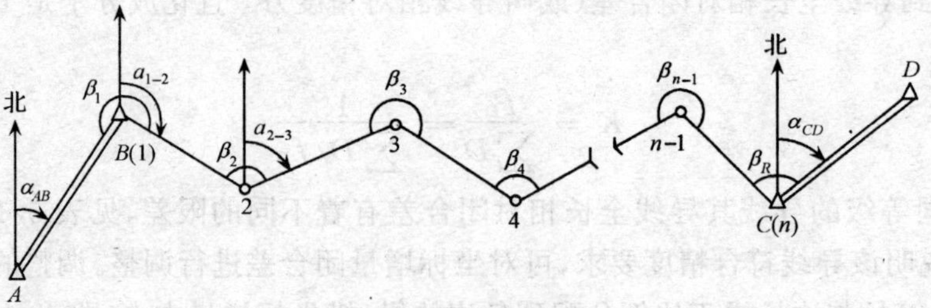

图 5.22　附合导线计算

（1）角度闭合差的计算

附合导线的角度闭合条件是方位角条件，即由起始边的坐标方位角 α_{AB} 和左角 β_i，推算得终了边的坐标方位角 α'_{CD} 应与已知 α_{CD} 一致；否则，就存在角度闭合差。现以图 5.26 为例推算角度闭合差 f_β 如下：

$$\alpha_{12} = \alpha_{AB} + \beta_1 \pm 180°$$
$$\alpha_{23} = \alpha_{12} + \beta_2 \pm 180°$$
$$\vdots \qquad \vdots \qquad \vdots$$
$$\underline{\alpha'_{CD} = \alpha_{(n-1)n} + \beta_n \pm 180°}$$
$$\alpha'_{CD} = \alpha_{AB} + \sum \beta_测 \pm n \times 180° \tag{5.25}$$

式（5.25）算得的方位角应减去若干个 360°，使其角在 0°～360° 之间。

附合导线的角度闭合差为

$$f_\beta = \alpha'_{CD} - \alpha_{CD} \tag{5.26}$$

附合导线角度闭合差的允许值的计算公式及闭合差的调整方法，与闭合导线相同。

（2）坐标增量闭合差计算

附合导线两个端点——起点 B 及终点 C，都是高一级的控制点，它们的坐标值精度较高，误差可忽略不计，故

$$\left. \begin{array}{l} \sum \Delta x_理 = x_终 - x_始 \\ \sum \Delta y_理 = y_终 - y_始 \end{array} \right\} \tag{5.27}$$

由于测角和量距含有误差，坐标增量不能满足理论上的要求，产生坐标增量闭合差，即

$$\left. \begin{array}{l} f_x = \sum \Delta x_测 - \sum \Delta x_理 = \sum \Delta x_测 - (x_终 - x_始) \\ f_y = \sum \Delta y_测 - \sum \Delta y_理 = \sum \Delta y_测 - (y_终 - y_始) \end{array} \right\} \tag{5.28}$$

求得坐标增量闭合差后，闭合差的限差和调整以及其他计算与闭合导线相同。附合导线坐标计算的全过程见表 5.3 的算例。

表 5.3 附合导线坐标计算表

点号	观测角 /(° ′ ″)	改正数 /(″)	改正角 /(° ′ ″) (4=2+3)	方位角 /(° ′ ″)	距离 /m	增量计算值		改正后增量		坐标值	
						Δx/m	Δy/m	Δx/m	Δy/m	x/m	y/m
1	2	3	4=2+3	5	6	7	8	9	10	11	12
A				224 02 52						843.40	1264.29
B(1)	114 17 00	−2	114 16 58							640.93	1068.44
				158 19 50	81.17	+0 −76.36	+1 +30.34	−76.36	+30.35		
2	146 59 30	−2	146 59 28							564.57	1098.79
				125 19 18	77.28	+0 −44.68	+1 +63.05	−44.68	+63.06		
3	135 11 30	−2	135 11 28							519.89	1161.85
				80 30 46	89.64	+0 +14.77	+2 +88.41	+14.77	+88.43		
4	145 38 30	−2	145 38 28							534.66	1250.28
				46 09 14	79.84	+0 +55.31	+1 +57.58	+55.31	+57.59		
C(5)	158 00 00	−2	157 59 58							589.97	1307.87
				24 09 12							
D										793.61	1399.19
总和	700 06 30	−10	700 06 20		388.97	+0.09	+0.06	0.00	0.00		

辅助计算	

辅助计算:

$$\alpha_{AB} = \arctan \frac{y_B - y_A}{x_B - x_A} = 224°02'52''$$

$$\alpha_{CD} = \arctan \frac{y_D - y_C}{x_D - x_C} = 24°09'12''$$

$$\alpha'_{CD} = \alpha_{AB} + \sum \beta_{测} - n \times 180° = 24°09'22''$$

$$f_\beta = \alpha'_{CD} - \alpha_{CD} = 24°09'22'' - 24°09'12'' = +10''$$

$$f_{\beta容} = \pm 60\sqrt{5} = \pm 134''$$

$$f_x = \sum \Delta x - (x_C - x_B) = +0.00$$

$$f_y = \sum \Delta y - (y_C - y_B) = -0.05$$

$$f_D = \sqrt{f_x^2 + f_y^2} = 0.05$$

$$K = \frac{f_D}{\sum D} = \frac{0.05}{328.93} = \frac{1}{6600} \leqslant \frac{1}{2000}$$

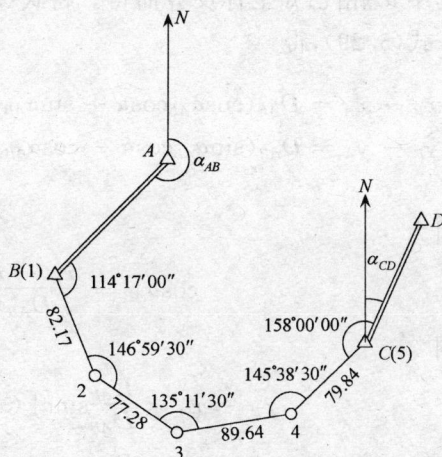

5.4 交会定点

当已有控制点的数量不能满足测图或施工放样需要时,可采用交会定点的方法加密控制点。

5.4.1 全站仪极坐标法定点

极坐标法定位,实质上是支一个点的支导线定位。全站仪的应用使得同时观测

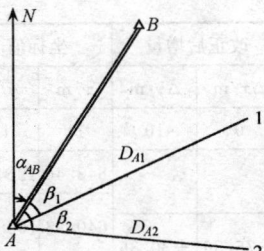

图 5.23 极坐标法定位

极角 β 和极距 D 成为可能,给地面点定位带来很大的方便。

如图 5.23 所示,A、B 为已知定向边,若观测了 β_1 和边长 D_{A1},则可在推算出 $A1$ 边坐标方位角基础上用式(5.9)推算点 1 的坐标。

利用全站仪的坐标测量键,也可根据 β 和 D 的观测结果直接显示观测点的坐标。

5.4.2 前方交会定点

如图 5.24 所示,用经纬仪在已知点 A、B 上测出 α 和 β 角,计算待定点 P 的坐标,就是测角前方交会定点。计算公式推导如下:

$$\left.\begin{array}{l} x_P - x_A = D_{AP}\cos\alpha_{AP} \\ y_P - y_A = D_{AP}\sin\alpha_{AP} \end{array}\right\} \quad (5.29)$$

$$\alpha_{AP} = \alpha_{AB} - \alpha \quad (5.30)$$

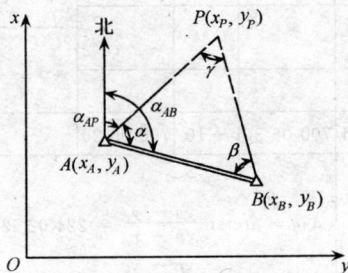

图 5.24 测角前方交会定点

其中 α_{AB} 由已知坐标反算而得。将式(5.30)代入式(5.29),得

$$\left.\begin{array}{l} x_P - x_A = D_{AP}(\cos\alpha_{AB}\cos\alpha + \sin\alpha_{AB}\sin\alpha) \\ y_P - y_A = D_{AP}(\sin\alpha_{AB}\cos\alpha - \cos\alpha_{AB}\sin\alpha) \end{array}\right\}$$

$$(5.31)$$

因为

$$\cos\alpha_{AB} = \frac{x_B - x_A}{D_{AB}}; \quad \sin\alpha_{AB} = \frac{y_B - y_A}{D_{AB}}$$

则

$$\left.\begin{array}{l} x_P - x_A = \dfrac{D_{AP}}{D_{AB}}\sin\alpha\left[(x_B - x_A)\cot\alpha + (y_B - y_A)\right] \\ y_P - y_A = \dfrac{D_{AP}}{D_{AB}}\sin\alpha\left[(y_B - y_A)\cot\alpha + (x_A - x_B)\right] \end{array}\right\} \quad (5.32)$$

由 $\triangle ABP$ 可得

$$\frac{D_{AP}}{D_{AB}} = \frac{\sin\beta}{\sin(\alpha + \beta)}$$

上式等号两边乘以 $\sin\alpha$,得

$$\frac{D_{AP}}{D_{AB}}\sin\alpha = \frac{\sin\beta\sin\alpha}{\sin\alpha\cos\beta + \cos\alpha\sin\beta} = \frac{1}{\cot\alpha + \cot\beta} \quad (5.33)$$

将式(5.33)代入式(5.32),经整理后,得

$$x_P = \frac{x_A \cot\beta + x_B \cot\alpha + (y_B - y_A)}{\cot\alpha + \cot\beta}$$
$$y_P = \frac{y_A \cot\beta + y_B \cot\alpha + (x_A - x_B)}{\cot\alpha + \cot\beta}$$

(5.34)

为了提高精度,交会角 γ(图 5.28)最好在 90° 左右,一般不应小于 30° 或大于 120°。同时,为了校核所定点位的正确性要求由三个已知点进行交会,有以下两种方法:

1) 分别在已知点 A、B、C(图见表 5.4 算例)上观测角 α_1、β_1 及 α_2、β_2,由两组图形算得待定点 P 的坐标 (x_{p1}, y_{p1}) 及 (x_{p2}, y_{p2})。如两组坐标的较差 $f\left(\pm\sqrt{(x_{p1}-x_{p2})^2 + (y_{p1}-y_{p2})^2}\right) \leqslant 0.2M$ 或 $0.3M$mm,则取平均值。式中 M 为比例尺的分母;前者用于 1:5000 及 1:10 000 的测图,后者用于(1:500)~(1:2000)的测图

2) 观测一组角度 α_1、β_1,计算坐标,而以另一方向检查,即在 B 点观测检查角 $\varepsilon_{测} = \angle PBC$(见表 5.4 中的图)。由坐标反算检查角 $\varepsilon_{算}$,与实测检查角 $\varepsilon_{测}$ 之差 $\Delta\varepsilon''$ 进行检查,$\varepsilon'' \leqslant \pm \frac{0.15M\rho''}{s}$ 或 $\pm\frac{0.2M\rho''}{s}$,式中 s 为检查方向的边长(表 5.4 图中 BC 的边长)。上式前者用于 1:5000,1:10 000 的测图,后者用于(1:500)~(1:2000)的测图。

算例见表 5.4。如果按第二种方法进行交会,在上例中除观测 α_1 及 β_1 外,在测站 B 同时观测检查角 $\varepsilon_{测}$(即 α_2),不必再到 C 点观测 β_2。计算时,由 α_1 及 β_1 算出 x_p(1863.200m)及 y_p(2735.228m),而后由坐标反算计算检查 $\varepsilon_{算}$ 角如下:

表 5.4 前方交会计算表

略图与公式		$x_{P1} = \dfrac{x_A\cot\beta_1 + s_B\cot\alpha_1 + (y_B-y_A)}{\cot\alpha_1 + \cot\beta_1}$ $x_{P2} = \dfrac{x_B\cot\beta_2 + x_C\cot\alpha_2 + (y_C-y_B)}{\cot\alpha_2 + \cot\beta_2}$ $x_P = \dfrac{1}{2}(x_{P1}+x_{P2})$		$y_{P1} = \dfrac{y_A\cot\beta_1 + y_B\cot\alpha_1 + (x_A-x_B)}{\cot\alpha_1 + \cot\beta_1}$ $y_{P2} = \dfrac{y_B\cot\beta_2 + y_C\cot\alpha_2 + (x_B-x_C)}{\cot\alpha_2 + \cot\beta_2}$ $y_P = \dfrac{1}{2}(y_{P1}+y_{P2})$
已知数据	x_A	1659.232m	y_A	2355.537m	x_B 1406.593m y_B 2654.051m
	x_B	1406.593m	y_B	2654.051m	x_C 1589.736m y_C 2987.304m
观测值	A_1	69°11'04"	B_1	59°42'39"	A_2 51°15'22" B_2 76°44'30"
计算与校核	x_{P1}	1869.200m	y_{P1}	2735.228m	x_{P2} 1869.208m y_{P2} 2735.226m
	测图比例尺 1:500;$f_允 = \pm 0.3 \times 500 = 150$(mm);$f = \pm\sqrt{8^2+2^2} = \pm 8$(mm) $< \pm150$(mm) $x_P = 1869.204$mm;$y_P = 2735.227$mm			

$$\alpha_{BP} = \arctan\frac{y_P - y_B}{x_p - x_B} = \arctan\frac{2735.228 - 2654.051}{1869.200 - 1406.593} = 9°57'10''$$

$$\alpha_{BC} = \arctan\frac{y_C - y_B}{x_C - x_B} = \arctan\frac{2987.304 - 2654.051}{1583.736 - 1406.593} = 61°12'31''$$

$$\varepsilon_算 = \alpha_{BC} - \alpha_{BP} = 51°15'21''$$

$$\Delta\varepsilon = \varepsilon_测 - \varepsilon_算 = +1''$$

测图比例尺为 1∶500 时，$\Delta\varepsilon_允 = \dfrac{0.2 \times 500 \times 206\,265}{380.868 \times 1000} = 54''$；$\Delta\varepsilon < \Delta\varepsilon_允$，因此，$P$ 点坐标为 $x_P = 1869.200\text{m}$，$y_P = 2735.228\text{m}$。

5.4.3 距离交会法

随着电磁波测距仪的广泛应用，前方交会可采用边长进行交会。

如图 5.25(a)所示，A、B 为已知点，测量了边长 D_a、D_b，求待定点 P 的坐标。

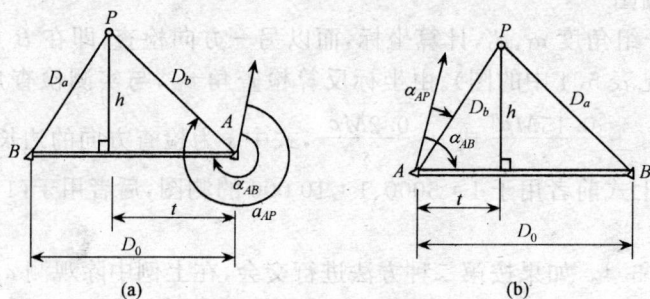

图 5.25 边长前方交会

根据已知数据由坐标反算，得

$$D_0 = \sqrt{(x_B - x_A)^2 + (y_B - y_A)^2} = \sqrt{\Delta x_{AB}^2 + \Delta y_{AB}^2}$$

$$\cos\alpha_{AB} = \frac{\Delta x_{AB}}{D_0}; \quad \sin\alpha_{AB} = \frac{\Delta y_{AB}}{D_0}$$

按余弦定理，有

$$\cos A = \frac{D_0^2 + D_b^2 - D_a^2}{2D_0D_b}$$

由图 5.29 可知

$$\left.\begin{array}{l} t = D_b\cos A = \dfrac{1}{2D_0}(D_0^2 + D_b^2 - D_a^2) \\[2mm] h = D_b\sin A = \pm\sqrt{D_b^2 - t^2} \end{array}\right\} \tag{5.35}$$

另 $\alpha_{AP} = \alpha_{AB} + A$，则

$$\Delta x_{AP} = D_b \cos \alpha_{AP} = D_b \cos(\alpha_{AB} + A)$$
$$= D_b \cos \alpha_{AB} \cos A - D_b \sin A \sin \alpha_{AB}$$
$$= t \cos \alpha_{AB} - h \sin \alpha_{AB} = \frac{1}{D_0}(t \Delta x_{AB} - h \Delta y_{AB})$$

同理

$$\Delta y_{AP} = \frac{1}{D_0}(t \Delta y_{AB} + h \Delta X_{AB})$$

由此得 P 点的坐标为

$$\left. \begin{array}{l} x_P = x_A + \Delta x_{AP} = x_A + \dfrac{1}{D_0}(t \Delta x_{AB} - h \Delta y_{AP}) \\[3mm] y_P = y_A + \Delta y_{AP} = y_A + \dfrac{1}{D_0}(t \Delta y_{AB} + h \Delta x_{AB}) \end{array} \right\} \qquad (5.36)$$

若 ABP 按逆时针顺序排列,如图 5.29(b)所示,$\alpha_{AP} = \alpha_{AB} - A$,$h$ 应取"$-$"号。

为了校核 P 点坐标的正确性,也需要由三个已知点观测三条边长。算例见表5.5。

表 5.5 中 $ABCP$ 按逆时针顺序排列,h 应取"$-$"值,即 $h_1 = -\sqrt{D_a^2 - t_1^2}$ 和 $h_2 = -\sqrt{D_b^2 - t_2^2}$。

表 5.5 边长前方交会计算表

略图与公式			$t_1 = \frac{1}{2D_0}(D_0^2 + D_a^2 - D_b^2)$ $h_1 = \sqrt{D_a^2 - t_1^2}$ $t_2 = \frac{1}{2D_0'}(D_0'^2 + D_b^2 - D_c^2)$ $h_2 = \sqrt{D_b^2 - t_2^2}$		$x_{P1} = x_A + \frac{1}{D_0}(t_1 \Delta x_{AB} - h_1 \Delta y_{AB})$ $y_{P1} = y_A + \frac{1}{D_0}(t_1 \Delta y_{AB} + h_1 \Delta x_{AB})$ $x_{P2} = x_B + \frac{1}{D_0'}(t_2 \Delta x_{BC} - h_2 \Delta y_{BC})$ $y_{P2} = y_B + \frac{1}{D_0'}(t_2 \Delta y_{BC} + h_2 \Delta x_{BC})$	
已知数据	x_A	1035.147	x_A	2601.295	观测值	D_a	703.760
	x_B	1501.295	x_B	3270.053		D_b	670.480
	x_C	2103.764	y_C	3318.465		D_c	768.583
计算	$\triangle x_{AB}$	466.148	$\triangle y_{AB}$	668.758	D_0		815.188
	t_1	435.646	h_1	-552.712	x_{P1} 1737.692	y_{p1}	2642.630
	$\triangle x_{BC}$	602.469	$\triangle y_{BC}$	48.412	D_0'		604.411
	t_2	185.417	h_2	-644.332	x_{P2} 1737.726	y_{p2}	2642.643
结果	x_P		1737.709		y_P		2642.636
	测图比例尺 $1:500$;$f_允 = \pm 0.3 \times 500 = 150(\text{mm})$;$f = \pm\sqrt{34^2 + 13^2} = \pm 36(\text{mm}) < \pm 150\text{mm}$						

5.5　高程控制测量

三等、四等水准测量所使用的水准仪,其精度应不低于 S_3 型的精度指标,水准仪望远镜放大倍率应大于 30 倍，符合水准器的水准管分划值为 $20''/2mm$。三等、四等水准测量的技术要求如表 5.6 所示。

表 5.6 三、四等水准测量技术要求

等级	使用仪器	高差闭合差的限差 /mm		视线长度 /m	视线高度	前后视距离差/m	前后视距离累积差 /m	黑红面读数差/mm	黑红面所测高差之差 /mm
		附合、闭合路线	往返测						
三	DS₃	$\pm 12\sqrt{L}$	$\pm 12\sqrt{K}$	≤75	三丝能读数	≤2	≤5	2	3
四	DS₃	$\pm 12\sqrt{L}$	$\pm 12\sqrt{K}$	≤100	三丝能读数	≤3	≤10	3	5

注：①L 为水准路线长度，以 km 计。
②K 为路线或测段长度，以 km 计。

1. 观测方法

三等、四等水准测量主要采用双面水准尺观测法，除各种限差有所区别外，观测方法大同小异。现以三等水准测量的观测方法和限差进行叙述。

每一测站上，首先安置仪器，调整圆水准器使气泡居中。分别瞄准后、前视水准尺，估读视距，使前、后视距离差不超过 2m。如超限，则需移动前视尺或水准仪，以满足要求。然后按下列顺序进行观测，并记于手簿中（表 5.7）。

表 5.7 三等水准测量手簿

测自 Ⅲ₃ 至 BM₆　　　　观测者 刘××　　　　记录者 徐××
1990 年 4 月 8 日　　　　天 气 晴间多云　　　仪器型号 S₃ 210045
开始 7 时 40 分　　　　　结 束 8 时 30 分　　　呈 像 清晰稳定

测站编号	点号	后尺 下丝 上丝	前尺 下丝 上丝	方向及尺号	水准尺读数/m		K+黑减红/mm	高差中数/m	备注
		后距/m	前距/m		黑色面	红色面			
		前后视距离差/m	累积差/m						
		(1)	(4)	后	(3)	(8)	(13)		
		(2)	(5)	前	(6)	(7)	(14)	(18)	
		(9)	(10)	后一前	(16)	(17)	(15)		
		(11)	(12)						
1	Ⅲ₃~TP₁	1.614	0.774	后 1	1.384	6.171	0		
		1.156	0.326	前 2	0.551	5.239	−1		$K_1=4.787$
		45.8	44.8	后一前	+0.833	+0.932	+1	+0.8325	$K_2=4.687$
		+1.0	+1.0						

测站编号	点号	后尺 下丝 上丝	前尺 下丝 上丝	方向及尺号	水准尺读数/m		K+黑减红 /mm	高差中数 /m	备注
		后距/m 前距/m			黑色面	红色面			
		前后视距离差/m 累积差/m							
2	TP₁~TP₂	2.188　2.252		后2	1.934	6.622	−1	−0.0740	
		1.682　1.758		前1	2.008	6.796	−1		
		50.6　49.4		后—前	−0.074	−0.174	0		
		+1.2　+2.2							
3	TP₂~TP₃	1.922　2.066		后1	1.726	6.512	+1	−0.1410	
		1.529　1.668		前2	1.866	6.554	−1		
		39.3　39.8		后—前	−0.140	−0.042	+2		
		−0.5　+1.7							
4	TP₃~BM₃	2.041　2.220		后2	1.832	6.520	−1	−0.1740	
		1.622　1.790		前1	2.007	6.793	+1		
		41.9　43.0		后—前	−0.175	−0.273	−2		
		−1.1　+0.6							
校核		$\sum(9)=177.6$　$\sum(10)=177.0$　(12)末站=+0.6　总距离=354.6			$\sum(3)=6.876$　$\sum(8)=25.825$　$\sum(6)=6.432$　$\sum(7)=25.382$　$\sum(16)=+0.444$　$\sum(17)=+0.443$　$\frac{1}{2}[\sum(16)+\sum(17)]=+0.4435$　$=\sum(18)$			$\sum(18)$ $=+0.4435$	

1）读取后视尺黑面读数：下丝（1），上丝（2），中丝（3）。

2）读取前视尺黑面读数：下丝（4），上丝（5），中丝（6）。

3）读取前视尺红面读数：中丝（7）。

4）读取后视尺红面读数：中丝（8）。

测得上述8个数据后，随即进行计算，如果符合规定要求，可以迁站继续施测；否则应重新观测，直至所测数据符合规定要求时，才能迁站。

2. 计算与校核

测站上的计算有下面几项（表5.7）。

（1）视距部分

后距　（9）=[（1）−（2）]×100。

前距　（10）=[（4）−（5）]×100。

后、前视距离差（11）=[（9）−（10）]，绝对值不超过2m。

后、前视距离累积差（12）=本站的（11）+前站的（12），绝对值不应超过5m。

(2) 高差部分

后视尺黑、红面读数差(13)=K_1+(3)-(8)，绝对值不应超过 2mm。

前视尺黑、红面读数差(14)=K_2+(6)-(7)，绝对值不应超过 2mm。

上两式中的 K_1 及 K_2 分别为两水准尺的黑、红面的起点差，也称尺常数。

黑面高差(16)=(3)-(6)。

红面高差(17)=(8)-(7)。

黑红面高差之差(15)=[(16)-(17)±0.100]=[(13)-(14)]，绝对值不超过 3mm。

由于两水准尺的红面起始读数相差 0.100m，即 4.787 与 4.687 之差，因此，红面测得的高差应为(17)±0.100m，"加"或"减"应以黑面高差为准来确定。例如，表 5.7 中第一个测站红面高差为(17)-0.100，第二个测站因两水准尺交替，红面高差为(17)+0.100，以后单数站用"减"，双数站用"加"。

每一测站经过上述计算，符合要求，才能计算高差中数(18)=$\frac{1}{2}$[(16)+(17)±0.100]，作为该两点测得的高差。

表 5.7 为三等水准测量手簿，()内的数字表示观测和计算校核的顺序。当整个水准路线测量完毕，应逐页校核计算有无错误，校核方法是：先计算 $\sum$(3)，$\sum$(6)，$\sum$(7)，$\sum$(8)，$\sum$(9)，$\sum$(10)，$\sum$(16)，$\sum$(17)，$\sum$(18)，而后用下式校核

$$\sum(9)-\sum(10)=(12)(末站)$$

$$\frac{1}{2}[\sum(16)+\sum(17)\pm0.100]=\sum(18)(当测站总数为奇数时)$$

$$\frac{1}{2}[\sum(16)+\sum(17)]=\sum(18)(当测站总数为偶数时)$$

最后算出水准路线总长度 $L=\sum(9)+\sum(10)$。

四等水准测量一个测站的观测顺序，可采用后(黑)、后(红)、前(黑)、前(红)，即读取后视尺黑面读数后随即读红面读数，而后瞄准前视尺，读取黑面及红面读数。

3. 三等、四等水准测量的成果整理

当一条水准路线的测量工作完成后，首先应将手簿的记录计算进行详细检查，并计算高差闭合差是否超限，确实无误后，才能进行高差闭合差的调整和高程的计算；否则要局部返工，甚至全部返工。

单一水准路线高差闭合差应符合表 5.6 规定的限差要求。闭合差的调整及高程计算与第二章一般水准测量中的方法相同，对闭合水准路线、符合水准路线是把闭合差反符号，按线段的距离成正比进行分配。支水准路线进行往、返测量，取往、

返测高差的平均值计算高程。

5.6 三角高程测量

地面起伏变化较大时,进行水准测量往往比较困难。由于光电测距仪和全站仪的普及,可以用光电测距仪三角高程测量的方法或全站仪三角高程测量的方法测定两点间的高差,从而推算各点的高程。

5.6.1 三角高程测量的计算公式

如图 5.26 所示,如果用经纬仪配合测距仪或用全站仪测定两点间的水平距离 D 及竖直角 α,则 AB 两点间的高差计算公式可按下式求得

$$h = D\tan\alpha + i - s \tag{5.37}$$

式(5.32)是在假定地球表面为水平面,观测视线为直线的条件下导出的,地面上两点间距离较近时(一般在 300m 以内)可以运用。如果两点间的距离大于 300m,就要考虑地球曲率及观测视线由于大气垂直折光的影响。前者为地球曲率差,简称球差,后者为大气垂直折光差,简称气差。

在图 5.27 中,球差 f_1 的计算公式为

$$f_1 = \frac{D^2}{2R} \tag{5.38}$$

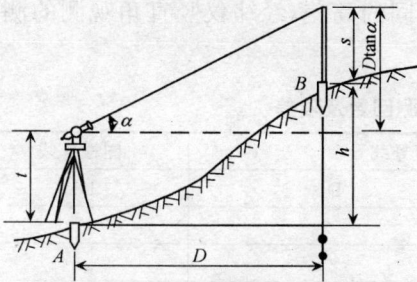

图 5.26 三角高程测量

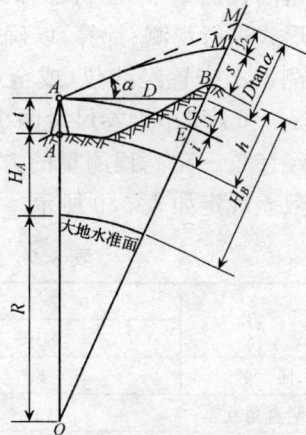

图 5.27 地球曲率及大气垂直折光

由于视线受大气垂直折光影响而成为一条向上凸的曲线,使视线的切线方向向上抬高,测得竖直角偏大,因此,应进行大气折光影响的改正,在图 5.31 中气差 f_2 恒为负,研究结果表明,大气垂直折光差约为球差的 1/7,其计算公式为

$$f_2 = \frac{D^2}{14R} \tag{5.39}$$

球差改正和气差改正合称为球气差改正 f,则 f 的计算公式为

$$f = f_1 - f_2 = \frac{D^2}{2R} - \frac{D^2}{14R} \approx 0.43\frac{D^2}{R} \qquad (5.40)$$

式中:D——两点的水平距离;

R——地球半径(其值为 6371km)。

用不同的 D 值为引数,计算出改正值列于表 5.8 中。考虑球气差改正时,三角高程测量的高差计算公式为

$$h = D\tan\alpha + i - s + f \qquad (5.41)$$

施测仅从 A 点向 B 点观测,称为单向观测。当距离超过 300m 时,测得的高差应加地球曲率及大气垂直折光的改正。如果不仅由 A 点向 B 点观测,而且又从 B 点向 A 点观测,则称为双向观测或对向观测。因为两次观测取平均值可以自行消减地球曲率和大气垂

表 5.8 地球曲率与大气折光改正值

D/m	$f = 0.43\frac{D^2}{R}$/cm	D/m	$f = 0.43\frac{D^2}{R}$/cm
100	0.1	600	2.4
200	0.3	700	3.3
300	0.6	800	4.3
400	1.1	900	5.5
500	1.7	1000	6.8

直折光的影响,所以一般采用对向观测。另外,为了减少大气垂直折光的影响,观测视线应高出地面或障碍物 1m 以上。

5.6.2 三角高程测量的观测

三角高程测量中,应将已知高程点和待测高程点按照闭合路线、附合路线、支路线等形式进行观测、计算,以确保成果的精度。

在测站上安置经纬仪(或全站仪),量取仪器高 i,在目标点上安置棱镜,量取棱镜高 s,i 和 s 用小钢卷尺量两次取平均数,读数至 1mm。

按经纬仪三角高程测量的方法测定两点间的高差,经纬仪竖直角观测的测回数及其限差规定如表 5.9 所示。

表 5.9 竖直角观测的测回数及限差

项　　目	一级、二级、三级导线		图根导线
	DJ$_2$	DJ$_6$	DJ$_6$
测　回　数	1	2	1
各测回竖直角互差	15″	25″	25″
各测回指标差互差	15″	25″	25″

5.6.3 三角高程测量的计算

三角高程测量的往、返测高差按式(5.41)计算。由对向观测求得往、返测高差(经球气差改正)之差 $f_{\Delta h_{允}}$ 的允许值为

$$f_{\Delta h_{允}} = \pm 0.1D(\text{m}) \qquad (5.42)$$

式中：D——两点间水平距离，km。

图 5.28 为在 A、B、C 三点间进行三角高程测量并构成闭合路线的实测数据略图，已知 A 点的高程为 56.432m，已知数据及观测数据注于图上，在表 5.10 中进行高差计算。

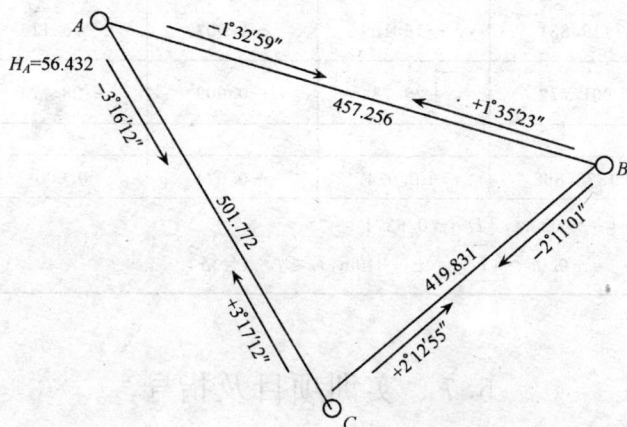

图 5.28　三角高程测量实测数据略图

由对向观测所求得高差平均值，计算闭合路线或附合路线的高差闭合差的允许值为

$$f_{h_{允}} = \pm 0.05 \sqrt{[D^2]} (m)$$

其中，D 以 km 为单位；$[D^2] = \sum D^2$。

本例的三角高程测量闭合线路的高差闭合差计算、高差调整及高程计算在表 5.10 及表 5.11 中进行。高差闭合差按两点间距离成正比反号分配。

表 5.10　三角高程测量高差计算

测 站 点	A	B	B	C	C	A
目 标 点	B	A	C	B	A	C
水平距离 D	457.256	457.256	419.831	419.831	501.772	501.772
竖 直 角	$-1°32'59''$	$+1°35'23''$	$-2°11'01''$	$+2°12'55''$	$+3°17'12''$	$-3°16'16''$
测站仪器高 i	1.465	1.512	1.512	1.562	1.563	1.465
目标棱镜高 s	1.762	1.568	1.623	1.704	1.618	1.595
球气差改正 f	0.014	0.014	0.012	0.012	0.017	0.017
单向高差 h	-12.654	$+12.648$	-16.107	$+16.111$	$+28.777$	-28.791
$f_{\Delta h_{允}}$	0.046		0.042		0.050	
平均高差 $\bar{h}$	-12.651		-16.109		$+28.784$	

表 5.11　三角高程测量成果整理

点号	水平距离/m	观测高差/m	改正值/m	改正后高差/m	高程/m
A					56.432
	457.265	−12.651	−0.008	−12.659	
B					43.773
	419.831	−16.109	−0.007	−16.116	
C					27.657
	501.772	+28.784	−0.009	+28.775	
A					56.432
∑	1378.868	+0.024	−0.024	0.000	
备注	$f_h = +0.024\text{m}$，$[D^2] = 0.6371$ $f_{h允} = \pm 0.05\sqrt{[D^2]} = \pm 0.040\text{m}$，$f_h \leqslant f_{h允}$（合格）				

5.7　实训项目及指导

5.7.1　实训内容

图根控制测量。

5.7.2　实训计划

本实训时间为 6 天,具体安排如表 5.12 所示。

表 5.12　本实训时间安排

项　　目	时间安排/d	备　　注
实训动员、任务布置、借领仪器、测区选点	1	
水平角测量（磁方位角测量）	2	
四等水准测量	1.5	
距离测量	0.5	
内业计算	0.5	
实训总结及考核	0.5	

5.7.3　实训步骤

1. 选点及设点

根据测区情况,每组在测区内选 4～8 个图根控制点,组成闭合导线或附合导线形式,作为平面控制。根据测图需要,还可增设支导线点,导线边长不超过150m。用小木桩或小钢钉钉入地面,作为点的标志。用油漆将点的编号写在地面上或木桩上。用皮尺量出2～3个从此点到永久性固定建筑物或构筑物特征点之间的距离,并绘出选点草图。

2. 量距

导线各边的边长可以用测距仪单程观测,也可以用检定过的钢尺丈量。用钢尺量距时,各段距离应进行往、返丈量,其相对精度要满足如下条件,即

$$\frac{|D_{往} - D_{返}|}{D_{平}} \leqslant \frac{1}{3\,000}$$

3. 测角

用 DJ_6 型经纬仪,采用测回法一个测回测定。要求上、下半测回角值之差 $\Delta\beta \leqslant \pm 40''$,角度闭合差 $f_\beta \leqslant \pm 60'' \sqrt{n}$。

4. 连测

图根导线要与测区内高一级导线点连测,以获得起算数据,连测的精度同上,若无条件连测,用罗盘仪测定导线起始边的磁方位角并假定起始点的坐标作为起算数据(上一级导线点的资料由指导教师提供)。

5. 导线点的坐标计算

导线全长相对闭合差 $K \leqslant \dfrac{1}{2000}$,若不满足要求,必须查明原因,重新测量部分观测量,重新计算,坐标计算取至厘米。

6. 高程测量

高程控制点由图根控制点兼作,图根导线点的高程由测区或附近的水准点引测(水准点的高程由指导教师提供)对于支水准路线,需往、返观测。将图根导线点组成闭合水准路线或附合水准路线,用 DS_3 型水准仪,采用四等水准测量方法进行观测,每站黑、红面高差之差 $\Delta h \leqslant \pm 5$mm 水准路线的高差闭合差 $f_h \leqslant \pm 20 \sqrt{L}$ mm。

若测量结果满足要求,调整闭合差,计算控制点的高程,高程计算取至毫米,若不能引测高程,可采用假定高程(起始点的高程假定为100m)。

5.7.4　上交材料

1. 小组应交材料

图根控制测量外业及内业计算成果。

2. 个人应交材料

水平角实测表、四等水准实测表、距离实测表。

5.7.4　实训考核

实训期间指导教师要对每一位学生进行操作考核,考核内容主要是安置仪器(水准仪和经纬仪),根据每一位学生安置仪器情况及所用时间的长短,按五级分评定成绩。

第六章　大比例尺地形图的测绘

6.1　地形图的基本知识

地形图是表示地物、地貌平面位置和高程的正射投影图。地面上自然形成和人工修建的各种固定性实物称为地物；地球表面高低起伏的形态称为地貌。地形图按比例尺分为三类：1：500、1：1000、1：2000、1：5000 比例尺地形图称为大比例尺地形图；1：1 万、1：2.5 万、1：5 万、1：10 万比例尺地形图称为中比例尺地形图；1：25 万、1：50 万、1：100 万比例尺地形图称为小比例尺地形图。

在城市和工程建设的总体规划、初步规划设计阶段一般使用 1：2000、1：5000 和 1：10 000 的地形图，在详细规划设计和施工设计阶段使用 1：500、1：1000 和1：2000的地形图。

6.1.1　地形图的比例尺

1. 比例尺的表示方法

图上任一线段的长度与其地面上相应线段的水平距离之比，称为地形图的比例尺。比例尺的表示形式有数字比例尺和图式比例尺两种。

（1）数字比例尺

以分子为1、分母为整数的分数形式表示的比例尺称为数字比例尺。设图上一直线段长度为 d，其相应的实地水平距离为 D，则该图的比例尺为

$$\frac{d}{D} = \frac{1}{M}$$

式中：M——比例尺分母（M 越小，比例尺越大，地形图表示的内容越详尽）。

（2）图示比例尺

常用的图示比例尺是直线比例尺。在绘制地形图时，通常在地形图上同时绘制图示比例尺，图示比例尺一般绘于图纸的下方，具有随图纸同样伸缩的特点，从而减小图纸伸缩变形的影响。如图 6.1 所示为 1：2000 的直线比例尺，其基本单位为 2cm。使用时从直线比例尺上直接读取基本单位的 1/10，估读到 1/100。

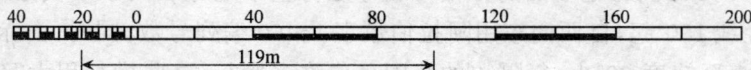

图 6.1　直线比例尺

2. 比例尺精度

人眼的分辨率为 0.1mm,在地形图上分辨的最小距离也是 0.1mm。因此,把相当于图上 0.1mm 的实地水平距离称为比例尺精度。比例尺大小不同其比例尺精度也不同(表 6.1)。

表 6.1　比例尺精度

比例尺	1:500	1:1000	1:2000	1:5000	1:10 000
比例尺精度	0.05	0.1	0.2	0.5	1.0

比例尺精度的概念对测图和设计用图都具有非常重要的意义。例如,在测 1:2000 图时,实地只需取到 0.2m,因为量的再精细在图上也表示不出来。又如,在设计用图时,要求在图上能反映地面上 0.05m 的精度,则所选的比例尺不能小于 1:500。

6.1.2　地形图的分幅与编号

为了便于测绘、管理和使用地形图,需将同一地区的地形图进行统一的分幅和编号。地形图的编号简称为图号,它是根据分幅的方法而定的。地形图分幅有两种方法:一种是按经纬线分幅的梯形分幅法,用于国家基本地形图的分幅;另一种是按坐标格网划分的矩形分幅法,用于工程建设的大比例尺地形图的分幅。

1. 梯形分幅与编号

我国的基本比例尺地形图的分幅与编号采用国际统一的规定,它们都是以 1:100 万比例尺地形图为基础,按规定的经差和纬差划分图幅,如图 6.2 所示,基本比例尺地形图之间的划分存在着层次关系(图中虚线表示现已不用)。

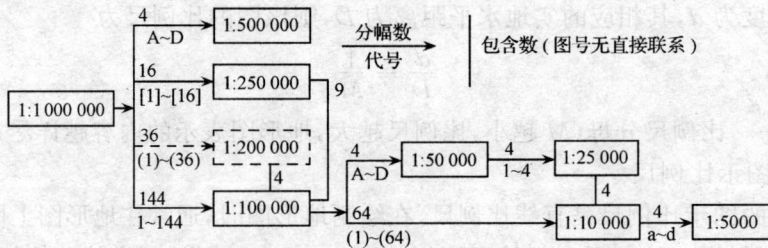

图 6.2　我国基本比例尺地形图的分幅编号系统图

(1) 1:100 万比例尺地形图的分幅与编号

1:100 万比例尺地形图的分幅与编号是将整个地球表面子午线分成 60 个 6° 纵列,由经线 180°起,自西向东用阿拉伯数字 1~60 编列号数。同时,由赤道起分别向南向北直至纬度 88°止,每隔 4°的纬圈分成许多横行,这些横行用大写的拉丁字母 A,B,C,…,V 标明,以两极为中心,以纬度 88°为界的圈,则用 Z 标明。也就是说一张1:100万地形图是由经差 6°的子午圈和纬差 4°的纬圈所形成的梯形。其编号采用行列式编号法,由"横行－纵列"格式组成,如图 6.3 所示。例如,北京所在地的经度为东经 116°28′13″,纬度为北纬 39°54′23″,则其所在的 1:100 万的编号为 J-50。

上述规定分幅适用于纬度在 60°以下的情况,当纬度在 60°～76°时,则以经差 12°、纬差 4°分幅;纬度在 76°～88°时,则以经差 24°、纬差 4°分幅。

由于南北半球的经度相同而纬度对称,为了区别南北半球对应图幅的编号,规定在南半球的图号前加一个 S。如 SL-50 表示南半球的图幅,而 L-50 表示北半球的图幅。

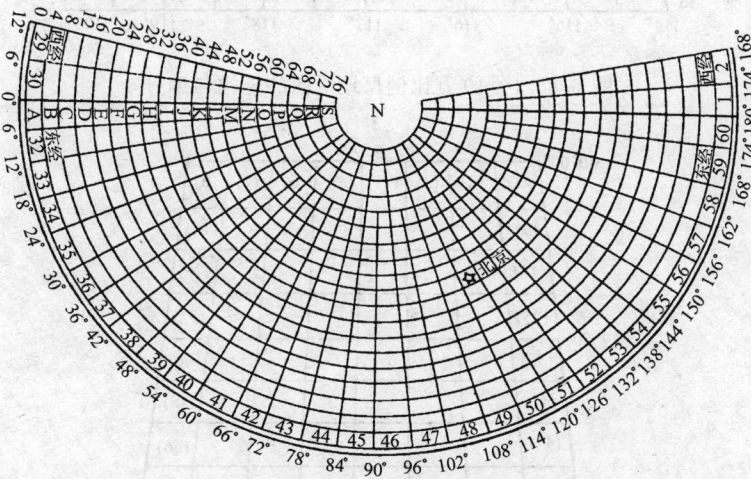

图 6.3　1:100 万比例尺地形图的分幅与编号

(2)1:10 万比例尺地形图的分幅与编号

将一幅 1:100 万地形图按经差 30′、纬差 20′分成 144 幅,分别以 1,2,3,…,144 表示,其编号是在 1:100 万图幅编号之后加上相应的代号,如北京所在的图幅的编号为 J-50-5,(图 6.4)。

(3)1:1 万比例尺地形图的分幅与编号

将一幅 1:10 万地形图按经差 3′45″纬差 2′30″分成 64 幅,分别以(1),(2),(3),…,(64)表示,其编号是在 1:10 万图幅编号之后加上相应的代号,如北京所在的图幅的编号为 J-50-5.(24),(图 6.5)。

(4)1:5000 比例尺地形图的分幅与编号

将一幅 1:1 万地形图按经差 1′52.5″、纬差 1′15″分成 4 幅,分别以 a、b、c、d 表示,其编号是在 1:1 万图幅编号之后加上相应的代号,如北京所在的图幅的编号为 J-50-5.(24)-b,(图 6.6)。

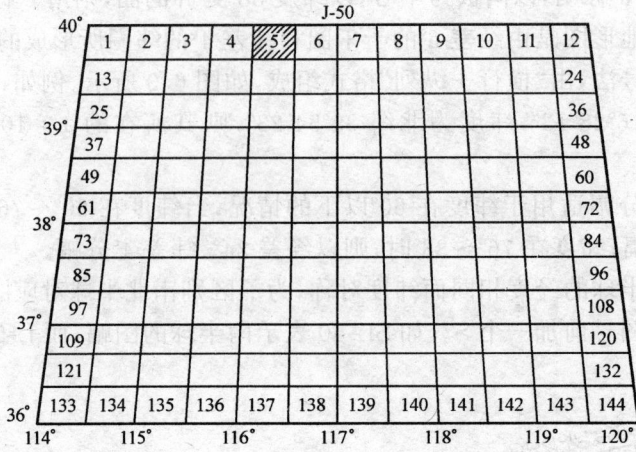

图 6.4 1：10 万比例尺地形图的分幅与编号

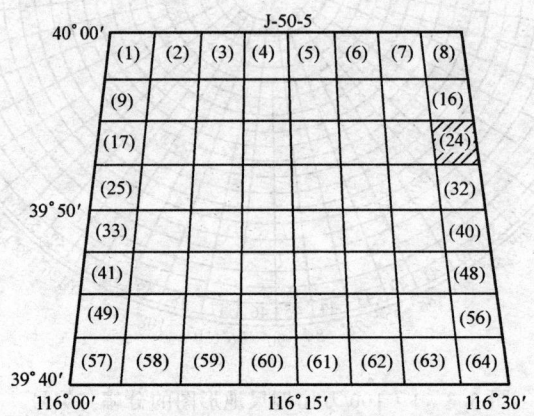

图 6.5 1：1 万比例尺地形图的分幅与编号

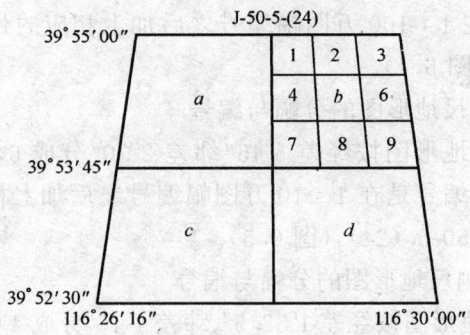

图 6.6 1：5000 比例尺地形图的分幅与编号

以上梯形分幅与编号的方法是我国 20 世纪 70～80 年代的分幅与编号系统。为了图幅编号的计算机处理,1991 年我国制定了《国家基本比例尺地形图分幅与编号方法》,其主要特点是:分幅仍然以 1:100 万地形图为基础,经纬差不变,但划分全部由 1:100 万地形图逐次加密划分,编号也以 1:100 万地形图编号为基础,由下接相应比例尺的行、列代码所组成,并增加了比例尺代码(表 6.2),所有地形图的图号均由 5 个元素 10 位编码组成,如图 6.7 所示。

表 6.2　地形图比例尺代码表

比例尺	1:50 万	1:25 万	1:10 万	1:5 万	1:2.5 万	1:1 万	1:5000
代　码	B	C	D	E	F	G	H

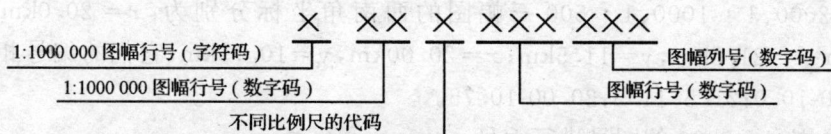

图 6.7　1:50 万～1:5000 比例尺地形图图号的构成

值得一提的是,我国基本比例尺地形图的分幅与编号曾有过几次变化,而且有的至今还在混合使用,现将各种比例尺地形图分幅与编号方法列表 6.3 中,以供参考。

表 6.3　地形分幅与编号

比例尺	行列数	图幅大小		图幅数	图幅代码	甲地所在图幅编号	
		经差	纬差			20 世纪 70～80 年代的编号系统	1991 年的国家标准编号系统
1:50 万	2	3°	2°	4	A～D	J-50-A	J50B001001
1:25 万	4	1°30′	1°	16	[1]～[16]	J-50-[2]	J50C001002
1:20 万	8	60′	40′	36	(1)～(36)	J-50-(3)	
1:10 万	12	30′	20′	144	1～144	J-50-5	J50D001005
1:5 万	24	15′	10′	4	A～D	J-50-5-B	J50E001010
1:2.5 万	48	7′30″	5′	4	1～4	J-50-5-B-4	J50F002020
1:1 万	96	3′45″	2′30″	64	(1)～(64)	J-50-5-(24)	J50G003040
1:5000	192	1′37.5″	1′15″	4	a～d	J-50-5-(24)-b	J50H005080

注:行列数是以 1:100 万图幅为基础所划分的相应比例尺地形图行数和列数。

2. 矩形分幅与编号

大比例尺地形图通常采用矩形分幅,图幅的图廓线是平行于纵、横坐标轴的直角坐标格网线,以整千米或整百米进行分幅,图幅的大小见表 6.4。

表 6.4　大比例尺地形图图幅的大小

比例尺	图幅大小/(cm×cm)	实地面积/km	1∶5000 图幅内的分幅数
1∶5000	40×40	4	1
1∶2000	50×50	1	4
1∶1000	50×50	0.25	16
1∶500	50×50	0.0625	64

矩形分幅的编号有两种方式。

(1) 按本幅图的西南角坐标进行编号

按图幅西南角坐标公里数, x 坐标在前, y 坐标在后,中间用短线连接。图号的小数位:1∶500 取至 0.01km;1∶1000、1∶2000 取至 0.1km;1∶5000 取至 km。例如,1∶2000、1∶1000、1∶500 三幅图的西南角坐标分别为:$x=20.0$km, $y=10.0$km;$x=21.5$km, $y=11.5$km;$x=20.00$km, $y=10.75$km,它们的编号相对应为:20.0-10.0;21.5.11.5;20.00-10.75。

(2) 按 1∶5000 的图号进行编号

以 1∶5000 比例尺地形图为基础,如图 6.8(a)所示,将一幅 1∶5000 比例尺地形图编号为 20-10 分成 4 幅 1∶2000 比例尺地形图,其编号分别为在 1∶5000 比例尺地形图的编号附加各自的代码Ⅰ、Ⅱ、Ⅲ、Ⅳ;每幅 1∶2000 又分成 4 幅 1∶1000图;每幅 1∶1000 图又分成 4 幅 1∶500 图,编号均附加各自的代码Ⅰ、Ⅱ、Ⅲ、Ⅳ。另外,各种比例尺的编号的编排顺序均为自西向东,自北向南。

如图 6.8(b)所示,绘有阴影线的 1∶2000 图号为 20-10-Ⅰ,绘有阴影线的 1∶1000图号为 20-10-Ⅱ-Ⅱ,而绘有阴影线的 1∶500 图号为 20-10-Ⅲ-Ⅳ。

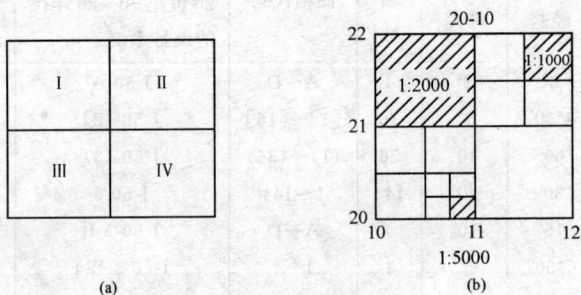

图 6.8　矩形分幅与编号

6.1.3　地形图的图外注记

对于一幅标准的大比例尺地形图,图廓外应注有图名、图号、接图表、比例尺、图廓、坐标格网和其他图廓外注记等,如图 6.9 所示。

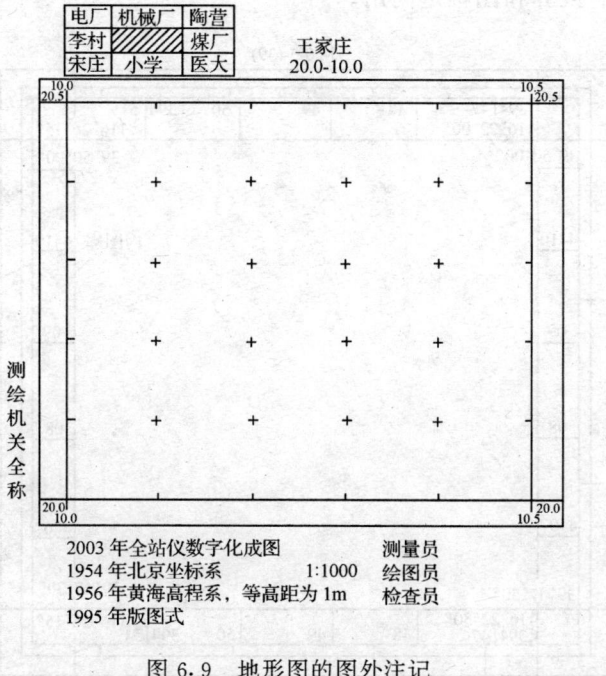

图 6.9　地形图的图外注记

1. 图名、图号、接图表

图名通常是用图幅内具有代表性的地名、村庄或企事业单位名称命名。图名和图号均标注在北图廓上方的中央。接图表在图幅外图廓线左上角,表示本图幅与相邻图幅的连接关系,各邻接图幅注上图名或图号。

2. 图廓和坐标格网

地形图都有内、外图廓。内图廓较细,是图幅的范围线;外图廓较粗,是图幅的装饰线。矩形图幅的内图廓线是坐标格网线,在图幅内绘有坐标格网交点短线,图廓的四角注记有坐标。梯形图幅的内图廓是经纬线,图廓的四角注记有经纬度,内、外图廓之间还有分图廓,分图廓绘有经差和纬差,用 1′ 间隔的黑白分度带表示,只要把分图廓对边相应的分度线连接,就构成经差和纬差为 1′ 的地理坐标格网。梯形图幅内还绘有 1km 的直角坐标格网,称为公里格网。内图廓和外图廓之间注有公里格网坐标值,如图 6.10 所示。

3. 三北方向线

在图廓的左下方绘有真子午线、磁子午线和坐标纵轴,这三个北方向线之间的角度关系图,如图 6.11(a)所示,绘制时,真子午线垂直下图廓边,按磁针和坐标纵线对真子午线的偏角,绘出磁子午线和坐标纵轴,注记磁偏角、子午线收敛角,供各种方位角之间的换算和图幅定向用。

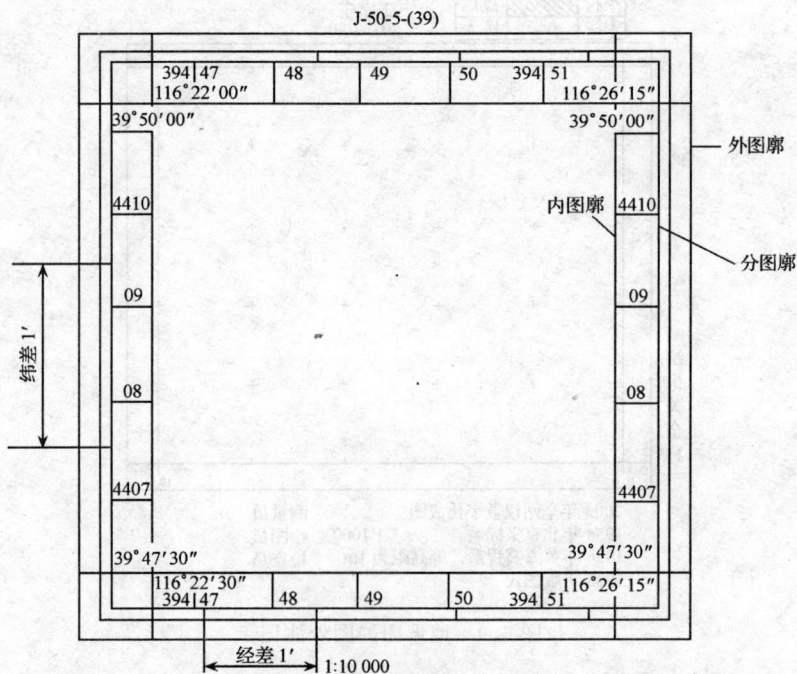

图 6.10 梯形图幅的坐标格网

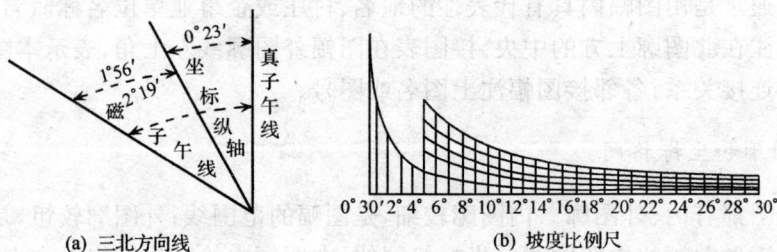

图 6.11 三北方向线和坡度比

4. 直线比例尺和坡度比例尺

在图廓正下方注记图的数字比例尺。在数字比例尺下方绘制直线比例尺,以便图解距离,消除图纸伸缩的影响。

在梯形图幅左下方绘制坡度比例尺,如图 6.11(b)所示,用以度量 2 条或 6 条等高线上两点的直线坡度。坡度比例尺按等高距和等高线平距之比的关系绘制。利用分规量出相邻等高线的平距后,在坡度比例尺上即可读出地面坡度值 i。

6.1.4 地物、地貌的表示方法

为了测绘和使用地形图,地球表面上的各种地物和地貌是按统一规定的符号表示在图上的,这些符号统称《地形图图式》。表 6.5 为《地形图图式》中的部分地物符号。

表 6.5 地物符号

序号	名称	符号	序号	名称	符号
1	三角点 凤凰山——点名 394.468——高程	凤凰山 394.468 3.0	14	路灯	2.0 1.6 4.0 1.0
2	导线点	2.0 116 84.46	15	等级公路 2-技术等级代码	2(G301) 0.2 0.4
3	图根点 1. 埋石 2. 不埋石	1 1.6 16/84.46 2.6 2 1.6 25/62.74	16	等外公路 9-技术等级代码	9 0.2
4	水准点	2.0 II京石5 32.804	17	大车路	8.0 2.0 0.2
5	一般房屋 混——房屋结构 3——房屋层数	混3 1.6 2	18	高压线	4.0
6	简单房屋		19	低压线	4.0
7	棚房	45° 1.6	20	电杆	1.0
8	台阶	0.6 1.0 1.0	21	电线架	
9	围墙 a. 依比例尺 b. 不依比例尺	a 10.0 b 10.0 0.3 0.6	22	上水检修井	2.0
10	栅栏	10.0 1.0	23	下水检修井	2.0
11	篱笆	10.0	24	消火栓	1.6 2.0 3.6
12	水塔	2.0 1.0 3.6 1.0	25	沟渠 1. 有堤岸 2. 一般的 3. 有沟堑	73.2/1.2 0.3
13	烟囱与烟道 a. 烟囱 b. 烟道	3.6 1.0	26	干沟	1.0 3.0 0.3 1.0 3.0
			27	陡坎 1. 未加固 2. 已加固	a 2.0 b 4.0

101

28	散树、行树 a. 散树 b. 行树	a　　　　　　○∷1.6 b　○　　　10.0　　○　1.0	33	经济作物地	1.6∷○＝3.0　　　○ 　　　梨　　　10.0 ○　　　　　○·10.0
30	旱地	1.0∷ｕ　　　ｕ 　2.0　　10.0 ｕ　　ｕ·10.0	34	草地	2.0∷∥　　∥ 　1.0　　10.0 ∥　　∥·10.0
29	水田	0.2　↓∷3.0　↓ 　　1.0 ↓　↓·10.0	35	等高线	a　　　　　　0.15 b　　1.0　　0.3 c　　6.0　0.15
31	水行经济作物地	∨　　　∨·10.0 3.0　菱　10.0 　∨　∨ 　2.0			
32	菜地	↙　　↙·10.0 　　　10.0 ↙∷2.0　↓ 　2.0	36	高程点及其注记	0.5·●163.2　　△75.4

1. 地物的表示方法

(1) 比例符号

有些地物的轮廓较大,其形状和大小均可依比例尺缩绘在图上,同时配以规定的符号表示,这种符号称为比例符号。例如,房屋、河流、湖泊、森林等。

(2) 半比例符号

对于一些带状延伸地物,按比例尺缩小后,其长度可依测图比例尺表示,而宽度不能依比例尺表示这种符号称为半比例尺符号。符号的中心线一般表示其实地地物的中心线位置。例如,铁路、通信线、管道等。

(3) 非比例符号

地面上轮廓较小的地物,按比例尺缩小后,无法描绘在图上,应采用规定的符号表示,这种符号称为非比例符号。例如,水准点、路灯、独立树、里程碑等。

(4) 注记符号

用文字、数字或特有符号对地物加以说明,称为注记符号。例如,村、镇、工厂、河流、道路的名称;楼房的层数、高程、江河的流向;森林、果树的类别等。

2. 地貌的表示方法

地貌在地形图上一般用等高线表示。用等高线表示地貌既能表示地面高低起伏的形态,又能表示地面的坡度和地面点的高程。

(1) 等高线

等高线是地面上高程相等的相邻点连接成的闭合曲线。图 6.12 为一山头,设想当水面高程为 90m 时与山头相交得一条交线,线上的高程均为 90m。若水面向上涨 5m,又与山头相交得一条高程为 95m 的交线。若水面继续上涨至 100m,又得一条高程为 100m 的交线。将这些交线垂直投影到水平面得三条闭合曲线,注上高程,就可在图 6.12 上显示出山头的形状。

两条相邻等高线的高差称为等高距。常用的有 1m、2m、5m、10m 等几种,根据地形图的比例尺和地面起伏的情况确定。在一张地形图上,一般只用一种等高距,如图 6.12 所示的等高距 $h=5m$。

在图 6.12 上两相邻等高线之间水平距离称为等高线平距,简称平距。

地形图上按规定的等高距勾绘的等高线,称为首曲线或基本等高线。为便于看图,每隔四条首曲线描绘一条加粗的等高线,称为计曲线。例如,等高距为 1m 的等高线,则高程为 5m,10m,15m,20m,…,5m 倍数的等高线为计曲线;又如等高距为 2m 的等高线,则高程为 10m,20m,30m,…,10m 倍数的等高线为计曲线。一般只在计曲线上注记高程。在地势平坦地

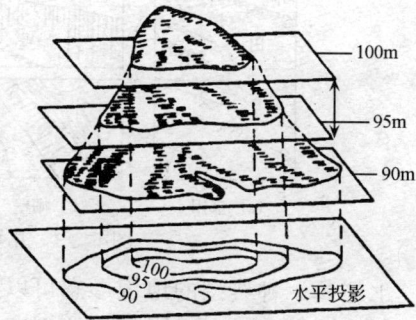

图 6.12　用等高线表示地貌的方法

区,为更清楚地反映地面起伏,可在相邻两首曲线间加绘等高距一半的等高线,称为间曲线。

（2）几种典型地貌等高线的特征

图 6.13(a) 和图 6.13(b) 为山丘和盆地的等高线,是由若干圈闭合的曲线组成,根据注记高程才能把两者加以区别。自外圈向里圈逐步升高的是山丘,自外圈向里圈逐步降低的是盆地。图 6.13 中垂直于等高线顺山坡向下画出的短线,称为示坡线,指出降低的方向。

图 6.13(c) 为山脊与山谷的等高线,均与抛物线形状相似。山脊的等高线是凸向低处的曲线,各凸出处拐点的连线称为山脊或分水线。山谷的等高线是凸向高处的曲线,各凸出处拐点的连线称为山谷线或集水线。山脊或山谷两侧山坡的等高线近似于一组平行线。

鞍部是介于两个山头之间的低地,呈马鞍形的地形,其等高线的形状近似于两组双曲线簇,如图 6.13(d) 所示。梯田及峭壁的等高线及其表示方法,见图 6.13(e)、图 6.13(f)。

在特殊情况下悬崖的等高线出现相交的情况,覆盖部分为虚线,如图 6.13(g) 所示。

在坡地上,由于雨水冲刷而形成的狭窄而深陷的沟叫冲沟,如图 6.13(h) 所示。

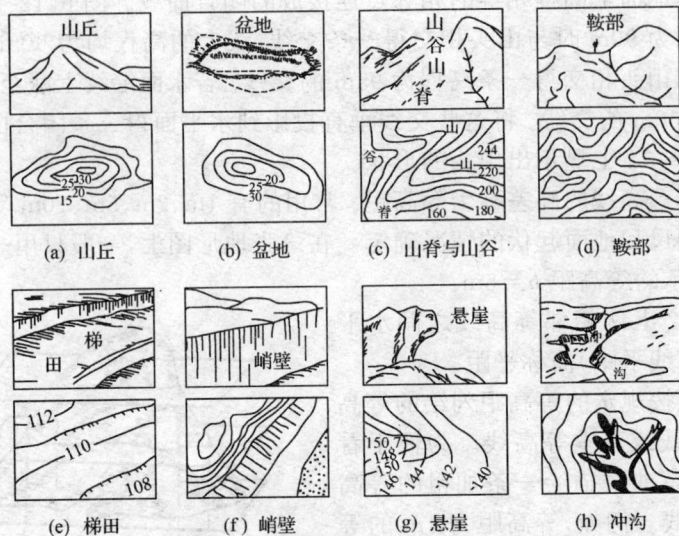

图 6.13 几种典型地貌的等高线

上述每一种典型的地貌形态可以近似地看成由不同方向和不同斜面所组成的曲面,相邻斜面相交的棱线,在特别明显的地方,如山脊线、山谷线、山脚线等,称为地貌特征线或地性线。由这些地性线构成了地貌的骨骼,地性线的端点或其坡度变化处,如山顶点、盆底点、鞍部最低点、坡度变换点,称为地貌特征点,它们是测绘地貌的重要依据。

各种典型地貌的综合及相应的等高线如图 6.14 所示。

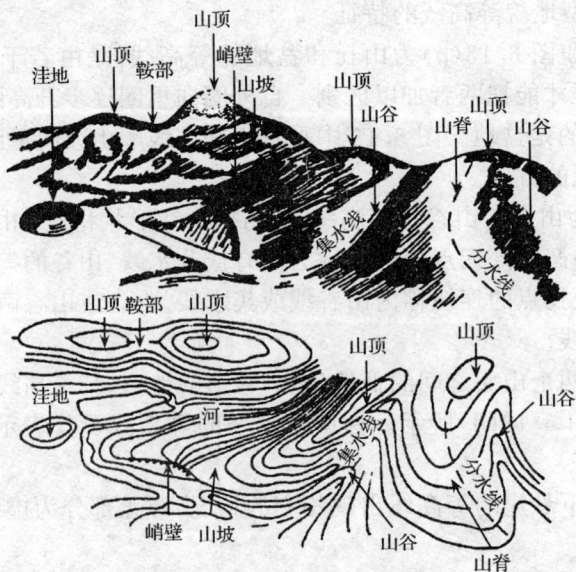

图 6.14 各种地貌的等高线图

3. 等高线的特性

从上面的叙述中,可概括出等高线具有以下几个特性:

1) 在同一等高线上,各点的高程相等。

2) 等高线应是自行闭合的连续曲线,不在图内闭合就在图外闭合。

3) 除在悬崖处外,等高线不能相交。

4) 地面坡度是指等高距 h 及平距 d 之比,用 i 表示,即 $i = \dfrac{h}{d}$,在等高距 h 不变的情况下,平距 d 越小,即等高线越密,则坡度越陡;反之,如果平距 d 越大,等高线越疏,则坡度越缓。当几条等高线的平距相等时,表示坡度均匀。

5) 等高线通过山脊及山谷线,必须改变方向,而且与山脊线、山谷线垂直相交。

6.2 大比例尺地形图的测绘

测区控制网建立后,就可以根据控制点进行碎部测量。碎部测量的方法主要有经纬仪测绘法和平板仪测绘法等。

6.2.1 测图前的准备

测图前,除做好仪器、工具及资料的准备工作外,还应着重做好测图板的准备工作,它包括图纸的准备、绘制坐标格网及展绘控制点等工作。

1. 图纸准备

为了保证测图的质量,应选用质地较好的图纸。对于临时性测图,可将图纸直接固定在图板上进行测绘;对于需要长期保存的地形图,为了减少图纸变形,应将图纸裱糊在图板上。现在,大多采用聚酯薄膜,其厚度为 0.07~0.1mm。它具有透明度好、伸缩性小、不怕潮湿、牢固耐用等优点。如果表面不清洁,可以直接用水洗涤,并可直接在底图上着墨复晒蓝图。但它具有易燃、易折和老化等缺点,所以在使用时应注意防火、防折。

2. 绘制坐标格网

为了准确地将图根控制点展绘在图纸上,首先要在图纸上精确地绘制 10cm×10cm 的直角坐标格网。绘制坐标格网可用坐标仪或坐标格网尺等专用工具,若没有上述工具,则可使用直尺按照对角线法绘制。

如图 6.15 所示,先在图纸上画出两条对角线,以交点 M 为圆心,取适当长度为半径画弧,在对角线上交得 A、B、C、D 点,用直线连接各点,得矩形 $ABCD$。再从 A、D 两点起各沿 AB、DC 方向每隔 10cm 定一点;从 A、B 两点起各沿 AD、BC 方

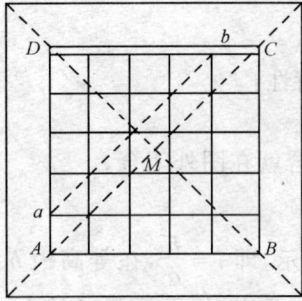

图 6.15　对角线绘制坐标格网

向每隔 10cm 定一点,连接各对应边相应点,即得坐标格网。

使用坐标格网尺,能绘制 30cm×30cm、40cm×40cm、50cm×50cm 图幅的坐标格网。如图 6.16 所示,格网尺上共有 10 个孔,每个孔左侧为斜面,最左端孔斜面上刻有零点指示线,其余各孔都是以零点为圆心、以图上注记的尺寸为半径的圆弧,其中 42.426cm、56.569cm、70.711cm 分别为 30cm、40cm、50cm 正方形对角线长,用以量取图廓边和对角线长。

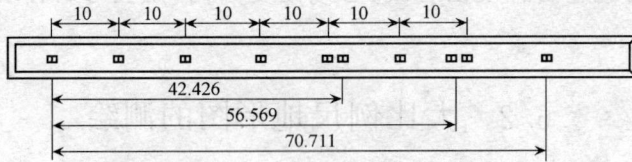

图 6.16　坐标格网尺

下面以 50cm×50cm 图幅为例说明其使用方法,如图 6.17 所示。先在图纸下方绘一直线,将尺置于线上,并使零点和 50cm 网孔距图边大致相等。当尺上各孔中心通过直线时,沿各孔边缘画短弧与直线相交定出 A、1、2、3、4、B 各点[图 6.17 (a)]。将尺零点对准 B,使尺子大致垂直底边,沿各孔画圆弧 6、7、8、9、C[图 6.17 (b)]。将尺子零点对准 A,使 70.711cm 孔画出的弧与弧 C 相交定出 C 点,连接 BC 直线与相应弧线相交,定出 6、7、8、9 点[图 6.17(c)]。同理,将尺子置于图 6.17(d) 和(e)的位置绘出各网络点。连接对边相应点,即得坐标格网如图 6.17(f)所示。

以上两种方法绘成坐标格网后均应进行检查,方格边长 10cm 的误差不应超

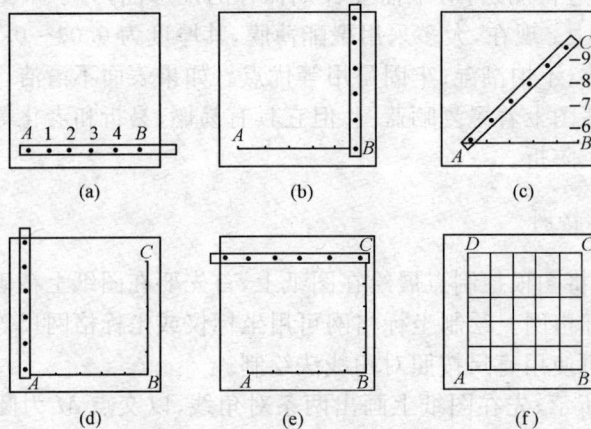

图 6.17　坐标格网尺法绘制方格网

过 0.2mm;对角线长 70.711cm 的误差不应超过 0.3mm;图廓边长 50cm 的误差不应超过 0.2mm,并且要用直尺检查各格网的交点是否在同一条直线上,其偏离值不应超过 0.2mm,如果超过限差,应重新绘制。

3. 展绘控制点

根据测区的大小、范围以及控制点的坐标和测图比例尺,对测区进行分幅,再依据控制点的坐标值展绘图根控制点。展点时,先根据控制点的坐标确定该点所在的方格。如图 6.18 所示,控制点 A 的坐标 $x_A = 628.43\text{m}$,$y_A = 565.52\text{m}$,可确定其位置应在 $plmn$ 方格内。然后按 y 坐标值分别从 l、p 点按测图比例尺向右各量 15.52m,得 a、b 两点。同样,从 p、n 点向上各量 28.43m,得 c、d 两点。连接 ab 和 cd,其交点即为 A 点的位置。用同样方法将图幅内所有控制点展绘在图纸上,并在点的右侧以分数形式注明点号及高程,如图 6.18 所示中的 1,2,3,4,5 点。最后用比例尺量出各相邻控制点之间的距离,与相应的实地水平距离比较,其误差在图上不应超过 0.3mm。

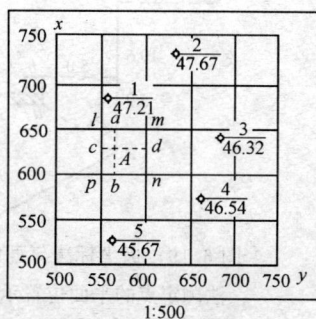

图 6.18 展绘控制点

6.2.2 测量碎部点平面位置的基本方法

测量碎部点平面位置的基本方法主要有下面四种。

1. 极坐标法

如图 6.19 所示,要测定碎部点 a 的位置,可将经纬仪安置在控制点 A 上,以 AB 线为依据,测出 AB 及 Aa 线的夹角 β,并量得 A 点至 a 点的距离,则 a 点的位置就确定了。此法用途最广,适用于开阔地区。

2. 直角坐标法

如图 6.19 所示,在测定碎部点 b(或 c)时,可由 b(或 c)点向控制边 AB 作垂线,如果量得控制点 A 至垂足的纵距为 5.9m(或 10.6m),量得 b(或 c)点至垂点的垂距为 5.0m(或 6.2m),则根据此两距离即可在图纸上定出点位。此法适用于碎部点距导线较近的地区。

3. 角度交会法

如图 6.20 所示,从两个已知控制点 A、B 上,分别测得水平角 α 与 β,以此确定 a 点的平面位置。此法适用于碎部点较远或不易到达的地方。采用角度交会法时,交会角宜在 30°～120°之间。

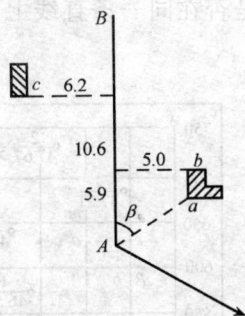

图 6.19 极坐标法与直角坐标
法测定点的平面位置示意图

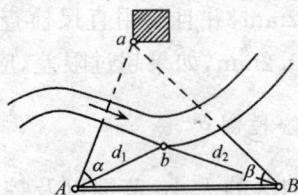

图 6.20 交会法(距离或角度)
测定点的平面位置示意图

4. 距离交会法

如图 6.20 所示,要测定 b 点的平面位置,从两个已知控制点 A 及 B 分别量到 b 点的距离 d_1 及 d_2,根据这两段距离,可以在图上交会出 b 点的平面位置。

上述几种方法应视现场情况灵活选用。实际工作中一般以极坐标为主,再配合其他几种方法,进行测绘。

6.2.3 经纬仪测绘法

经纬仪测绘法是在控制点上安置经纬仪或红外测距经纬仪,测量碎部点位置的数据(水平角、距离、高程),用绘图工具展绘到图纸上,绘制成地形图的一种方法。

1. 施测方法

1) 将经纬仪或红外测距经纬仪安置在测站 A 点(控制点)上,测图板安置在近旁(图 6.21);测定竖盘指标差 x (一天开始时测一次),量出仪器高 i;选定控制点 B 为起始零方向(即以 AB 方向的度盘读数为 0°00′);一并记入手簿(表 6.6)。

2) 依次照准在所选碎部点上立尺,读取下、上、中三丝读数(用红外测距时照准装有单棱镜的标杆,不需读数),而后读取竖盘读数和水平角,记入手簿相应栏内。

3) 计算水平距离及高差,并算出碎部点的高程(距离算至分米,高差、高程算至厘米)。

4) 用半圆量角器(直径有 18cm、22cm 等几种)和比例尺,按极坐标法将碎部点缩绘到图纸上,并注上高程(有以点位兼作高程数字的小数点,也有在点位右侧注上高程的),边测边绘。

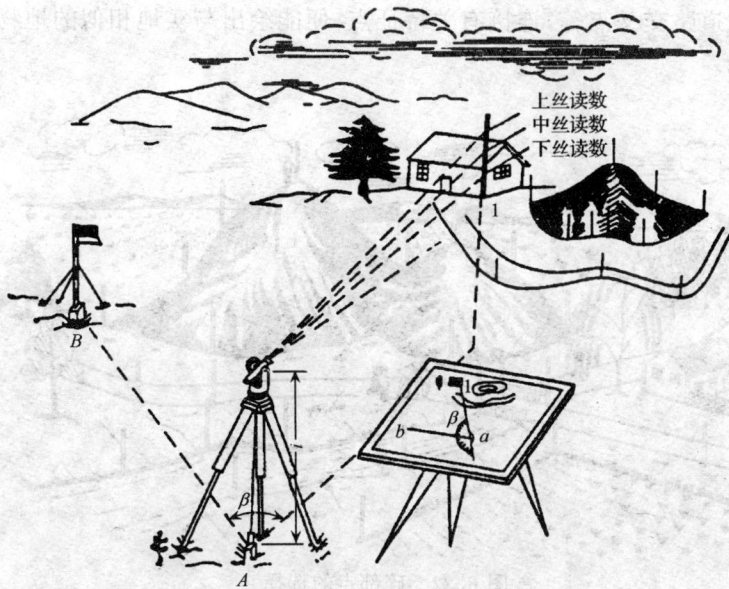

图 6.21 经纬仪测绘法示意图

表 6.6 碎部测量手簿

_____测区 　　　　　观测者_____ 　　　　　记录者_____

_____年____月____日 　天　气_____测站 A 零方向 B 　测站高程46.54

仪器高 $i = 1.42$ 　　　　　乘常数100 加常数0 　　　　　指标差 $x = 0$

测点	水平角 /(° ′)	尺上读数/m 中丝 s	尺上读数/m 下丝 上丝	视距间距 /m	竖直角 α 竖盘读数 /(° ′)	竖直角 α 竖直角 /(° ′)	高差 h /m	水平距离 /m	测点高程 /m	备注
1	44　34	1.42	1.520 1.300	0.220	88　06	+1　54	+0.73	22.0	47.27	
2	56　43	2.00	2.871 1.128	1.743	92　32	−2　32	−8.28	174.0	38.26	
3	175　11	1.42	2.000 0.895	1.105	72　19	+17　41	+33.57	105.3	80.11	

测绘部分碎部点后,在现场参照实际情况,在图上勾绘地物轮廓线与等高线。

在施测过程中,每测 20～30 点后,应检查起始方向是否正确。仪器搬站后,应检查上一站的若干碎部点,检查无误后,才能在新的测站上开始测量。

2. 碎部点的选择

地形图是根据测绘在图纸上的碎部点来勾绘的,因此碎部点选择恰当与否,直接影响地形图的质量,现将选择碎部点的若干要点介绍如下:

1) 对于地物,应选择能反映地物形状的特征点,如房屋的房角、河流、道路的方向转变点、道路交叉点等,连接有关特征点,便能绘出与实地相似的地物形状,如图 6.22 所示。

图 6.22　碎部点的选择

2) 对于地貌,如图 6.23 中所示的山丘,应选择在山顶和鞍部、地性线——山脊线和山谷线上坡度和方向改变的地方以及山脚地形变换点等处,在能控制地貌形状的特征点上立尺。图 6.23 是以等高线表示图 6.22 中山丘的地形图,图上所注的数字是立尺点(地貌特征点)的高程,小数点是立尺点的平面位置,图中 48,49,…,52 等数字为等高线的高程。

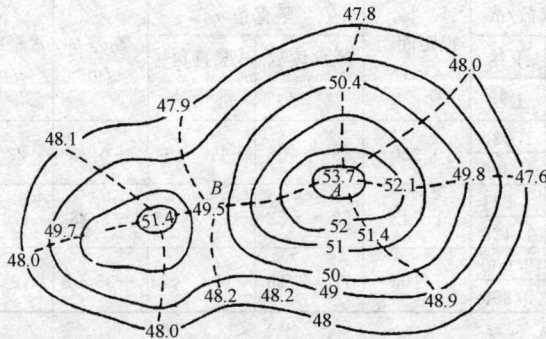

图 6.23　山丘地貌特征点与等高线

3) 为了能如实地反映地面情况,即使在地面坡度变化不大的地方,每相隔一定距离也应立尺。地形点密度和它离测站的最大距离,是随测图比例尺的大小和地形变化情况来决定的。表 6.7 中所列的数据,可作参考。

4) 碎部测量开始前,观测员与跑尺员应先在测站上研究需要立尺的位置和跑尺方案。在跑尺过程中,观测员和跑尺员应密切配合,观测员可用哨子指挥跑尺员跑尺,跑尺员在跑尺过程中应注意观测地形,必要时可描绘草图,供勾绘地物和等高线时参考。

3. 等高线的勾绘

当图纸上测得一定数量的地形点后,即可勾绘等高线。先用铅笔轻轻地将有关地貌特征点连起勾出地性线,如图 6.23 中的虚线;然后在两相邻点之间,按

表 6.7　地形点的密度和最在视距长度

测图比例尺	地形点间隔 /(图上 cm)	测站到地形点 最大视线长度 /m
1:500	1~3	70
1:1000	1~3	120
1:2000	1~3	200
1:5000	1~1.5	300

其高程内插等高线。由于测量时沿地性线在坡度变化和方向变化处立尺测得的碎部点,因此图上相邻点之间的地面坡度可视为均匀的,在内插时可按平距与高差成正比的关系处理。如图 6.24 中 A、B 两点的高程分别为 53.7m 及 49.5m,两点间距离由图上量得为 21mm,当等高距 h 为 1m 时,就有 53m、52m、51m、50m 等四条等高线通过(图 6.24)。内插时先算出一个等高距在图上的平距,然后计算其余等高线通过的位置。

等高距 1m 的平距 d 为

$$d = \frac{21}{4.2} = 5 \text{(mm)}$$

然后计算 53m 及 50m 两根等高线至 A 及 B 点的平距 x_1 及 x_2,定出 a 及 b 两点,$x_1 = 0.7 \times 5\text{mm} = 3.5\text{mm}$,$x_2 = 0.5 \times 5\text{mm} = 2.5\text{mm}$;再将 ab 分成三等分,等分点即为 52m 及 51m 等高线通过的位置。同法可定出其他各相邻碎部点间等高线的位置。将高程相同的点连成平滑曲线,即为等高线(图 6.23)。

在实际工作中,根据内插原理一般采用目估法勾绘。如图 6.23 所示,先按比例关系估计 A 点附近 53m 及 B 点附近 50m 等高线的位置,然后三等分求得 52m、51m 等高线的位置,如发现比例关系不协调时,可进行适当的调整。

6.2.4　平板仪测绘法

1. 平板仪的构造与附件

(1)平板仪的构造
平板仪由照准仪、图板及基坐三个部分组成(图 6.25)。

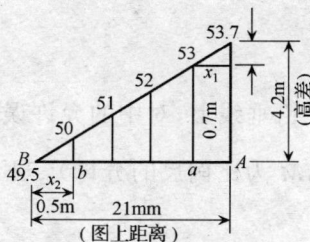

图 6.24　等高线内插原理

图 6.25　平板仪外形图

1）照准仪。照准仪上半部分装有望远镜与竖盘，用以瞄视测点、测定水平距离及高差，下面由支柱与直尺连接，沿直尺边可以画出视线的方向线。

2）图板。或称平板，一般为 $60cm \times 60cm$ 的方形木板，与基座连接，安装在三脚架上，当作绘图板，可直接在上面测绘地形图。

3）基座。它的结构和作用与经纬仪的基座相同。图板和基座用三个螺旋连接起来。基座用中心螺旋安装在三脚架上，放松中心螺旋，平板可在脚架上移动。基座下部有脚螺旋，用以整平图板。另外，装有制动和微动螺旋控制图板转动。

（2）平板仪的附件

1）移点器。或称对点器（图 6.26），是由金属叉架和一垂球所组成。利用移点器可使地面点与图上相应点位于同一铅垂线上。

2）长盒罗盘。如图 6.27 所示，是一个长方形的木质或金属盒，内装有磁针，在磁针两端各装有刻度的圆弧，用以标定图板的方向。

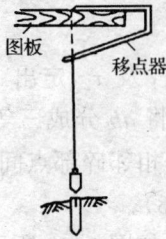

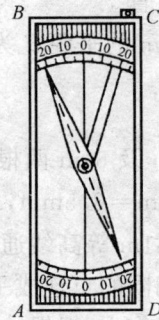

图 6.26　移点器　　　　　　　　　图 6.27　长盒罗盘

3）水准器。有管水准器和圆水准器两种，有的附件设在照准仪的直尺上，用来整平图板。

2. 平板仪的安置

平板仪的安置包括对中、整平与定向。因三者互相影响，不可能一次把平板仪安置好，必须按下列次序分两步进行。先使平板概略定向并大致水平，然后移动平板进行对中，移动时尽量不破坏前面的定向与整平。经上述初步安置后，再按对中、整平与定向的次序做较精确的安置。

（1）对中

利用移点器使地面点和图板上相应点位于同一铅垂线上，对中的允许误差一般认为是测图比例尺精度的一半（即 $\frac{1}{2} \times 0.1 M$ mm，M 为比例尺的分母）。不同比例尺的允许对中误差如表 6.8 所示。

表 6.8　平板仪允许对中误差

测图比例尺	1：500	1：1000	1：2000	1：5000
允许对中误差/cm	2.5	5	10	25

由表 6.8 可知,当比例尺小于 1：5000 时,则可用目估对中。

(2) 整平

利用照准仪直尺上的水准器(或单独的水准器),转动平板基座的脚螺旋使平板水平。

(3) 定向

1) 利用罗盘定向。将长盒罗盘紧贴南北方向的图廓线,转动图板,使磁针对准零线,此时图板已定好方向。

2) 根据已知直线定向。若图上已有测线 AB 的位置 ab。定向时,以照准仪直尺边紧贴 ab 线,转动图板用照准仪照准地面上的 B 点,固定图板,此时图板的方向即与实地的方向一致。

用罗盘定向精度较低,按已知直线定向与其长度有关,定向的直线越长,则定向的误差越小。

3. 平板仪测图

如图 6.28 所示,将平板仪安置在测站上,用照准仪测定碎部点至测站的距离与高程,并绘出方向线,直接在图纸上定出碎部点。它的特点是把测和绘结合起来,其观测步骤如下:

1) 安置平板仪于测站 A 上(包括对中、整平、定向),测定竖盘指标差 x,量取仪器高 i。

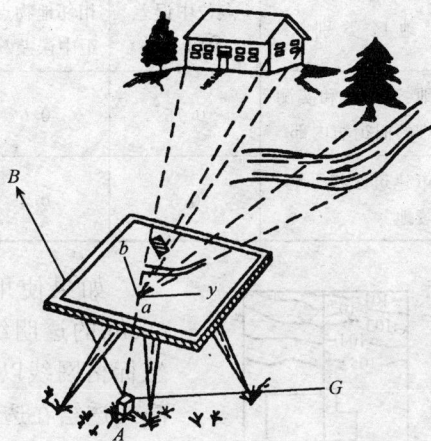

图 6.28　大平板仪测图方法

2) 用照准仪直尺斜边紧贴图上的 a 点,照准碎部点上所立的尺子,读出上、中、下三丝的读数和竖直角。

3) 计算出碎部点与测站间的水平距离和碎部点的高程。

4) 在直尺斜边上,根据计算的水平距离,按比例尺点出碎部点的位置,以点子为小数点注记高程。

5) 测得部分碎部点后,就应该随即勾绘地形。

为了防止平板被碰动和转动,需要经常检查平板的方向。

6.2.5 地形图的拼接、检查和整饰

地形测量完毕后，应按《地形图平板仪测量规范》要求进行拼接和整饰，还要根据质量的检查制度进行检查，合格后，所测的图才能使用。

1. 地形图的拼接

当测区较大，采用分块、分幅测图时，所测的几幅图就需要进行拼接。为了保证相邻图幅的相互拼接，每幅图的四边一般均需测出图廓外 5mm，对地物应测完其主要轮廓角点，直线形地物应多测出一些距离。如果使用的测图纸是聚酯薄膜，拼接时，将相邻两图幅的聚酯薄膜图纸的坐标格网对齐，检查接边处地物和等高线的偏差情况，若偏差小于表 6.9 中规定误差的 $2\sqrt{2}$ 倍时，可平均配赋，但应保持地物、地貌相互位置和走向的正确性。超过限差时，则应到实地检查纠正，进行补测或重测。

表 6.9 地形图的地物、地貌测量误差

地区类别	点位中误差/（图上 mm）	相邻地物点间距中误差/mm	等高线高程中误差（等高距）			
			平 地	丘 陵 地	山 地	高山地
山地、高山地和实测困难的旧街坊内部	0.75	0.6	1/3	1/2	2/3	1
城市建筑区和平地、丘陵地	0.5	0.4				

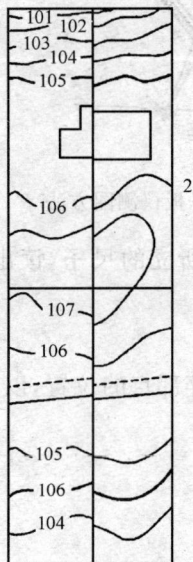

图 6.29 地形图的拼接

如果使用的测图纸是白纸，拼接时，用宽 5cm，长 60cm 的透明纸蒙在某幅图的图边上，用铅笔将图廓线、坐标格网线以及靠图廓 1.0～1.5cm 宽度内的地物和等高线透绘在透明纸上。同样，将与其接边的相邻图幅边上的地物和等高线透绘在透明纸上，若小于限差，平均配赋，如图 6.29 所示。

2. 地形图的检查

地形图测绘完成后，必须对地形图的质量做全面检查。首先应由作业组自检，然后作业组之间互检。检查的方法包括：室内检查、野外巡视检查及野外仪器检查。

（1）室内检查

首先对所有控制测量资料进行全面检查，包括：观测和记录手簿的记载是否齐全、清楚和正确；各项限差是否

符号规定;计算资料的数据是否与记载一致。然后进行原图的图面检查,主要检查坐标格网及控制点的展绘是否合乎要求;图上控制点的数量和发布是否满足测图要求;地物、地貌的位置和形状绘制是否正确;符号的使用是否恰当;等高线的高程和地形点的高程是否矛盾;接边是否正确;是否有遗漏和错误。通过室内检查,确定野外检查的重点和巡视的路线。

(2)野外巡视检查

检查是将原图与实地对照,检查原图上的综合取舍情况;地物和地貌的表示是否清晰合理;名称注记是否正确;是否有遗漏和错误。在室内检查时对图面产生的疑问应重点检查。

(3)野外仪器检查

仪器检查是在室内检查和野外巡视检查的基础上,针对检查时发生的错误、遗漏进行更正和补测。仪器检查量不应少于测图总量的 10%。

3. 地形图的整饰

原图经过检查后,擦去图上不需要的线条与注记,并对图幅内所测的各种地物、地貌依据地形图图式符号对其进行整饰,保证地形图的地物符号表示正确、清楚,等高线表示准确、线条清晰,各种符号注记齐全、正确。最后整饰图框并注记图名、图号、比例尺、测图单位、测图时间等。

6.3 数字化测图

数字化测图是近 20 年发展起来的一种全新的测绘地形图方法。广义的数字化测图包括:全野外数字化测图、地图数字化成图和摄影测量与遥感数字化测图。狭义的数字化测图是指全野外数字化测图。本节主要介绍全野外数字化测图技术。

6.3.1 数字化测图的基本思想

随着现代测量仪器——全站仪的广泛使用,以及计算机硬件和软件技术的迅速发展,使大比例尺地形测图技术由传统的白纸测图向数字化测图方向发展。地形图的表现形式不仅仅是绘制在纸上的地形图,更重要的是提交可供传输、处理、共享的数字地形信息。这种以数字形式表达地形特征的集合形态称为数字地图。

传统的地形测图是将测得的观测值用模拟的方法——图形表示。数字测图就是将图形模拟量(地面模型)转换为数字量,经由计算机对其进行处理,得到内容丰富的电子地图,需要时由计算机输出设备恢复地形图或各种专题图。数字化测图的基本思想如图 6.30 所示。

将图形模拟量转换为数字量的过程称为数据采集,当前数据采集方法主要有全野外地面数据采集法、原图数字化法和航片数据采集法。数字化测图的基本成图

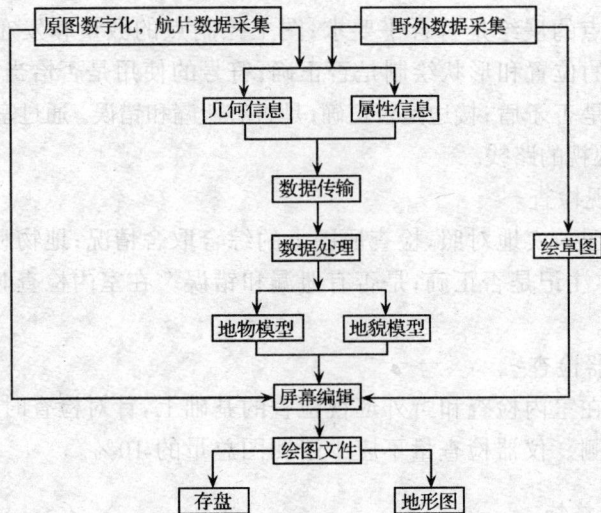

图 6.30 数字化测图的基本思想

过程就是通过采集有关地物、地貌的各种信息并及时记录数据终端(或直接传输给计算机),然后通过数据接口将采集的数据传输给计算机,由计算机对数据进行处理而形成绘图数据文件,绘制并输出地形图。数字化测图的生产成品是绘图仪输出的图解地形图、磁盘或光盘等存储介质保存的电子地图及有关资料。

数字化测图利用计算机辅助绘图,减轻了测绘人员的劳动强度,提高了工作效率,保证地形图绘制质量。与传统的地形图测图相比,数字化测图具有点位精度高、便于成果更新、避免因图纸伸缩带来的各种误差、能输出各种比例尺地形图或专题图、便于成果的深加工利用以获得各类专题图、可以作为地理信息系统重要的信息源等特点。为国家、城市和行业部门的现代化管理以及工程技术人员进行计算机辅助设计提供可靠的原始数据。

6.3.2 数字化测图系统及作业模式

1. 数字化测图系统

数字测图系统是以计算机为核心,在输入、输出硬件设备和软件的支持下,对地形空间数据进行采集、传输、处理编辑、成图输出和管理的测绘系统。它分地形数据采集、数据处理与成图、绘图与输出三大部分(图 6.31)。

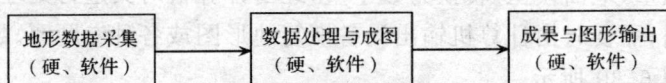

图 6.31 数字化测图

围绕这三个部分,由于硬件配置、工作方式、数据输入方法、输出成果内容的不同,可产生多种数字化测图系统。按输入方法可分为:野外数字测图系统、原图数字化成图系统、航测数字化成图系统等;按硬件配置可分为:全站仪配合电子手簿测图系统、电子平板测图系统;按输出成果可分为:大比例尺数字测图系统、地形地籍测图系统、房地产测量管理系统、城市规划成图管理系统等。

目前,大多数数字化测图系统内容丰富,具有多种数据采集方法,具有多种功能和应用范围,能输出多种图形和数据资料。

2. 数字化测图作业模式

由于软件设计者思路不同,使用的设备不同,数字测图有不同的作业模式。目前,国内较流行的数字测图软件所支持的作业模式大致有如下几种:全站仪+电子手簿测图模式、电子平板测图模式、普通经纬仪+电子手簿测图模式、平板仪测图+数字化仪测图模式、已有地形图数字化成图系统、航测像片量测成图模式等。

数字化测图因作业过程、作业模式、数据采集方法及使用的软件等不同而有很大的区别。目前,以全站仪+电子手簿测图模式(测记式)和电子平板测图模式最为普遍。电子平板测图模式与传统的测图模式作业过程相似,而测记式数字测图的作业模式的基本作业过程为:资料准备、控制测量、测图准备、野外数据采集、数据传输、数据处理、图形编辑、内业绘图、检查验收。

用全站仪进行数字测图时,可以采用图根导线测量与碎部点测量同时进行的"一步测量法",即在一个测站上,先测导线的数据,接着测碎部点。这种方法的特点是安置一轮仪器少跑一轮路,大大提高外业测量效率。

6.3.3 数据编码

传统的野外测图工作是用仪器测得碎部点的三维坐标,并展绘在图纸上,然后由绘图员对照实地描绘成图。在描绘图形的过程中,绘图员实际上知道了碎部点的位置,是什么地物或地貌点,与哪些碎部点相连接等信息。数字测图是由计算机软件根据采集的碎部点的信息自动处理绘出地形图,因此,所采集的碎部点信息必须包括三类信息:位置、属性信息、连线信息。碎部点的位置用(x,y,z)三维坐标表示,并标明点号,属性信息用地形编码表示,连线信息用连接点点号和连接线型表示。

绘图软件在绘制地形图时,会根据碎部点的属性来判断碎部点是哪一类特征点,采用地形图图式中的什么符号来表示。因此,必须根据地形图图式设计一套完整的地物编码体系,并要求编码和图式符号一一对应。地形编码设计的原则是符号国标图式分类、符合地形图绘图规则、简练、便于记忆、比较符合测量的习惯、便于计算机的处理。

目前,国内开发的数字测图软件已很多,一般都是根据各自的需要、作业习惯、仪器设备及数据处理方法等设计自己的数据编码,工作中可查阅其测图软件说明书。在此介绍一种国内应用比较广泛的编码,该方案总的编码形成由三个部分组成,码长为8位,见表6.10。

表 6.10　8 位数据编码形式

1	2	3	4	5	6	7	8
地形要素码(3 位)			信息 I 编码(4 位连接码)				信息 II 编码(1 位线型码)

1. 地理要素码

地理要素码用于标识碎部点的属性,该码基本上根据《地形图图式》中各符号的名称和顺序来设计,用三位表示位于 8 位编码的前部其表示形式可分为三位数字型和三位字符型两种。

三位数字型编码是计算机能够识别并能有效迅速地处理地形编码形式,又称内码。其基本编码思路是将整个地形信息要素进行分类、分层设计。首先将所有地形要素分为 10 大类,每个信息类中又按地形元素分为若干个信息元,第一位为信息类代码(10 类),第二、三位为信息元代码。例如:

0 类　地貌特征点

1 类　测量控制点

2 类　居民地、工矿企业建筑物和公共设施

3 类　独立地物

4 类　道路及附属设施

5 类　管线和垣栏

6 类　水系和附属设施

7 类　境界

8 类　地貌和土质

9 类　植被

每一类中的信息元编码基本上取图式符号中的顺序号码。如第 1 类测量控制点,包括三角点(101)、小三角点(102)、导线点(105)、水准点(108)等;第 3 类独立地物,如纪念碑(301)、塑像(303)、水塔(321)、路灯(327)等。

三位字符型是根据图式中各种符号名称的汉字拼音进行编码。例如,山脊点(SJD)、导线点(DXD)、水准点(SZD)、埋石图根点(MTG)、一般房屋(YBF)等。这种编码形式比较直观、易记忆、便于野外操作,又称外码。

2. 信息 I 编码

由 4 位数字组成信息 I 编码,其功能是控制地形要素的绘图动作,描述某测点与另一测点间的相对关系,又称连接码。编码的具体设计有两种方式:① 设计成注记连接点号或断点号,以提供某两点之间连接或断开信息。这种方式可以简化实地绘制草图的工作。② 在该信息码中注记分区号以及相应的测点号。分区号和测点号各占两位,共计 4 位。采用该编码方式要求实地详细绘制测图,各分区和测点编号应与信息 I 编码中相应的编码完全一致,不能遗漏。

3. 信息 II 编码

信息 II 编码仅用 1 位数字表示,它是对绘图指令的进一步描述,通常用不同的数字区分连线形式。例如,0 表示非连线,1 表示直线连线,2 表示曲线连线,3 表示圆弧等,又称为线型码。

6.3.4 野外数据采集方法

野外数据采集包括两个阶段:控制测量和碎部点采集。控制测量的方法与传统测图中的控制测量基本相似,但主要以导线测量的方式测定控制点位置。碎部点数据采集与传统作业方法有较大差别。这里主要介绍采用全站仪进行碎部点数据采集的两种方法。图 6.32 为这两种方法的示意图。

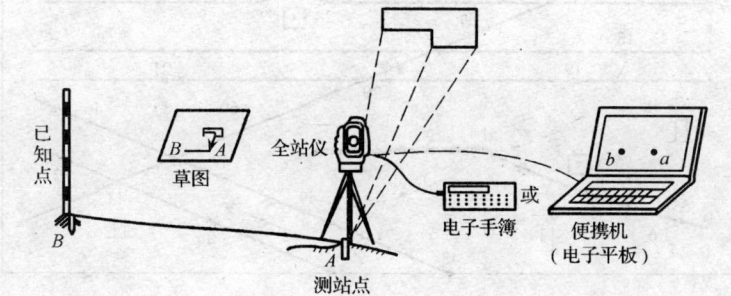

图 6.32 全站仪野外数据采集

1. 测记法数据采集

碎部点的数据采集每作业组一般需要仪器观测员 1 人、绘草图领尺(镜)员 1 人、立尺(镜)员 1~2 人,其中绘草图领尺员是作业组的核心、指挥者。作业组的仪器配备:全站仪 1 台、电子手簿 1 台、通信电缆 1 根、对讲机 1 副、单杆棱镜 1~2 个、皮尺 1 把。

数据采集之前,先将作业区已知控制点的坐标和高程输入全站仪(或电子手簿)。草图绘制者要对测站周围的地物、地貌大概浏览一遍,及时按一定比例绘制一份含有主要地物、地貌的草图,以便观测时在草图上标明观测碎部点的点号。观测者在测站上安置全站仪,量取仪器高。选择一已知点进行定向,然后准确照准另一已知点上竖立的棱镜,输入点号和仪器高,按相应观测按键,观测其坐标和高程,与相应已知数据进行比较检查,满足精度要求后进行碎部点观测。观测地物、地貌特征点时准确照准点上竖立的棱镜,输入点号、棱镜高和地物代码按相应观测记录键,将观测数据记录在全站仪内或电子手簿中。观测时,观测者与绘制草图者及立镜者时联系,以便及时对照记录的点号与草图上标注的点号,两个点号必须一致。有问题时要及时更正。观测一定数量的碎部点后应进行定向检查,以保证观测成果的精度。绘制的草图必须把所有观测地形点的属性和各种勘测数据在图上表示出来,以供内业处理、图形编辑时用。草图的绘制要遵循清晰、易读、相对位置准确、比例一致的原则。草图绘制如图 6.33 所示。在野外测量时,能观测到的碎部点要尽量观测,确实不能观测到的碎部点可以利用皮尺或钢尺量距,将距离标注在草图上或利用电子手簿的测量功能生成其坐标。

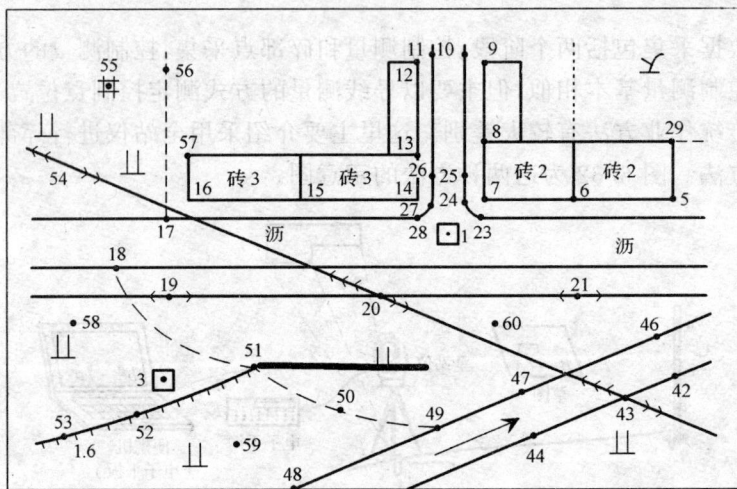

图 6.33　野外绘制的草图

2. 电子平板数据采集

测图时作业人员一般配备:观测员 1 人、电子平板(便携机)操作员 1 人、立尺(镜)员 1~2 人。进行碎部测图时,在测站点上安置全站仪,输入测站信息:测站点号、后视点号及仪器高。然后以极坐标为主,配合其他碎部点测量方法进行施测,数据采集可采用角、距记录模式,对话框如图 6.34(a)所示,也可采用坐标记录模式,对话框如图 6.34(b)所示。在记录对话框时,要完成以下几项:

1) 点号。测量碎部点的点号。第一个点号输入后,其后的点号不必再人工输

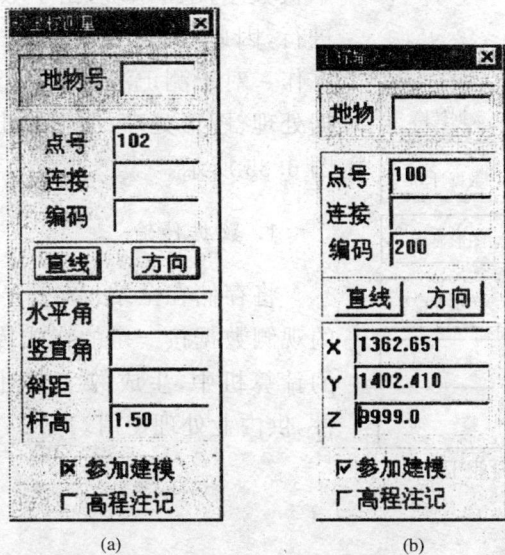

图 6.34　数据采集对话框

入,每测完一个点,点号自动累加 1。

2)连接。指与当前点相连接的点的点号。其必须是已测碎部点的点号或其他已知点。与上一点连接时自动默认,与其他点连接时输入该点的点号。

3)编码。地物类别的代码。测量时同类编码只输入一次,其后的编码程序自动默认。碎部点编码变换时输入新的编码。

4)水平角、竖直角、斜距和(x,y,z),由全站仪观测并自动输入。

5)杆高。观测点棱镜高度。输入一次后,其他观测点的棱镜高由程序自动默认。观测点棱镜高度改变时,重新输入。

6)直线。表明点间(本点与连接点间)的连接线型。单击该按钮可改变线型,直线为 1;曲线为 2;圆弧为 3;三点才能划圆或弧;独立点则为空。

7)方向。单击按钮可随时修正有向线符号的方向等。

6.3.5　数字测图的内业工作

数字测图的内业处理要借助数字测图软件来完成。目前,国内市场上比较有影响的数字测图软件主要有武汉瑞得公司的 RDMS、南方测绘仪器公司的 CASS、清华三维公司的 EPSW 电子平板等。它们各有其特点,都能测绘地形图、地籍图,并有多种数据采集接口,成果都能输出地理信息系统(GIS)所接受的格式;都具有丰富的图形编辑功能和一定的图形管理能力。

外业数据采集的方法不同,数字测图的内业过程也存在一定的差异。对于电子

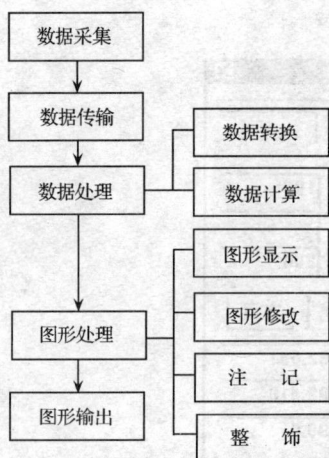

图 6.35 数字成图内业工作流程

平板数字测图系统,由于数据采集与绘图同步进行,因此,其内业只进行一些图形编辑、整饰工作。对于测记法,内业处理包括数据传输、数据处理、图形处理、图形输出。其作业流程图如图 6.35 所示。

1. 数据传输

将存储在全站仪(或电子手簿)中外业采集的观测数据按一定的格式传输到进行内业处理的计算机中,生成数字测图软件要求的数据文件,供内业处理使用。

2. 数据处理

传输到计算机中的观测数据需进行适当的数据处理,从而形成适合图形生成的绘图数据文件。数据处理主要包括数据转换和数据计算两个方面内容。数据转换是将野外采集到的带简码(野外操作码)的数据文件或无码数据文件转换为带绘图编码的数据文件,供计算机识别绘图使用。对简码数据文件的转换,软件可自动实现;对于无码数据文件,则需要通过测图上地物关系编制引导文件来实现转换。数据计算是指为建立数字地面模型绘制等高线而进行插值模型建立、插值计算、等高线光滑的工作。在计算过程中,需要给计算机输入必要的数据如插值等高距、光滑的拟合步距等,其他工作全部由计算机完成。

经过计算机处理后,未经整饰的地形图即可显示在计算机屏幕上,同时计算机将自动生成各种绘图数据文件并保存在存储设备中。

3. 图形处理

图形处理是对经数据处理后所生成的图形数据文件进行编辑、整理。经过对图形的修改、整理、填加汉字注记、高程注记、填充各种面状地物符号后,即可生成规范的地形图。对生成的地形图要进行图幅整饰和图廓整饰,图幅整饰主要利用编辑功能菜单项对地形图进行删除、断开、修剪、移动、复制、修改等操作,最后编辑好的图形即为所需地形图,并对其按图形文件保存。

4. 图形输出

通过对数字地图的图层控制,可以编制和输出各种专题图以满足不同用户的需要。利用绘图仪可以按层来控制线划的粗细或颜色,绘制美观、实用的地图。

6.4 实训项目及指导

6.4.1 实训内容

大比例尺地形图测绘[测图比例尺:1:500,测区面积:300m×300m(由指导教师选定)]。

6.4.2 实训计划

本实训时间为 6d,具体安排如表 6.11 所示。

表 6.11 实训时间安排

项 目	时间安排/d	备 注
图纸准备、绘制坐标方格网、展绘导线点	1	
碎部测量	3	
地形图绘制	1.5	
实训总结及考核	0.5	

6.4.3 实训步骤

1. 测图准备

(1) 图纸的准备
选用白纸测图,图纸大小为 60cm×60cm。

(2) 绘制坐标方格网
用坐标格网尺绘制 60cm×60cm 的坐标方格网,线条粗细为 0.1mm。方格网的边长误差不超过±0.2mm,对角线长度误差不超过±0.3mm。

(3) 展绘导线点
由指导教师根据地形图分幅情况确定图幅西南角坐标值,根据导线点的坐标值展绘导线点。导线点的符号按《地形图图式》规定的符号绘制,展绘的精度要求为相邻导线点间的图上距离与根据相应的坐标值算得的距离比较,其差值不应超过图上±0.3mm。

2. 碎部测量

(1) 碎部测量要求
各类建筑物、构筑物及其主要附属设施均应测绘,房屋外廊一般以墙角为准。

建筑物、构筑物轮廓凸凹在图上小于 0.5mm 时,可用直线连接。道路的直线部分每 50m 测定一个点,转弯部分要按实际情况测定足够的点,电线杆位置均应测绘,电力线、通信线可不连线,仅在杆位或分线处绘出线路方向。行树测出首尾位置,中间用符号表示。地下管线的检查井、消火栓等均应测绘。围墙、栅栏等均应按实际形状测绘。临时建筑物、堆料场、建筑施工开挖区可不测,图上每 4~5cm 应有一个地形点。

(2) 测量方法

采用经纬仪测绘法或平板仪测绘法测图。对于建筑物、构筑物等,视线长度最大不超过 80m,对于其他碎部点可放宽 120m,为了与相邻图幅拼接,需测出图边 5mm。

3. 地形图的绘制

(1) 野外绘制

测量碎部点的同时,按图式规定的符号描绘地物,并进行必要的注记。若建筑区自然地势破坏较多,可不绘等高线,只注记地形点的高程,注记至厘米。文字、数字的字头朝北,字体用宋体,字体大小可参考《地形图图式》规定,符号的线条宽度按图式规定,若无要求则为 0.15cm。

(2) 地形图的拼接

相邻的图幅要进行拼接,主要地物拼接误差不应超过 1.2mm,次要地物不应超过 1.6mm,等高线拼接误差在平坦地区不应超过 1 根等高线。若符号要求,两幅图边按中间位置修改。

(3) 地形图的检查

先进行图面检查,查看图面上接边是否正确、连线是否有矛盾、符号是否用错、名称注记有无遗漏等,发现问题应记录,用于野外检查时核对。野外检查时应对照地形图全面核对,检查图上地物形状、位置是否与实地一致,地物是否遗漏,名称注记是否正确齐全。若发现问题应设站检查或补测。

(4) 地形图的修饰

图幅经检查无误后,可以进行清绘,先绘内图廓及坐标格网交叉点(格网交点绘长 1cm 的十字线,图廓线上则绘 5mm 短线);再绘控制点、地形点符号及高程注记;再其次绘独立地物和居民地,以及各种道路、线路、水系、植被、等高线及各种地貌符号等。使图上的线条、符号、注记规范、清晰、美观,然后按《地形图图式》要求进行图廓整饰,注明测图班级、测图成员、测图日期、比例尺、编号、坐标及高程系统等。

6.4.4 上交资料

1∶500 地形图(以小组为单位,每组交一张完整的地形图)。

6.4.5 实训考核

实训期间,指导教师对每一位学生主要从实际操作和绘图效果两个方面进行考核,根据学生的具体表现,按五级分评定成绩。

第七章　房地产调查

7.1　地籍调查

7.1.1　概述

地籍调查是以地块为单元进行的。调查的基本内容包括:地块(土地)权属调查、土地利用类别调查、土地等级调查和地块内建筑物状况的调查。在此基础上,国家能全面地掌握和了解全国土地情况,协调国民经济各部门的用地计划,组织、指导全国土地资源的有效利用。为国家有计划地制定农产品的生产和经营计划,城市、农村规划用地,确定城市和农村的土地税收提供科学依据。另外,为适应当前我国国情,在法律规定的范围内,为土地使用权的有偿转让所涉及的地价问题提供科学依据。

为使地籍要素调查工作顺利有序地进行,在调查前应收集有关测绘、土地规划、地籍档案、土地等级评估及标准地名等资料。

调查内容应参照表 7.1 进行,逐一记在表中,并标注在调查工作底图上。

表 7.1　地籍要素调查表

市		区(县)	地籍区	地籍子区	地块			

权属主 (单位或个人)			住址					
法人或代理人								
地块坐落			所在图幅					
四至								
地块预编号			地块编号		利用类别		土地等级	
权属性质				地块面积				
建筑物状况	幢号	(1)	(2)	(3)	(4)	(5)	(6)	(7) (8) (9)
	层数							
	结构							
共用土地情况								

界址点(线)情况

界址点号	界址类型				界标间距	界址线类别		界址线位置			指认界线人		
	钢钉	混凝土	石灰桩	喷涂		墙壁	围墙	内	中	外	本地块	相邻地块	
												地块号	指界者
调查记事													

调查者： 调查日期 年 月 日

7.1.2 地籍调查土地的划分与编号

为便于地籍数据库和不动产信息系统的利用,《地籍测绘规范》把地籍调查时的土地划分为"地块"并作为地籍测绘的对象,同时将"地块"作为地籍测绘和地籍调查的基本单元。从长远考虑,应建立较为稳定的并和国家行政区划基本吻合的地块编号,即使地块编号可以和国家行政区划编号接轨。

地块是地籍的最小单元,是地球表面上一块有边界、有确定权属主和利用类别的土地。一个地块只属于一个产权单位,一个产权单位可以有许多个地块。

地块的编号是按省、市、区(县)、地籍区、地籍子区、地块六级编立。

地籍区是以市行政建制区的街道办事处、镇(乡)的行政辖区为基础划定。根据具体情况,可以街坊为基础将地籍区再划分为若干个地籍子区。地块是在地籍子区的基础上进行的单元划分。

编号方法:省、市、区(县)等国家行政区划编号的代码统一执行《中华人民共和国行政区划代码》规定的代码。该代码用六位数,按层次分别表示了我国各省(自治区、直辖市)、地区(市、州、盟)和县(市、旗、区)的名称。具体表示方法为:第一、二位数表示省(自治区、直辖市)。第三、四位数表示地区(市、州、盟),其中01～20表示省辖市,21～40表示地区(市、州、盟)。第五、六位数表示县(市、旗、区),其中01～18表示市辖区(地区代管的县级市),19～20表示地区级市代管的县级市;21～40表示县(旗)。

为了保证编码的唯一性和有利于电子计算机长时间地保存存储数据,行政区划变革时,原代码不再代表新的行政单位。

地籍编码是在国家行政区划代码的最后一级(即县级代码)后增加三级代码:地籍区代码(二位数字,从01～99依序列),地籍子区代码(二位数字,从01～99依序编列)和地块代码(五位数字,从01～9999依序编列)。由上可知,整个地块代码是由六层 15 位数字组成,如表 7.2 所示。

表 7.2　地块代码

层次	第一层	第二层	第三层	第四层	第五层	第六层
代码名称	省(自治区、直辖市)	地区(市、州、盟)	县(市、市区、旗)	地籍区	地籍子区	地块
代码	二位数	二位数	二位数	二位数	二位数	五位数

当地籍区的范围不大时,地籍区不再划分地籍子区,地籍子区的代码以 00 代表,在此情况下,地籍区也代表地籍子区。

7.1.3　土地权属调查

土地权属调查具体地讲就是指地块的所有权和使用权,其调查内容包括:权属的归属、权属的性质、权属主名称、地块坐落及四至、行政区域界线和地理名称以及地块的界址点和界址线等。地块权属问题是地籍管理工作的核心问题。

土地所有权是指国家法律承认的土地和与其相连的生产物、建筑物、构筑物等的占有、支配的权利。世界各国土地所有权的形式一般分为国家(全民)所有、集体所有和私人所有三种形式。我国实行土地全民所有制和集体所有制。

土地使用权是指按法律规定分配给国有企事业单位、集体或个人等享有利用和取得收益的权利。

土地权属调查是一项涉及多方利益,同国家、集体、个人利益,社会秩序及公共信誉的利害休戚相关又非常复杂的技术很强的工作。因此,需要成立专门的领导小组,并对参加的调查人员进行技术培训,使所有的调查人员熟悉有关政策法规和技术规范。此外还需要收集有关的图件、资料、准备好调查表格和拟定好调查时间路线等工作。

《中华人民共和国土地管理法》第九条明确规定"集体所有的土地,由县级人民政府登记造册,核发证书,确认所有权。全民所有制单位、集体所有制单位和个人依法使用的国有土地,由县级以上人民政府登记造册,核发证书确认使用权"。根据上述规定,土地的所有权和使用权,均由各级人民政府按照具有法律效力的法规,在登记造册的基础上核发证书,予以确认。任何用地的企事业单位、机关团体或个人均无权自行宣布地权。

土地权属调查是根据土地所有权和土地使用权的法人或自然人的申请,依据权源资料和有关法规,到现场对土地的权属性质、权属主名称,坐落和四至,以及行政区界线和地理名称,界址点和界址线进行实地核定、调查和丈量,经土地使用者认定,作为权属审核发证提供法律效力的调查文书和凭证。为使土地权属调查工作按计划顺利地进行,避免出现重复或遗漏,在调查时需要有已有的地籍图或大比例尺地形图、航摄照片作为调查工作的底图,并计算出地块的面积。

土地权属调查中最多的是界址纠纷,土地使用者最关心的就是权属界址的认定,所有权属界址的认定必须有本地块及相邻地块的使用者亲自到场共同指界。如果一地块有两个以上的使用者,必须搞清各自单独使用的部分和共同使用部分的界线。当土地所有权和使用权发生争议时,调查人员不得擅自确定,应由当事人协商解决。协商不成的由人民政府处理。在土地所有权和使用权争议没有解决之前,任何一方不得改变土地现状,不得破坏土地上的附属物。可暂按现行使用范围作为权属未定处理,并在调查工作底图和地籍调查表中加以说明。凡是已经确定的界址均需埋设界址点标志,并对界址点进行编号,同时将界标类型、界址点(线)情况一并填入地籍要素调查表中。

7.1.4 土地利用类别调查

土地利用类别调查的任务是查清全国各种土地利用分类面积、分布和利用状况,为制定国民经济和有关政策,进行农业区划、规划,因地制宜地指导农业生产,建立土地统计、登记制度,全面管理土地等各项工作服务。

土地的各部分由于其本身的组成、所处位置和环境的不同,相互之间存在着一定的差别,这种相互之间的差别往往导致土地生产能力和利用方式的差异。根据土地的差异性,将土地划分成若干类型,叫做土地分类。通常情况下,土地分类是以土地的用途为主要依据,按一定的规律(土地特点和从属关系)进行的。

土地利用分类主要是依据土地用途、经营特点、利用方式和覆盖特征等为主要标志进行分类。土地的分类方法很多,根据不同的目的和要求形成不同的分类系统,最常用的分类方法可归纳为下述三种。

1) 按土地的自然属性分类。如按地貌、植被、土壤等进行分类。

2) 按土地的经济属性分类。如按土地的生产力水平、土地的权属等分级。

3) 按土地的自然和经济属性以及其他因素进行综合性分类。土地利用类别就是综合分类的一种形式。

土地利用类别分类标准就全国范围来说,无论是城镇土地分类还是农用土地分类均采用两级分类,统一编码排列。各省、市、自治区根据需要可进行三级、四级分类,但不能打乱全国统一的编码顺序及其代表的地类。具体分类的名称及含义见表7.3和表7.4。

土地利用类别的调查是一项政策性、技术性都很强的工作,必须按照有关规定和技术规范的要求进行。调查之前要进行技术培训,使全体调查人员熟悉技术规程,明确调查方法,掌握调查要领,提高技术水平。

土地利用类别调查是以地块为单位调查记录的一个主要利用类别,调查记录至二级分类。对于综合使用的楼房按地坪上第一层的主要利用类别调查记录。如果第一层为车库时,可以按第二层利用类别调查记录。当所调查的地块内有几个土地利用类别时,应以地类符号标出分界线,分别调查利用类别。为使调查顺利进行,避免出现重复或遗漏现象,在调查时,需要有已有的地籍图或是大比例尺地形图、航摄照片作为调查工作底图。

表 7.3　城镇土地利用分类标准

一级类型		二级类型		含　义
10	商业金融业用地			指商业服务业、旅游业、金融保险业等用地
		11	商业服务业	指各种商店、公司、修理服务部、生产资料供应站、饭店、旅社、对外经营的食堂、文印誊写社、报刊门市部、蔬菜购销转运站等用地
		12	旅游业	指主要为旅游业服务的宾馆、饭店、大厦、乐园、俱乐部、旅行社、旅游商店、友谊商店等用地
		13	金融保险业	指银行、储蓄所、信用社、信托公司、证券交易所、保险公司等用地
20	工业、仓储用地			指工业用地、仓储用地
		21	工业	指独立设置的工厂、车间、手工业作坊、建筑安装的生产场地、排渣(灰)场等用地
		22	仓储	指国家、省(自治区、直辖市)及地方的储备、中转、外贸、供应等各种仓库、油库、材料堆场及附属设备等用地
30	市政用地			指市政公用设施、绿化用地
		31	市政公用设施	指自来水厂、泵站、污水处理厂、变电(所)站、煤气站、供热中心、环卫所、公共厕所、火葬场、消防队、邮电局(所)及各种管线工程专用地段等用地
		32	绿化	指公园、动植物园、陵园、风景名胜、防护林、水源保护林及其他公共绿地等用地
40	公共建筑用地			指文化、教育、娱乐、机关、宣传、科研、设计、教育、医卫等用地
		41	文、体、娱	指文化馆、博物馆、图书馆、展览馆、纪念馆、体育场馆、俱乐部、影剧院、游乐场、文艺体育团体等用地
		42	机关、宣传	指党政事业机关及工、青、妇等群众组织驻地,广播电台、电视台、出版社、报社、杂志社等用地
		43	科研、设计	指科研、设计机构用地,如科研院(所)、设计院及其试验室、试验场等用地
		44	教育	指大专院校、中等专业学校、职业学校、干校、党校、中小学校、幼儿园、托儿所、业余进修院(校)、工读学校等用地
		45	医卫	指医院、门诊部、保健院(站、所)、疗养院(所)、救护站、血站、卫生院、防治所、检疫站、防疫站、医学化验、药品检验等用地
50	住宅用地			指供居住的各类房屋用地
60	交通用地			指铁路、民用机场、港口码头及其他交通用地
		61	铁路	指铁路线路及场站、地铁出入口等用地
		62	民用机场	指民用机场及其附属设施用地
		63	港口码头	指专供客、货运船舶停靠的场所用地
		64	其他交通	指车场(站)、广场、公路、街、巷、小区内的道路等用地

一级类型		二级类型		含　义
70	特殊用地	指军事设施、涉外、宗教、监狱等用地		
		71	军事设施	指军事设施用地。包括部队机关、营房、军用工厂、仓库和其他军事设施等用地
		72	涉外	指外国使领馆、驻华办事处等用地
		73	宗教	指专门从事宗教活动的庙宇、教堂等宗教用地
		74	监狱	指监狱用地。包括监狱、看守所、劳改场(所)等用地
80	水域用地	指河流、湖泊、水库、坑塘、沟渠、防洪堤等用地		
90	农用地	指水田、菜地、旱地、园地等用地		
		91	水田	指筑有田埂(坎)可以经常蓄水,用于种植水稻等水生作物的耕地
		92	菜地	指种植蔬菜为主的耕地。包括温室、塑料大棚等用地
		93	旱地	指水田、菜地以外的耕地,包括水浇地和一般旱地
		94	园地	指种植以采集果、叶、根、茎等为主的集约经营的多年生木本和草本作物,覆盖度大于50%或每亩株数大于合理株数70%的土地,包括果树苗圃等用地
00	其他用地	指各种未利用土地、空闲地等其他用地		

表 7.4　土地利用现状分类标准

一级类型		二级类型		含　义
编号	名称	编号	名称	
1	耕地	指种植农作物的土地,包括新开荒地、休闲地、轮歇地、草田轮作地;以种植农作物为主,间有零星果树、桑树或其他树木的土地;耕种3年以上的滩地和海涂。耕地中包括南方小于1.0m、北方小于2.0m的沟、渠、路、田埂		
		11	灌溉水田	指有水源保证和灌溉设施,在一般年景能正常灌溉,用以种植水稻、莲藕、席草等水生作物的耕地,包括灌溉的水旱轮作地
		12	望天田	指无灌溉工程设施,主要依靠天然降雨,用以种植水稻、莲藕、席草等水生作物的耕地,包括无灌溉设施的水旱轮作地
		13	水浇地	指水田、菜地以外,有水源保证和灌溉设施,在一般年景能正常灌溉的耕地
		14	旱地	指无灌溉设施,靠天然降水生长作物的耕地,包括没有固定灌溉设施仅靠引洪淤灌的耕地
		15	菜地	指种植蔬菜为主的耕地,包括温室、塑料大棚
2	园地	指种植以采集果、叶、根茎等为主的集约经营的多年生木本和草本作物,覆盖度大于50%或每亩株数大于合理株数70%的土地,包括果树苗圃等用地		
		21	果园	指种植果树的园地
		22	桑园	指种植桑树的园地
		23	茶园	指种植茶树的园地
		24	橡胶园	指种植橡胶树的园地
		25	其他园地	指种植可可、咖啡、油棕、胡椒等多年生长作物的园地

一级类型		二级类型		含　义
编号	名称	编号	名称	
3	林地	\multicolumn{3}{l}{指生长乔木、竹类、灌木、沿海红树林等林木的土地。不包括居民绿化用地,以及铁路、公路、河流、沟渠的护路、护岸林}
		31	有林地	指树木郁闭度大于 30% 的天然或人工林
		32	灌木林	指覆盖度大于 40% 的灌木林地
		33	疏林地	指树木郁闭度 10%～30% 的疏林地
		34	未成林造林地	指林木成活率大于或等于合理造林株数 41%,尚未郁闭但有成林希望的新造林地(一般指造林后不满 3～5 年或飞机播种后不满 5～7 年的造林地)
		35	迹地	指森林采伐、火烧后,5 年内未更新的土地
		36	苗圃	指固定的林木育苗地
4	牧草地	\multicolumn{3}{l}{指生长草本植物为主,用于畜牧业的土地}
		41	天然草地	指以天然的草本植物为主,未经改良,用于放牧或割草的草地,包括以牧为主的疏林、灌木草地
		42	改良草地	指采用灌溉、排水、施肥、松耙等措施进行改良的草地
		43	人工草地	指人工种植牧草的草地,包括人工培植用于牧业的灌木
5	居民地及工矿用地	\multicolumn{3}{l}{指城镇居民点以及居民点以外的工矿、国防、名胜古迹等企事业单位用地,包括其内部交通、绿化用地}
		51	城镇	指市、镇建制的居民点,不包括市、镇范围内用于农、林、牧、渔业生产用地
		52	农村居民地	指镇以下的居民点用地
		53	独立工矿用地	指居民点以外独立的各种工矿企业、采石场、砖瓦窑、仓库及其他企事业单位的建设用地,不包括附属于工矿、企事业单位的农副业生产基地
		54	盐田	指以经营盐业为目的,包括盐场及附属设施用地
		55	特殊用地	指居民地以外的国防、名胜古迹、风景旅游、公墓陵园等用地
6	交通用地	\multicolumn{3}{l}{指居民点以外的各种道路及其附属设施和民用机场用地包括护路林}
		61	铁路	指铁路线路及站场用地,包括路堤、路堑、道沟和护路林
		62	公路	指国家和地方公路,包括路堤、路堑、道沟和护路林
		63	农村道路	指农村南方宽大于等于 1.0m,北方宽大于等于 2.0m 的道路
		64	港口、码头	指专供客、货运船舶停靠的场所包括海运、河运及其附属建筑物,不包括常水位以下部分
7	水域	\multicolumn{3}{l}{指陆地水域和水利设施用地,不包括泻洪区和垦殖 3 年以上的滩地、海涂中的耕地、林地、居民点、道路等}
		71	河流水面	指天然形成或人工开挖河流常水位岸线以下的面积
		72	湖泊水面	指天然形成的积水区常水位岸线以下的面积
		73	水库水面	指人工修建总库容大于等于 10 万 m^3,正常蓄水位岸线以下的面积
		74	坑塘水面	指天然形成或人工开挖蓄水量小于 10 万 m^3,常水位线以下的蓄水面积
		75	苇地	指生长芦苇的土地,包括滩涂上的芦苇
		76	滩涂	指包括沿海大潮高潮位与低潮位之间的潮浸地带,河流、湖泊常水位至洪水位间的滩地,时令湖、河洪水位以下的滩地,水库、坑塘的正常水位与最大洪水位间的面积。常水位线一般按地形图,不另行调绘
		77	沟渠	指人工修建,用于排灌的沟渠,包括渠槽、渠堤、取土坑、护堤林。指南方宽大于等于 1m,北方宽大于等于 2m 的沟渠
		78	人工建筑物	指人工修建,用于除害兴利的闸、坝、堤、路林、水电厂房、扬水站等常水位岸线以上的建筑物
		79	冰川及永久积雪	指表层被冰雪常年覆盖的土地

一级类型		二级类型		含义
编号	名称	编号	名称	
8	未利用土地			指目前还未利用的土地,包括难利用的土地
		81	荒草地	指树木郁闭度小于10%,表层为土质,生长杂草,不包括盐碱地、沼泽地和裸土地
		82	盐碱地	指表层盐碱聚集,只生长天然耐盐植物的土地
		83	沼泽地	指经常积水或渍水,一般生长湿生植物的土地
		84	沙地	指表层为沙覆盖,基本无植被的土地,包括沙漠,不包括水系的水滩
		85	裸土地	指表层为土质,基本无植被覆盖的土地
		86	裸岩石砾地	指表层为岩石或石砾,其覆盖面积大于50%的土地
		87	田坎	主要指耕地中南方宽大于等于1m,北方宽大于等于2m的地坎或堤坎
		88	其他	指其他未利用土地,包括高寒荒漠、苔原等

对于各种土地利用类别中建筑物状况的调查只进行地块内建筑物结构和层数的调查,将调查结果填在地籍要素调查表中。

7.1.5 土地等级调查

土地等级调查是在各地土地等级已经划分的基础上进行的一项工作。土地分等定级为建立科学的地籍管理制度、土地出让或转让、合理利用城乡土地提供了科学依据。

土地等级调查之前,必须向当地有关主管部门了解和收集土地等级划分标准及其实施细则或技术规范,同时要了解和收集当地土地等级划分的历史沿革情况。然后按照调查路线和调查工作底图以地块为单元,逐块进行调查,将调查结果填写在地籍要素调查表中,并在调查工作底图上进行标注。当地块内土地等级不同时,则按不同土地等级分别调查记录。对于尚未制定土地等级标准的地区,暂不调查。

7.2 房产调查

7.2.1 概述

对于各种土地利用类别中建筑物状况的调查只进行地块内建筑物结构和层数的调查,将调查结果填在地籍要素调查表中。

房产调查分房屋调查和房屋用地调查两个部分,包括对每个权属单元的位置、权界、权属、数量和利用状况等基本情况以及地理名称等的调查。

房产调查应利用已有的地形图、地籍图、航摄照片及有关产籍资料。调查时按"房屋调查表"和"房屋用地调查表"上所规定的项目,以丘和幢为单位逐项实地调查。

在房产调查过程中,用"房屋权界线示意图"表示出房屋及其相关位置、权界线、共有共用房屋权界以及与邻户相连墙体的归属,并注记房屋边长。"房屋用地范围示意图"表示房屋用地位置、四至关系、用地界线、共用院落的界线以及界标类别和归属,并注记房屋用地界线边长。

房屋权界线是指房屋权属范围的界线,房屋用地界线是指房屋用地范围的界线。在调查房屋权界线和房屋用地界线时,除必要的有关产籍之外,尚需产权人指界和邻户认证来确定。

调查中对产权不清、用地范围不清或有争议的以及设有典当权、抵押权等他项权利的,应做出记录。对于用地范围有争议的部位应按未定界处理。

7.2.2 房屋用地单元的划分与编号

房屋用地单元根据不同情况可分别用"丘"和"幢"来表示。少数情况还需标出房屋权号。

1. 丘及其编号

丘的含义是指由用地界线所组成的封闭地块。由于用地单元的不同,又可分为独立丘和组合丘。一个用地单元的地块称之为独立丘,由几个用地单元组成的地块称之为组合丘。一般是以一个单位、一个门牌号或是一处院落划分为独立丘,当用地单元混杂或用地单元面积过小时划分为组合丘。

丘的编号是以图幅为单位,从左到右,自上而下用数字1,2,…顺序按反S形的自然流水式编号,如图 7.1 中 34、35、36、37 和 38 所示。

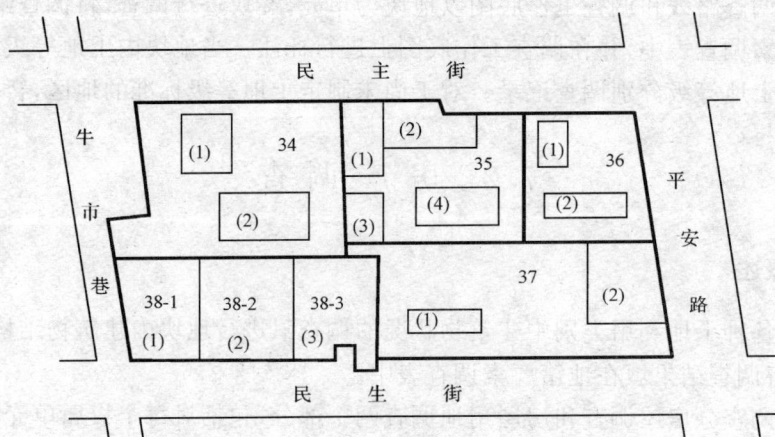

图 7.1 丘幢及其编号

组合丘内各用地单元的编号是丘号加支号进行编号的。丘号在前,支号在后,中间用短横线相连,这种编号称为丘支号。如图 7.1 中的 38-1、38-2 和 38-3 所示。当一丘地不是在一幅图而是跨越图幅时,应按主门牌号所在的图幅编立丘号,而其相邻图幅的部分则不再另编丘号,但必须以该主门牌号所在图幅的丘号加括号表示。

2. 幢及其编号

幢的含义在这里是指一座独立的同一结构的、包括不同层次的房屋。当结构相同,相互毗连的成片房屋,也可以按所在街道的门牌号根据具体情况进行划分成幢。幢的编号是以丘为单位,自进入大门开始,从左到右,从前到后,用数字 1,2,…顺序按反 S 形的自然流水式编号。幢号注在房屋轮廓线内在左下角,并加括号,如图 7.1 中的(1)、(2)、(3)等所示。

3. 房产权号

在通常情况下,房屋都是建在本单位或本人的用地范围内的,但也有少数情况是将房屋建在他人的用地范围内的,这种情况应加编房产权号。房产权号的编号是以房屋权属单元为单位,用大写英文字母 A,B,…顺序号,注记在幢号的右侧,和幢号并列。

7.2.3 房屋调查

房屋调查是房屋调查的重要组成部分之一,也是房产管理的主要依据。房屋调查的内容包括房屋坐落、房屋产权人、产权性质、产别,房屋层数、所在层数,房屋的建筑结构、建成年份、用途、房屋的占地面积、建筑面积、分摊面积,墙体归属、房屋权源、产权纠纷和他项权利等基本情况。房屋调查时还需绘制出房屋权界线示意图。表 7.5 为房屋调查表。

1. 房屋坐落调查

房屋坐落是指房屋所在的位置,具体来说就是指房屋所在街道的名称和门牌号。当房屋坐落在小里弄、胡同或巷内时,则应加注附近的主要街道名称。如果该房屋没有门牌号时,则应借用毗连房屋门牌号,并加注东、南、西、北方位。如果是单元式的成套住宅,则应加注单元号、室号或户号。当房屋坐落在两个以上街道或有两个以上门牌号时,则应全部注明。

表 7.5 房屋调查表

市区名称或代码_____ 房产区号_____ 房产分区号_____ 丘号_____ 序号_____

坐落		区(县)	街道(镇)	胡同(街巷)	号	邮政编码	
产权主				住址			
用途					产别		电话

房屋状况	幢号	权号	房号	总层数	所在层数	建筑结构	建成年份	占地面积/m²	使用面积/m²	建筑面积/m²	墙体归属				产权来源
											东	南	西	北	

房屋权界线示意图		附加说明	
		调查意见	

调查者：　　　　　年　月　日

2. 房屋产权人调查

房屋产权人的含义是指所有权人的姓名,其中包括私人所有、单位所有和房地产管理部门直接管理三种情况。

(1) 私人所有的房屋

私人所有房屋的产权人一般就是指产权证件上的署名人。当产权证件上的人已经去世,应注明代理人的姓名;如果产权是共有的,应注明全体共有人的姓名。如果房屋是典当的,则应注明典当人姓名及典当情况。当产权不清或无主的,可直接注明产权不清或无主,并做简要说明。

(2) 单位所有的房屋

单位所有房屋的产权人就是指房屋所属的单位。单位又分全民所有制单位、集体所有制单位和部队。无论是哪种性质的单位,经查实后均需注明单位的全称。当房屋是两个或两个以上单位共有时应注明全体共有单位的名称。

(3) 房地产管理部门直接管理的房屋

房地产管理部门直接管理的房屋门类比较多,其中包括公产、代管产、托管产和拨用产四种类型。公产是指由政府接管、国家经租、收购、新建并由房地产管理部门直接管理的房屋。代管产是指房屋所有权属于私有,因权属主出走弃留或下落不明由政府房地产管理部门代为管理的房屋。托管产是指房屋所有权属于私有或单位所有,因管理不便或其他原因委托房地产管理部门代为管理的房屋。拨用产是指房屋所有权属于政府房地产管理部门,免租拨给单位使用的房屋。这四种类型的房屋的产权人分别为:公产应注明房地产管理部门的全称;代管产应注明代管及原产权人姓名;托管产应注明托管及委托人的姓名或单位名称;拨用产应注明房地产管理部门的全称及拨借单位名称。

3. 房屋产权性质调查

目前,我国现行的经济有三种所有制形式,即全民所有制、集体所有制和个体所有制。房屋的产权性质就是依据上述所有制形式对房屋产权人占有的房屋进行所有制分类的,有全民、集体和私有三类。

对于外国政府、企业、社会团体、国际机构及外国侨民所有房屋等外产及由我国政府、企业与外国政府、公司、厂商和个人合资建造、购置的房屋等中外合资产不进行分类,但应按实注明。

4. 房屋产别调查

房屋产别是指根据房屋产权占有和管理不同而划分的类别。目前,我国城镇房屋产别按两级分类,即一级和二级。具体分类标准如表 7.6 所示。城镇以外的工矿企事业单位及其毗连的居民点也按此标准进行房屋产别分类。

表 7.6　房屋产别分类标准

一级分类		二级分类		内　容
编号	名称	编号	名称	
10	国有房产			指归国家所有的房产。包括由政府接管、国家经租、收购、新建以及由国有单位用自筹资金建设或购买的房产
		11	直管产	指由政府接管、国家经租、收购、新建、扩建的房产(房屋所有权已正式划拨给单位的除外),大多数由政府房地产管理部门直接管理、出租、维修,少部分免租拨借给单位使用
		12	自管产	指国家划拨给全民所有制单位所有以及全民所有制单位自筹资金购建的房产
		13	军产	指中国人民解放军部队所有的房产。包括由国家划拨的房产、利用军费开支或军队自筹资金购建的房产
20	集体所有房产			指城市集体所有制单位所有的房产。即集体所有制单位投资建造、购买的房产
30	私有房产			指私人所有的房产。包括中国公民、港澳台同胞、海外侨胞、在华外国侨民、外国人所投资建造、购买的房产,以及中国公民投资的私营企业(私营独资企业、私营合伙企业和私营有限责任公司)所投资建造、购买的房产
		31	部分产权	指按照房改政策,职工个人以标准价购买的住房,拥有部分产权
40	联营企业房产			指不同所有制性质的单位之间共同组成新的法人型经济实体所投资建造、购买的房产
50	股份制企业房产			指股份制企业所投资建造或购买的房产
60	港澳台投资房产			指港澳台地区投资者以合资、合作或独资在祖国大陆举办的企业所投资建造和购买的房产
70	涉外房产			指中外合资经营企业、中外合作经营企业和外资企业、外国政府、社会团体、国际性机构所投资建造或购买的房产
40	其他房产			凡不属于上述各类别的房屋,都归在这一类,包括因所有权人不明,由政府房地产管理部门、全民所有制单位、军队代为管理的房屋以及宗教、寺庙等房屋

5. 房屋层数和层次调查

房屋层数是指房屋的自然层数,一般按室内地坪以上计算。采光窗在室外地坪以上的半地下室,如图7.2所示,其室内层高 h 在2.2m以上的,计算层数。地下室、假层、附层(夹层)、阁楼(暗楼)、装饰性塔楼以及突出屋面的楼梯间、水箱间不计层数。屋面上添建的不同结构的房屋不计层数。

所在层次是本权属单元的房屋在该幢楼房中的第几层。

6. 房屋建筑结构调查

房屋建筑结构是根据房屋的梁、柱、墙及各种构架等主要承重结构的建筑材料来划分类别,按照国家统计局标准,将房屋建筑结构划分成钢结构、钢和钢筋混凝土结构、钢筋混凝土结构、混合结构、砖木结构和其他结构六类,分类标准如表7.7所示。一幢房屋有两种以上建筑结构时,应以面积大的为准。

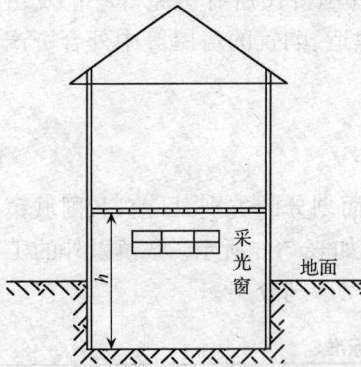

图7.2 半地下室

表7.7 房屋建筑结构分类标准

分类		内容
编号	名称	
1	钢结构	承重的主要构件是用钢材料建造的,包括悬索结构
2	钢、钢筋混凝土结构	承重的主要结构是用钢、钢筋混凝土建造的。如一幢房屋一部分梁柱采用钢、钢筋混凝土构架建造
3	钢筋混凝土结构	承重的主要构件是用钢筋混凝土建造的。包括薄壳结构、大模板现浇结构及使用滑模、升板等建造的钢筋混凝土结构的建筑物
4	混合结构	承重的主要构件是用钢筋混凝土和砖木建造。如一幢房屋的梁是用钢筋混凝土制成,以砖墙为承重墙,或者梁是木材建造,柱是用钢筋混凝土建造的
5	砖木结构	承重的主要构件是用砖、木材建造的。如一幢房屋是木制房架、砖墙、木柱建造的
6	其他结构	凡不属于上述结构的房屋都归此类。如竹结构、砖拱结构、窑洞等

7. 房屋建成年份调查

房屋建成年份是指房屋实际竣工年份。一幢有两种以上建成年份的房屋,应以建筑面积较大的为准。拆除翻建的房屋,应以翻建竣工年份为准。

8. 房屋用途调查

房屋用途是指房屋的目前实际用途。按两级分类,即一级和二级。一级又分为8类;二级又分为30类,具体分类见表7.8。一幢房屋有两种以上用途时,应分别调查注明。

表 7.8 房屋用途分类

一级分类		二级分类		内 容
编号	名称	编号	名称	
10	住宅	11	成套住宅	指由若干卧室、起居室、厨房、卫生间、室内走道或客厅等组成的供一户使用的房屋
		12	非成套住宅	指人们生活居住的但不成套的房屋
		13	集体宿舍	指机关、学校、企事业单位的单身职工、学生居住的房屋。集体宿舍是住宅的一部分
20	工业交通仓储	21	工业	指独立设置的各类工厂、车间、手工作坊、发电厂等从事生产活动的房屋
		22	公用设施	指自来水、泵站、污水处理、变电、煤气、供热、垃圾处理、环卫、公厕、殡葬、消防等市政公用设施的房屋
		23	铁路	指铁路系统从事铁路运输的房屋
		24	民航	指民航系统从事民航运输的房屋
		25	航运	指航运系统从事水路运输的房屋
		26	公交运输	指公路运输、公共交通系统从客、货运输、装卸、搬运的房屋
		27	仓储	指用于储备、中转、外贸、供应等各种仓库、油库用房
30	商业服务	31	商业服务	指各类商店、门市部、饮食店、粮油店、菜场、理发店、照相馆、浴室、旅社、招待所等从事商业和为居民生活服务所用的房屋
		32	经营	指各种开发、装饰、中介公司等从事各类经营业务活动所用的房屋
		33	旅游	指宾馆、饭店、大厦、乐园、俱乐部、旅行社等主要从事旅游服务所用的房屋
		34	金融保险	指银行、储蓄所、信用社、信托公司、证券公司、保险公司等从事金融服务所用的房屋
		35	电讯信息	指各种邮电、电信部门、信息产业部门，从事电信与信息工作所用的房屋
40	教育医疗卫生科研	41	教育	指大专院校、中等专业学校、中学、小学、幼儿园、托儿所、职业学校、业余学校、干校、党校、进修院校、工读学校、电视大学等从事教育所用的房屋
		42	医疗卫生	指各类医院、门诊部、卫生所(站)、检(防)疫站、保健院(站)、疗养院、医学化验、药品检验等医疗卫生机构从事医疗、保健、防疫、检验所用的房屋
		43	科研	指各类从事自然科学、社会科学等研究设计、开发所用的房屋
50	文化娱乐体育	51	文化	指文化馆、图书馆、展览馆、博物馆、纪念馆等从事文化活动所用的房屋
		52	新闻	指广播电视台、电台、出版社、报社、杂志社、通讯社、记者站等从事新闻出版所用的房屋
		53	娱乐	指影剧院、游乐场、俱乐部、剧团等从事文娱演出所用的房屋
		54	园林绿化	指公园、动物园、植物园、陵园、苗圃、花圃、花园、风景名胜、防护林等所用的房屋
		55	体育	指体育场馆、游泳池、射击场、跳伞塔等从事体育活动所用的房屋
60	办公	61	办公	指党政机关、群众团体、行政事业单位等所用的房屋
70	军事	71	军事	指中国人民解放军军事机关、营房、阵地、基地、机场、码头、工厂、学校等所用的房屋
80	其他	81	涉外	指外国使、领馆、驻华办事处等涉外所用的房屋
		82	宗教	指寺庙、教堂等从事宗教活动所用的房屋
		83	监狱	指监狱、看守所、劳改场(所)等所用的房屋

9. 房屋建筑面积调查

房屋建筑面积是指房屋外墙勒脚以上的外围水平面积,如图 7.3 所示,其中包括阳台、走廊、室外楼梯等建筑面积。

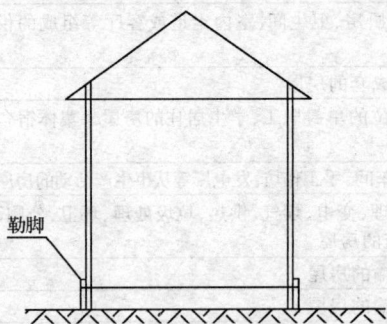

图 7.3　房屋建筑面积计算

房屋建筑面积有的是计算全部建筑面积,有的只计算一半建筑面积,还有的属于不计算房屋建筑面积的部分。房屋建筑面积应根据实际情况,按幢进行调查。下面介绍上述种种情况的计算范围。

(1) 计算全部建筑面积的房屋范围

1) 单层房屋不分层高均算一层,按其外墙勒脚以上的水平面积计算。多层房屋的建筑面积按各层建筑面积总和计算。

2) 穿过房屋的通道、房屋内的门厅、大厅不分层高,均按一层计算面积。门厅、大厅内的回廊部分,按其投影计算面积。

3) 房屋内的技术层、夹层,层高超过 2.2m 的按其上口外墙外围水平面积计算。

4) 房屋的地下室、半地下室,层高超过 2.2m 的,按其上口外墙(不包括采光井、防潮层及其保护墙)外围水平面积计算。

5) 房屋的假层,按其高度超过 2.2m 部位的外围水平面积计算。

6) 依坡地建筑的房屋,利用吊脚做架空层有围护结构的,按其高度超过 2.2m 部位的外围水平面积计算。

7) 突出房屋屋面,有围护结构的楼梯间、水箱间、电梯间等,按其围护结构外围水平面积计算。

8) 与房屋相连的柱廊,按其柱外围水平面积计算。

9) 封闭式阳台,按其投影面积计算。

10) 有柱或有围护结构的门廊,按其柱或围护结构外围投影面积计算。

11) 室外楼梯,按各层投影面积计算。

(2) 计算一半建筑面积的房屋范围

1) 与房屋相连的檐廊、挑廊、架空通廊,按其投影面积的一半计算。

2) 只有独立柱的门廊,按其投影面积的一半计算。

3) 凸阳台,按其投影面积的一半计算。

(3) 不计算房屋建筑面积的范围

1) 层高在 2.2m 以下的技术层、夹层、地下室和半地下室。

2) 突出房屋墙面的构件、配件和艺术装饰,如柱、垛、勒脚和台阶等。

3）其他建筑物、构筑物，如亭、塔、罐，以及地下人防设施等。

4）车站码头的车棚、货棚、站台等。

10. 房屋占地面积调查

房屋占地面积是指房屋底层外墙（柱）外围水平面积，一般与底层房屋建筑面积相同（不含散水、明沟的占地面积）。

11. 共有共用面积调查及分摊

共有共用面积包括共有共用房屋建筑面积、异产毗连房屋占地面积和共有内院落的面积。共有共用面积分摊测算原则如下：

1）有权属分割文件或协议的，应按其文件或协议规定进行分摊测算。

2）无权属分割文件或协议的，可按其相关面积比例进行分摊测算。各户分摊面积按下式计算，即

$$\delta_{P_i} = KP_i \tag{7.1}$$

$$K = \sum \delta_{P_i} / \sum P_i$$

式中：δ_{P_i}——各户该分摊的院落面积、房屋占地面积或建筑面积；

$\quad\quad P_i$——参加摊算的面积，m^2；

$\quad\quad \sum \delta_{P_i}$——需要分摊的面积，$m^2$；

$\quad\quad \sum P_i$——参加摊算的各户面积的总和，m^2。

【例7.1】 某院落占地面积为 10 000 m^2，甲单位房屋建筑面积为 15 000m^2，乙单位房屋建筑面积为 5000m^2，计算甲、乙两单位各应分摊的占地面积。

【解】

$$\delta_{P_甲} = KP_甲 = (\sum \delta_{P_甲} / \sum P_i)P_i = (15\,000/20\,000) \times 10\,000 = 7500(m^2)$$

$$\delta_{P_乙} = KP_乙 = (\sum \delta_{P_乙} / \sum P_i)P_i = (5000/20\,000) \times 10\,000 = 2500(m^2)$$

12. 房屋墙体归属调查

房屋墙体归属是指房屋四面墙体所有权的归属，当墙体为一家所有时，称为自有墙。墙体为两家共有的，称为共有墙。墙体为别人家所有的称为借墙。房屋墙体归属调查时，需分别注明自有墙、共有墙和借墙等情况。

13. 房屋权源调查

房屋权源是指产权人取得房屋产权的时间和来源方式。房屋产权大致来源于继承、分配、受赠、交换、自建、翻建、征用、调拨、价拨和拨用等。

调查房屋权源时，应尽可能以证件作依据。凡有证件的，要注明证件名称，包括

发证单位、时间及证件编号。无证件的,应尽可能将权属变化沿革叙述清楚。产权来源有两种以上的,应全部注明。

14. 房屋产权的附加说明

在调查中对产权不清或有争议的,以及设有典当权、抵押权等他项权利的,应做出记录。

15. 房屋权界线示意图

房屋权界线示意图是以权属单元为单位绘制的略图,表示房屋及其相关位置、权界线、共有共用房屋权界线,以及与邻户相连墙体的归属,并注记房屋边长。对有争议的权界线应标注部位。

房屋权界线是指房屋权属范围的界线,包括共有共用房屋的权界线,以产权人的指界与邻户认证来确定,对有争议的权界线,应做出相应记录。

7.2.4 房屋用地调查

房屋用地调查是房产调查的主要组成部分,也是房产管理的主要依据。

房屋用地调查的内容包括用地的坐落、产权性质,土地等级、税费、用地人、用地单位所有制性质、权源、四至、界标、用地分类、用地面积和用地纠纷等基本情况,房屋用地调查时,还需要绘制出房屋用地范围。表7.9为房屋用地调查表。

表7.9 房屋用地调查表

坐落				电话			邮政编码	
产权性质		产权主		土地等级		税费		附加说明
使用人		住址				所有制性质		
用地来源				用地用途分类				
用地状况	四至	东		南		西	北	
	界标	东		南		西	北	
	面积	合计用地面积		房屋占地面积		院地面积	分摊面积	
用地略图								

调查者: 年 月

1. 房屋用地坐落调查

房屋用地坐落是指房屋用地所在街道的名称和门牌号。坐落在小的里弄、胡同或小巷时，要加注附近主要街道名称。如果缺门牌号时，应借用毗连房屋用地的门牌号，并加注东、南、西、北方位。房屋用地坐落在两个以上街道或有两个以上门牌号时，应全部注明。单元式的成套住宅，应加注单元号、室号或户号。

2. 用地产权性质调查

我国城市土地属于国家所有；农村和城市郊区的土地，除了法律规定属于国家所有的以外，属于集体所有；宅基地和自留地、自留山也属于集体所有。因此，用地的产权性质，按国家、集体两类填写。集体所有的还应注明土地所有单位的全称。

3. 用地等级调查

由于土地等级的划分是一项极为复杂的涉及众多学科的系统工程，所以在房屋用地等级调查之前，必须向当地政府了解和收集有关土地等级划分的标准或规定，在此基础上进行房屋用地等级调查。

4. 用地税费

用地税费是指用地人每年向土地管理部门或税务机关缴纳的费用，其标准可以根据国家的规定或是当地有关部门规定的标准缴纳，以年度缴纳金额为准。

5. 用地人和用地单位所有制性质调查

用地人和用地单位所有制性质调查可以参考房屋产权人调查和房屋产权性质调查进行。

6. 用地的权源调查

用地权源调查是指取得使用土地的时间和方式，如买卖、征用、划拨等。调查土地的权源时应尽可能以证件作依据。证件要注明证件名，包括发证单位、时间及证件编号。产权来源有两种以上的，应全部注明。

7. 四至及界标调查

四至是指用地范围与四邻接壤的情况，一般按东、南、西、北方向注明邻接丘号或街道名称。

界标是指用地界线上的各种标志，包括道路、河流等自然界线；房屋墙体、围墙、棚栏等围护物体以及界碑、界桩等埋石标志。

8. 用地分类调查

房屋用地分类调查是一项政策性、技术性都很强的工作,所以应以当地政府正式颁布的规定执行。如果当地政府无此方面的条文规定,可按表 7.3 所示用地分类标准执行。

一幢房屋楼上、楼下用途不同的,以第一层房屋用地为准。第一层有多种用途的以主要用途为准。

9. 用地面积调查

用地面积包括房屋占地面积、院落面积、分摊共用院落面积、室外楼梯占地面积以及各项地类面积,即权属单位(或个人)使用土地的面积。用地面积以丘为单位进行调查。有围墙(院墙)的,其围墙以内的土地,包括围墙墙身及围墙抱墩的占地即为该单位(或个人)的用地面积。若无围墙封闭,但以道路、河流等自然界线为标志的,或是有实际使用土地面积划拨时的界碑、界桩等埋石标志的,这些标志内的土地即为该单位(或个人)的用地面积。

7.2.5 行政境界与地理名称调查

行政境界调查与地理名称调查可与房产调查同时进行,调查前应从民政部门搜集该调查区域的行政区划和境界图,从地名委员会索取标准化地名表,以资利用和调查标绘。

1. 行政境界调查

行政境界调查按下述要求进行:

1) 调查应符合国务院、国家测绘行政主管部门,以及地方政府及其测绘行政主管部门的有关法规和要求。调查必须以相应的定界文件等资料为依据。

2) 各级行政境界调查,在参照收集资料的基础上,必须经现场核实并反映最新境界现状。

3) 调查对象,一般调查到县、区、镇以上的境界。其他境界可视需要调查。

2. 地理名称调查

地理名称是房地产图成图要素之一,也是读图和用图的直接依据,其调查内容包括自然名称、行政机构名称和用地单位名称调查。

自然名称是指居民点、街道、里、巷等地名和山岭、沟谷、江、河流、湖泊等自然名称。

行政机构名称是指各级政府行政机构的名称。其调查不分级别,视同房屋用地实际使用单位名称调查。

用地单位名称是指实际使用房屋用地的工矿、企事业单位的名称。

上述行政境界与地理名称调查在房地产图上表示和注记应符合《房产测量规范》规定。

7.3 实训项目及指导

7.3.1 实训内容

房屋调查和房屋用地调查。

7.3.2 实训计划

实训时数安排2~3学时。实训小组由4~5人组成。每组实训设备为图板、记录板各1块,调查用图1~2张。自备2H铅笔、三角板与计算器等。

7.3.3 实训步骤

1)由教师事先联系实训地点,给每组指定1~3丘进行房产调查。

2)首先熟悉地籍测量和房产测量规范,了解丘、幢编号。

3)按房屋调查表和房屋用地调查表要求逐项调查,并将调查结果填入表7.10和表7.11中。

4)小组成员互相对调查表格进行核对,确保调查结果准确无误。

7.3.4 注意事项

1)丘的编号从北至南,从西至东以反S形顺序编列。幢号以丘为单位,自进大门起,从左到右,从前到后用数字1,2,…顺序按S形进行编号。

2)在他人用地范围所建的房屋,应在幢号后面加编房产权号,房产权号用标识符A表示;多户共有的房屋,在幢号后面加编共有权号,共有权号用标识符B表示。

3)调查中凡碰到有争议的情况,均应标出争议部位,并做相应记录。

7.3.5 上交资料

表7.10,表7.11调查结果以及调查记录说明等。

7.3.6 实训考核

实训期间,指导教师要对每一位学生进行考核,考核内容主要是调查结果和调查报告,按五级分评定成绩。

表 7.10 房屋调查表

市区名称或代码＿＿＿＿　房产区号＿＿＿＿　房产分区号＿＿＿＿　丘号＿＿＿＿　序号＿＿＿＿

坐落	区（县）	街道（镇）	胡同（街巷）	号	邮政编码	
产权主	住址				电话	
用途		产别				

房屋状况

幢号	占地面积 /m²	使用面积 /m²	建筑面积 /m²	建成年份	建筑结构	所在层数	总层数	户号	权号

墙体归属				产权来源
东	南	西	北	

附加说明	
调查意见	

房屋权界线示意图

调查者：　　　　　年　月　日

·146·

表 7.11　房屋用地调查表

市区名称或代码＿＿＿＿　房产区号＿＿＿＿　房产分区号＿＿＿＿　丘号＿＿＿＿　序号＿＿＿＿

坐落	区(县)	街道(镇)	胡同(街巷)	号	电话	邮政编码
产权性质	产权主		所有制性质		税费	
使用人	住址		土地等级		号	
用地来源			用地用途分类			
用地状况	四至	东	南	西	北	
		界标	东	南	西	北
	面积 /m²	合计用地面积	房屋占地面积	院地面积	分摊面积	
附加说明						

用　地　略　图

调查者：

年　月　月

第八章 地籍要素测量与地籍图测绘

地籍测绘是测定和调查土地及其附着物的权属、位置、质量（等级）、数量（面积）和利用现状等基本状况的测绘工作。除了进行地籍测绘外业调查外，还必须按照国家标准测绘大比例尺地籍图。本章着重介绍地籍要素测量与地籍图测绘方法和要求等方面的知识。

8.1 地籍要素测量

8.1.1 地籍要素测量的内容与方法

1. 地籍要素测量的内容

地籍要素调查结束确定地块边界后，应在实地设置界址点标志，然后根据相应的方法进行地籍要素测量。

地籍要素测量的对象主要包括以下内容：

1）界址点、界址线以及其他重要的界标设施。

2）行政区域和地籍区、地籍子区的界线。

3）建筑物和永久性的构筑物。

4）地类界和保护区的界线。

建筑物是指人民进行生产和生活或其他活动的房屋或场所，它分为工业建筑、民用建筑、农业建筑和园林建筑。

构筑物一般是指不能直接在内进行生产和生活的建筑物，如水塔、烟囱、栈、桥、堤、坝、挡土墙、囤仓、城墙等。

界标设施一般是指和界址点、界址线以及行政区域境界有关的具有境界意义的地物，如墙柱、篱笆、铁丝网、行树、河、沟、渠、道路、栅栏、栏杆等。

行政区域境界包括：国界，省（自治区、直辖市）界，地级市、州、盟界，县（市、旗、市区）界，乡（镇）界。

地类界按照《全国土地利用现状分类》的标准进行分类，标绘出地类范围、注明土地利用分类代码，范围较小的地类界一般不标注。

保护区是指政府正式宣布划定的保护区，按实地划定的范围标绘出范围线，并注出保护区名。

2. 地籍要素测量的方法

地籍要素测量的方法可采用解析法和部分解析法。

解析法是指在野外用极坐标法、距离交会法、方向交会法等测量全部界址点、主要地物点（保护点）并计算坐标。以界址点、主要地物点的坐标为基础，测量其他地籍要素的几何图形要素计算坐标，并以宗地草图的丈量数据做检核。最后根据以上数据绘成地籍图和宗地图。

部分解析法是指用解析法测量街坊外围界址点和街坊内部宗地明显界址点的坐标，再用丈量数据装绘街坊内部宗地界址点及其他地籍要素的平面位置，以街坊外围界址点控制街坊内部宗地。成图时先展绘已有坐标的界址点，再根据彼此的关系距离，用经宗地草图检核后的丈量数据装绘街坊内部。外围呈曲线的界线可采用图解测绘。

（1）极坐标法

极坐标法是指在平面控制网的一个已知点或自由设站的测站点上整置仪器，通过测量方向和距离，来测定目标点的位置。该方法是地籍碎部测量的主要方法。

用极坐标法测量应注意以下问题：

1）界址点和建筑物角点的坐标一般应有两个不同测站点测定的结果。

2）位于界线上或界线附近的建筑物角点应直接测定。对矩形建筑物，可直接测定三个角点，另一个角点通过计算求出。

3）避免由不同线路的控制点对间距很短的相邻界址点进行测量。

4）个别情况下，现有控制点不能满足极坐标法测量时，可测设辅助控制点。

5）极坐标法测量可用全站型电子速测仪，也可用经纬仪配以光电测距仪或其他符合精度要求的测量设备。

（2）正交法

正交法又称直角坐标法，它是借助测线和短边支距测定目标点的方法。

正交法使用钢尺配以直角棱镜作业。支距长度不得超过一个尺长，且使用的钢尺必须经计量检测合格。这里的直角棱镜又叫设角器，它是通过光学原理，找到某一点在一确定直线上的垂足，使直角坐标法作业成为可能。

（3）航空摄影测量法

航空摄影测量法是通过对航空摄影相片进行内业处理得到地籍图的方法，它适用于大面积的地籍测绘工作，其优点是外业工作量小，可得到数字地籍图，是实现自动化不动产图的一种方法，缺点是为测定地籍要素点时，要在地面布设大量的标志，有些界址点上还不容易设置航摄标志，而且航空摄影测量受季节的影响较大，还要在实地测量房檐宽度，测量精度和经济效益都受到很大限制，故在航测之前应进行实地勘察和核算，以选择有效的测量方法。

8.1.2 界址点的测定

界址点是权属界址边界线上的拐点,每一丘(或宗地)的位置、形状、面积、界线和它们之间的关系,都是通过界址点的测设来实现的,因此是地籍测量中最主要的测量内容。

1. 界址点的精度

界址点的精度分三级,等级的选用应根据土地价值、开发利用程度和规划的长远需要而定。大中城市的繁华地区、商业区,小城市的中心地区一般选用一级;其他街区选用二级;郊区一般选用二级或三级。各级界址点相对于邻近控制点的点位误差和间距超过 50m 的相邻界址点间的间距误差不超过表 8.1 的规定;间距未超过50m 的界址点间的间距误差限差不应超过下式的计算结果。

$$\Delta D = (m_j + 0.02m_jD) \tag{8.1}$$

式中:m_j——相应等级界址点规定的点位中误差,m;

D——相邻界址点间的距离,m;

ΔD——界址点坐标计算的边长和实量边长较差的限差,m。

表 8.1　界址点的精度要求

界址点的等级	界址点相对于邻近控制点点位误差和相邻界址点间的间距误差限制	
	限差/m	中误差/m
一	±0.10	±0.05
二	±0.20	±0.10
三	±0.30	±0.15

需要测定的建筑物角点的坐标的精度和限差执行与界址点相同的标准。

2. 点的编号

点的编号(包括界址点、建筑物角点、基本控制点和地籍控制点)是以高斯-克吕格的一个整公里格网为编号区,每个编号区的代码以该公里格网西南角的横纵坐标公里值表示。点的编号在一个编号区内从 1~99 999 连续顺编。点的完整编号由编号区代码、点的类别代码、点号三个部分组成,编号形式如下:

××××××××	×	×××××
编号区代码	类别代码	点的编号
(9位)	(1位)	(5位)
例　375384662	3	00028

点的完整编号为 375384662300028。

编号区代码由 9 位数组成,第 1、2 两位数为高斯坐标投影带的带号或代号,第

3 位数为横坐标的百公里数,第 4、5 位数为纵坐标的千公里和百公里数,第 6、7 位和第 8、9 位数分别为横坐标和纵坐标的 10 公里和整公里数。例如,"375"的"5"为横坐标的 100km 坐标数值,"37"为 3°带号;"38"为纵坐标的 100km 坐标数值;"46"为横坐标的 10km 和个公里的坐标数值;"62"为纵坐标的 10km 和个公里的坐标数值,如图 8.1 所示。

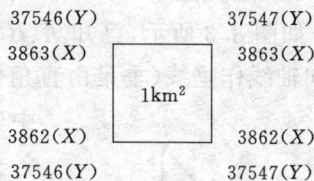

37546(Y)   37547(Y)
3863(X)   3863(X)

1km²

3862(X)   3862(X)
37546(Y)   37547(Y)

图 8.1　编号区

编号区代码为:375 38 46 62(共 9 位)

类别代码用 1 位数字表示,其中,

1——基本控制点,包括一等、二等、三等、四等平面控制点;

2——地籍控制点,包括一级、二级、三级地籍平面控制点;

3——界址点,包括一级、二级、三级界址点;

4——建筑物角点,包括各级精度测定坐标的建筑物角点。

点的编号用 5 位数字表示,从 1~99 999 连续顺编。

点的完整编号由 15 位数字组成。

3. 界址点、建筑物角点的测量方法

(1) 极坐标法

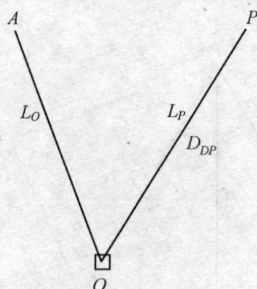

图 8.2　极坐标法

如图 8.2 所示,设 O 为测站点,A 为定向点,P 为待定点。在 O 点安置仪器,照准 A 点,读取定向点的方向值 L_O(通常配置为零),然后照准碎部点 P,读取碎部点的方向值 L_P,再测出 OP 之间的距离 D_{OP},则

$$\begin{cases} x_P = x_O + D_{OP} \cdot \cos\alpha_{OP} \\ y_P = y_O + D_{OP} \cdot \sin\alpha_{OP} \end{cases} \qquad (8.2)$$

其中

$$\alpha_{OP} = \alpha_{AO} + (L_P - L_O) - 180°$$

式中:α_{OP}——OP 边的坐标方位角。

该法是测定界址点和"基本碎部点"的主要方法。当使用测角精度不低于 DJ$_6$ 级的经纬仪和光电测距仪测定界址点或建筑物角点坐标时,角度和距离均测一测回。当使用 DJ$_6$ 或优于 DJ$_6$ 的经纬仪和钢尺测定界址点或建筑物角点坐标时,角度和距离均测一测回,但钢尺要经过检定,钢尺精度应优于 1/10 000,当尺长改正和尺长温度改正大于 1/10 000 时,丈量结果应进行改正。

测站点附近的界址点、建筑物角点均应进行观测,观测困难时,可直接量取距离,以便于检查和比较。

界址点和需要测定坐标的建筑物角点一般应有两个不同测站点测定的结果。

对用两个不同测站点测定很困难的点，应通过一次独立的检核。

（2）正交法

如图 8.3 所示，已知 A、B 两点，欲测定碎部点 P_i，则以 A、B 为轴线，自碎部点 P_i 向轴线作垂线（垂足由直角棱镜或设角器定出），设以一个已知点为原点（图 8.3 中 A 为原点），只要量出原点 A 至垂足 S 的距离 a_i 和各垂线长度 b_i，就可利用下式确定 P_i 点的坐标。

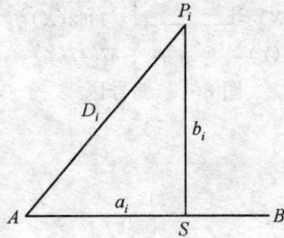

$$y_i = y_A + D_i \cdot \sin\alpha_i$$
$$x_i = x_A + D_i \cdot \cos\alpha_i \tag{8.3}$$

其中

$$D_i = \sqrt{a_i^2 + b_i^2}$$

$$\alpha_i = \alpha_{AB} \pm \arctan \frac{b_i}{a_i}$$

图 8.3　正交法

若所测碎部点 P_i 位于轴线 AB 方向的左侧时取"一"，右侧时取"＋"。用正交法测定界址点或建筑物角点的坐标时，直角棱镜和测距用的钢尺均应进行检定，对量测结果和直角距离进行有效地检查。

正交法测站点至三目标的距离不应大于一个尺长，即使用 30m 的钢尺量距时不大于 30m；使用 50m 的钢尺量距时不大于 50m。但不论使用何种钢尺量距，测站点至三目标的距离均不应超过 50m。

（3）边长交会法

由于目前电磁波测距仪已在测量工作中普遍采用，所以边长交会法也得以广泛应用。在图 8.4 中，A、B、C 的坐标已知，为了求出 P 点的坐标，测量边长 D_a 和 D_b 即可。但在工作中为了检核，同时也为了提高 P 点坐标的精度，通常采用三边交会法。其中两条边是求 P 点坐标的，另外一条边作为检核。测边交会可由以下公式算出，即

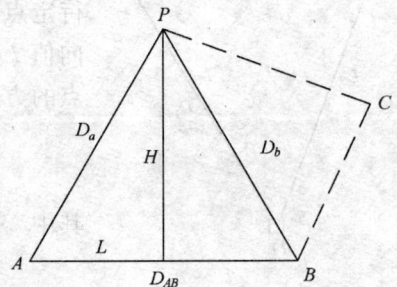

图 8.4　边长交会法

$$L = \frac{D_a^2 + D_{AB}^2 - D_b^2}{2D_{AB}} \tag{8.4}$$

$$H = \sqrt{D_a^2 - L^2} \tag{8.5}$$

$$x_P = x_A + L(x_B - x_A)/D_{AB} + H(y_B - y_A)/D_{AB}$$
$$y_P = y_A + L(y_B - y_A)/D_{AB} + H(x_B - x_A)/D_{AB} \tag{8.6}$$

4. 界址点坐标成果表

当界址点坐标测量完成后,应按照表 8.2 的格式编制界址点坐标成果表,以地籍子区为单位装订成册。

表 8.2　界址点坐标成果表　　　　　　　　地籍子区_____

界址点编号		标志类型	界址点坐标/m		备　注
公里网号	点号		x	y	

填表者　　　　　年　月　日　　检查者　　　　　　　　年　月　日

填表 8.2 说明:

1) 公里网号指高斯-克吕格整公里格网的西南角坐标按一定顺序进行的编号,具体编号见界址点编号中的编号区代码。

2) 点号为该界址点在该编号区中的编号,自 00 001~99 999 依序编立。

3) 标志类型为该界址点的埋设标志。

4) 界址点坐标为该界址点的纵、横坐标的实际值。

5) 备注栏内填写有关的情况说明。

8.1.3　地籍测量草图

1. 地籍测量草图的作用

地籍测量草图是地块和建筑物位置关系的实地记录,在进行地籍要素测量时,应根据需要绘制地籍测量草图。装绘法成图要用到地籍测量草图。另外,地籍测量草图在数字化测图中,也作为内业编辑的依据或参考。

2. 地籍测量草图的内容

地籍测量草图的内容可根据测绘方法而定,一般应表示下列内容:

1) 界址点、线以及其他重要的界标设施。

2) 行政区域和地籍区、地籍子区的界线。

3) 建筑物和永久性的构筑物。

4) 地类界和保护区的界线。

5) 平面控制网点及控制点点号。

6) 界址点和建筑物角点。

7）地籍区、地籍子区与地块的编号,地籍区和地籍子区的名称。

8）土地利用类别。

9）道路和水域。

10）有关地理名称、门牌号。

11）观测手簿中所有未记录的测定参数。

12）为检校而量测的线长和界址点间距。

13）测量草图符号的必要说明。

14）测绘比例尺、精度等级、指北方向线。

15）测量日期、作业员签名。

3. 地籍测量草图的图纸、比例尺及绘制要求

地籍测量草图的图纸规格,原则上用 16 开幅面;对于面积较大的地块,也可用 8 开幅面。草图用纸可选用防水纸、聚酯薄膜及其他合适的书写材料。

地籍测量草图选择合适的概略比例尺,使其内容清晰易读。在内容较集中的地方可移位描绘。

地籍测量草图应在实地绘制,测量的原始数据不得涂改或擦拭。

地籍测量草图的图式符号按《地籍图图式》(CH5003)执行。

4. 测量草图的符号和注记说明

地籍测量草图示例如图 8.5 所示。

1）带点号的界址点和建筑物角点。

2）界址点、建筑物角点编号区。

3）编号区分界线。

4）辅助地籍控制点。

5）导线边,用正交法测量的测线。

6）测线,通常在其上进行正交法测量。

7）在测线上的方向说明(当测线的终点在相邻编号区时,要注上编号区最后四位码)。

8）用极坐标确定测线时用经纬仪测的角度。

9）测线终点坐标(用于测线误差分配)。

10）横坐标 x(x 在测线方向上)。

11）纵坐标 y(y 在与测线垂直的方向上)。

12）对界址点和建筑物角点作极坐标法测量。

13）检核测量。

14）相邻地籍区测量草图说明。

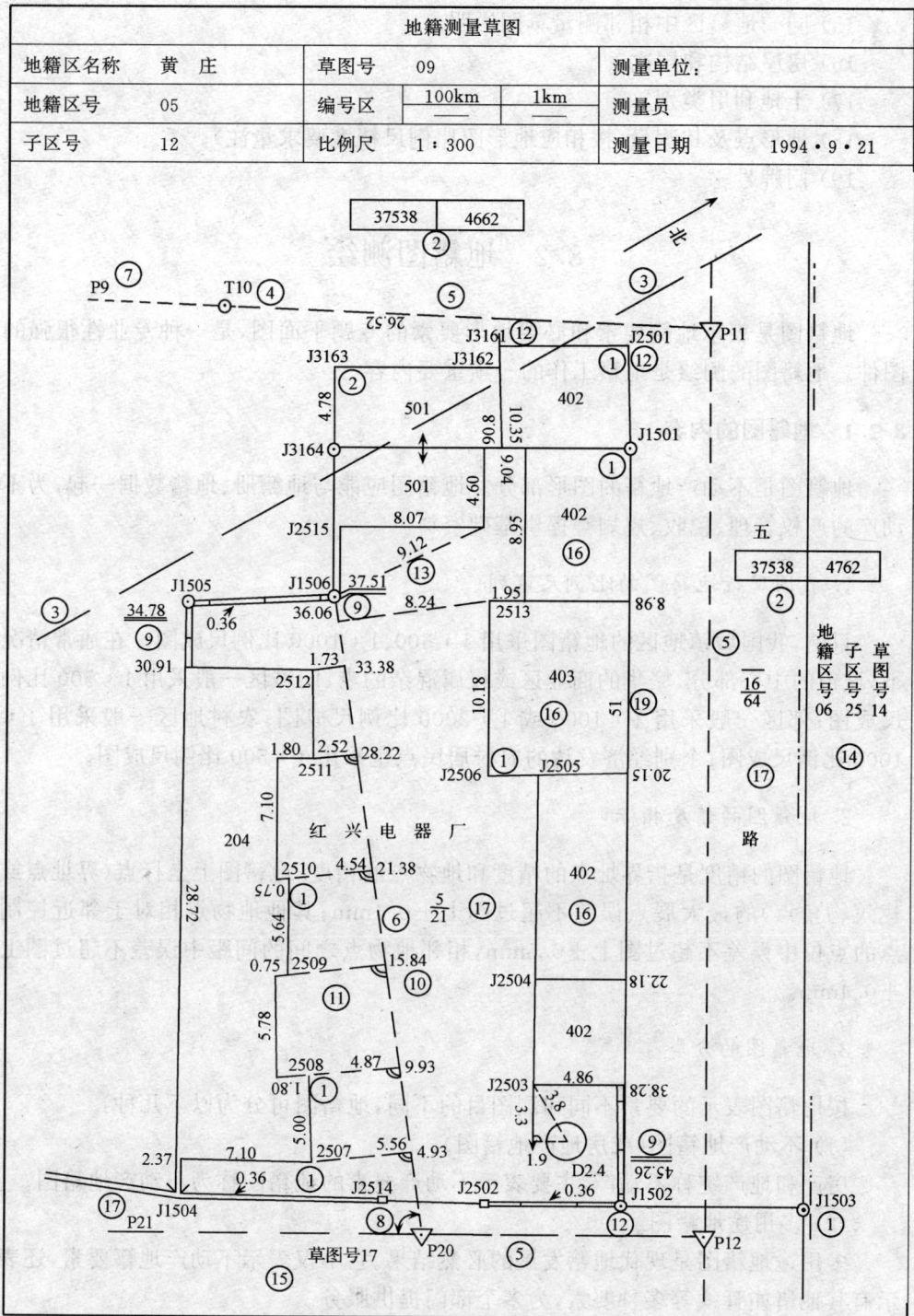

图 8.5　地籍测量草图

15）同一地籍区中相邻测量草图说明。

16）房屋结构和层次。

17）土地利用类别。

18）地形点及其测量（按相应地形图比例尺精度要求量注）。

19）门牌号。

8.2　地籍图测绘

地籍图是表示地籍要素和必要地形要素的专题平面图，是一种专业性很强的图件。地籍图的测绘是地籍工作的一项重要内容。

8.2.1　地籍图的内容

地籍图是不动产地籍的图形部分。地籍图应能与地籍册、地籍数据一起，为不动产的产权管理、税收、规划等提供基础资料。

1. 我国现行地籍图的比例尺系列

目前，我国城镇地区的地籍图采用 1：500、1：1000 比例尺成图。在通常情况下，城市的中心部分，繁华的商业区或权属混杂的老、旧城区一般采用 1：500 比例尺成图；郊区一般采用 1：1000 或 1：2000 比例尺成图；农村地区一般采用 1：1000 比例尺成图；个别经济发达的农村居民点也采用 1：500 比例尺成图。

2. 地籍图的精度指标

地籍图的精度是指界址点的精度和地物点的精度。地籍图上坐标点（界址点或建筑物角点）的最大展点误差不超过图上 ±0.1mm；其他地物点相对于邻近控制点的点位中误差不超过图上 ±0.5mm，相邻地物点之间的间距中误差不超过图上 ±0.4mm。

3. 地籍图的分类

按地籍图表示的要素不同和测图目的不同，地籍图可分为以下几种：

（1）不动产地籍图（或房地产地籍图）

房产和地产统称不动产，主要表示不动产要素的地籍图称为不动产地籍图。

（2）多用途地籍图

多用途地籍图是现代地籍发展的必然结果。它不仅表示不动产地籍要素，还表示有其他诸如管线等多种要素，为多个部门提供服务。

（3）地籍测量草图

地籍测量草图（参见第八章 8.1 节）。

(4)《城镇地籍调查规程》中的分类

1)宗地草图。它是经实地对宗地进行勘丈绘成的草图。其比例尺是概略的,但勘丈尺寸是精确的。主要表示的内容有权属主名称、坐落、宗地号、界址点(号)、界址线、界址线长、面积、四至、方位等。它是权属界址的原始数据,是权属调查的第一手资料,是必须存档的资料之一。

2)宗地图。指以一宗地为单位绘制的正规图件,依比例描绘但对比例尺不作统一规定,应视宗地大小及繁简程度一般选用 32 开、16 开或 8 开图纸。所标各种尺寸均由宗地草图上转来,根据需要可实地测绘,也可在分幅地籍图上透绘。宗地图是处理土地权属纠纷的原始资料,也是土地证书附图的基本图件。

3)地籍一览。它由分幅地籍图编绘,比例尺在世界 1∶5000 到 1∶20 000,供档案管理人员使用。内容主要有街道(街坊)界线、宗地界线、街道(街坊)名称及编号、宗地编号、街巷界线及名称等。

4)分幅地籍图。指按国家统一规定的分幅编号方法一幅一幅测绘的地籍图。分幅地籍图表示的内容主要由地籍要素和必要的地形要素两个部分组成。以地籍要素为主,辅以与地籍要素有关的地形要素,以便使图面主次分明、清晰易读。

5)农村居民地地籍图(岛图)。农村居民地是指建制镇(乡)以下的农村居民地住宅区及乡村圩镇。由于农村地区采用较小比例尺测绘分幅地籍图,因而地籍图上无法表示出居民地的细部情况,不便于村民宅基地的土地使用权管理,所以需要测绘大比例尺农村居民点地籍图,用作农村地籍图的补充,是农村地籍图的附图,以满足地籍管理工作的需要。农村居民地地籍图采用自由分幅以岛图形式编绘。

地籍图一般选单色(黑色)成图,也可根据需要选用双色。选用双色时,地籍要素用红色,其他要素用黑色。

4. 地籍图的分幅和编号

(1)地籍图的分幅

地籍图采用分幅图形式。1∶500、1∶1000、1∶2000 比例尺分幅地籍图均采用 50cm×50cm 正方形分幅。地籍图的图廓以高斯-克吕格坐标格网线为界。1∶2000 图幅以整公里格网线为图廓线;1∶1000 和 1∶500 地籍图在 1∶2000 地籍图中划分,划分方法如图 8.6 所示。

(2)地籍图的编号

地籍图编号以高斯-克吕格坐标的整公里格网为编号区,由编号区代码加地籍图比例尺代码组成,编号形式如下:

完整编号	××××××××	××
简略编号	××××	××
	编号区代码	地籍图比例尺代码

1：2000
地籍图的编号

00

3862
37546

简略编号 4662$_{00}$
完整编号 37538466200

1：1000
地籍图的编号

30	40
10	20

简略编号 4662$_{30}$
完整编号 37538466230

1：500
地籍图的编号

33	34	43	44
31	32	41	42
13	14	23	24
11	12	21	22

简略编号 4662$_{32}$
完整编号 37538466232

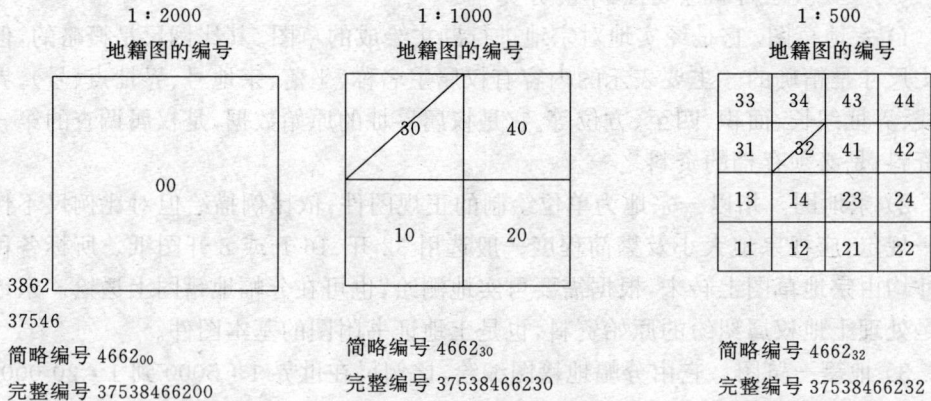

图 8.6　地籍图的分幅与编号

编号区代码由 9 位数组成,第 1、2 两位数为高斯坐标投影带的带号或代号,第 3 位数为横坐标的百公里数,第 4、5 位数为纵坐标的千公里和百公里数,第 6、7 位和第 8、9 位数分别为横坐标和纵坐标的十公里和整公里数。

地籍图的比例尺代码由 2 位数组成,按图 8.5 规定执行。

在地籍图上标注地籍图编号时可采用简略编号,简略编号略去编号区代码中的百公里和百公里以前的数值,即图幅编号均为 6 位数字表示。前 4 位代表图幅西南角纵、横坐标公里数(其中省掉了千位数和百位数),横坐标在前,纵坐标在后,如图 8.5 中的 4662。第 5 位、第 6 位数是区分比例尺的编号,1：2000 比例尺为 00;1：1000 比例尺为 10,20,30,40;1：500 比例尺为 11,12,13,…,44。公里数用大号字,比例尺编号用小号字。例如,图 8.5 中 1：2000 比例尺图幅号为 4662$_{00}$;1：1000 比例尺的图幅号为 4662$_{30}$;1：500 比例尺的图幅编号为 4662$_{32}$。

5. 地籍图表示的主要内容

地籍图表示的主要内容有地籍要素、必要的地形要素以及各种必要的注记等。具体内容包括:

1) 界址点、界址线。

2) 地块及其编号。

3) 地籍区、地籍子区编号;地籍区名称。

4) 土地利用类别。

5) 永久性的建筑物(层数和建筑结构)和构筑物。

6) 地籍区和地籍子区界线。

7) 行政区域界线。

8) 平面控制点。

9) 有关地理名称及重要单位名称。

10）道路和水域。

除了上述内容外，其他内容一般可以不表示，以尽量保持地籍图图面的简明和清晰，并且主次分明，其目的是使地籍图上既有准确的必不可少的基本地籍要素，又要使图面尽量空留较多的有用空间，便于用户根据图上已有的准确的基本要素去增补新的内容，在地籍图的基础上加工成用户各自需要的专用图。

（1）境界和界址线的测绘

行政境界线与界址线的测绘方法基本与线状地物的测绘相同。主要是测定拐点——界址点，然后依拐点连接而成境界线或界址线，测绘之前，在进行地籍要素调查时，应实地准确标定界址点的位置，同时应埋设界标。

地籍测量最重要的任务之一是准确测定界址点的平面位置，并根据界址点的不同情况，用相应的符号表示在图上，在城镇地区应对界址点进行编号，并测定其解析坐标值，编制界址点坐标册。

行政境界线的测绘基本与界址线的测绘相同。当权属界线与境界线重合时，则标绘境界线，当权属界线与线状地物重合时，则将线状地物符号加粗表示。各级境界在内图廓外用界端标注行政区划名称。

（2）房屋的测绘

房屋及主要构筑物应按实地轮廓准确进行测绘，测绘时以墙基角为准。台阶及同一权属房屋之间的天井可以不表示。悬空建筑物，如水上房屋、骑楼等，应按实地轮廓线测绘其水平投影位置。

地下铁道、隧道及人防工程的出入口、农村的窑洞等，均应测绘。在图上应加注房屋的层数和建筑结构。不同层数毗连的房屋需测绘其分界线，门牌号在图上可跳号注记。

（3）道路的测绘

铁路、公路、街道、人行道、大车路及乡村路均应测绘。其中对铁路、公路除按地籍图图式规定表示外，还应测绘出其权属界线（即征地界线）。

（4）地块测绘

在地籍图中，地块界址点有界址标志时，以直径 1.0mm 的小圆圈表示，注记点号；无标志时以 0.3mm 小黑点表示并注记点号，地块界线与行政界线、地籍区界线、地籍子区界线、线状地物重合时，以后者界线符号表示；当不与此类界线重合时用 0.15mm 黑实线或地类界符号表示。地块内应注记地块号和地类号。

地块号和地类号以分数形式注记，注在地块内适中位置，地块号在分子位置，地类号在分母位置。

（5）地籍图的整饰

地籍图的整饰分图内整饰和图廓整饰。图内整饰要依据地籍图图式规定的符号，认真地进行描绘和注记，做到不移位、不遗漏、不增加，合符野外实地情况。图廓整饰参考《地籍图图式》（CH5003）进行。

北图廓外中央行政领属注至区,图内有两个以上市、区时,应将面积较大的注在左边。

图名的选取和领属注记有困难时,可省略,结合表内填图号。图名为两个字的间隔为两个字,三个字的间隔为一个字,四个字以上的间隔一般为 2～3mm。

地籍原图南图廓外需加注测绘员和检查员的姓名。

采用航测法成图时,测图说明栏加注航摄日期和调绘日期。

8.2.2 地籍图的成图方法

随着测绘技术与电子技术的飞速发展,地籍图成图方法也有了很大的进步,传统的方法有平板仪测量成图、装绘法成图、编绘法成图、航测法成图;现在最流行的是数字化成图方法。下面就介绍这几种成图方法。

1. 平板仪测量成图

平板仪测量成图通常包括大平板仪测绘法、经纬仪配合小平板仪测绘法、经纬仪(或水准仪)配合小平板加半圆仪测绘法、光电测距仪配合小平板测绘法等。测图比例尺等于或小于 1:1000 的地籍图,在进行碎部测量时,可用普通视距的方式测定测站点至碎部点之间的距离。在城镇地区测制 1:500 比例尺地籍图时,测站点至碎部点之间的距离应使用钢尺或皮尺直接丈量,需要时,应对所丈量的距离进行一些必要的改正。作业时,可将小平板仪整置在测站上,用小照准仪照准碎部点上的标志,以此来确定方向,同时用皮尺或钢尺丈量距离,通过以上作业方法来确定碎部点的点位。

用大平板仪测图时,测站对中误差不得大于图上 0.05mm;为了保证测图的精度,测图板的定向应选择较远的一点进行,并用第三点进行检核,检核偏差在图上不应大于 0.3mm。用经纬仪进行测图时,定向方向的归零差不应大于 4′。在作业过程中,随时进行定向方向的检查,一旦发现归零差超限,便应检查已测碎部点的正确性。

在设站困难的地区,如在稠密的居民区,由于通视条件很差,也可以采用几何作图等综合方法来测绘地物。

平板仪测量中,测站点至界址点和地物点的最大视距或尺量最大距离应符合表 8.3 的规定。当采用光电测距时,距离可适当放宽。

表 8.3 平板仪测量的最大视距

测图比例尺	视距最大长度/m
1:500	50(直接丈量)
1:1000	80
1:2000	150

2. 装绘法成图

装绘法成图的基本思想,是在测定主要界址点坐标的基础上,将勘丈的数据草图、平面图或宗地图装绘在展绘了界址点的图内。装绘法成图的过程请参阅图8.7。

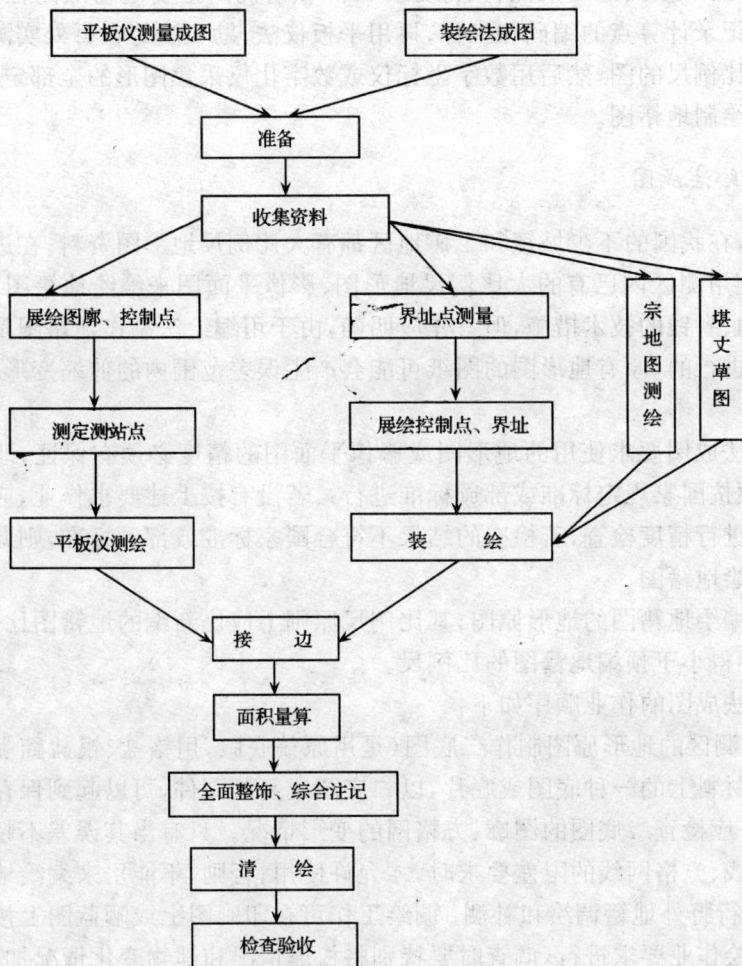

平板仪测量成图　　　装绘法成图

准备

收集资料

展绘图廓、控制点　　界址点测量　　宗地图测绘　　堪丈草图

测定测站点　　展绘控制点、界址

平板仪测绘　　装绘

接边

面积量算

全面整饰、综合注记

清绘

检查验收

图 8.7　平板仪及装绘法作业流程

装绘法成图根据作业方法不同,可分为以下三种情况:

1) 野外用全站仪(或光学经纬仪+测距仪)测定界址点和主要地物点,求出它们的坐标,然后在室内将这些点用数字坐标仪、卡规与复比例尺等展绘到图纸上,再到实地勘丈次要地物至控制点、界址点和已测碎部点的距离,并绘制勘丈草图,或者用勘丈法绘制宗地草图(适用于小块宗地),最后用各种图解的方法将草图的内容装绘在展点图纸上。

2) 野外测定明显的主要界址点,算出它们的坐标,并展绘在图纸上。再在野外用平板仪绘同样比例尺的宗地图(适用于大宗地),或者用小平板仪按自由设站法测局部图形,然后将白纸图(宗地草图或局部图形)蒙绘或转刺于展点图上。蒙绘时一定要将白纸图上的解析点严格重合或方向线严格通过解析点。

3) 用全站仪测定图根点、大部分界址点和易测的主要地物点的位置,并用电子手簿等记录计算点的编码和坐标,再用平板仪法、勘丈法等在野外实测较隐蔽地区的一定比例尺的图,然后用数字坐标仪或数字化仪采集图形的全部定位点,最后由绘图仪绘制地籍图。

3. 编绘法成图

目前,在我国的不少城镇和工矿地区都有大比例尺地形图资料。在进行地籍测图时,可利用测区内已有的大比例尺地形图、影像平面图来编绘地籍图,这是一项省时、省功、省钱的技术措施,但首先应明确,由于用编绘法制作地籍图是在原有的地形图上进行的,原有地形图的图纸可能会产生误差范围内的伸缩变形,影响其成图精度。

编绘法成图要求使用的地形图或影像平面图的精度必须有保证,即测绘地形图时,必须按国家规定标准或部颁标准进行。若没有按上述要求作业,应组织人员对地形图进行精度检查,若检查的结果不符合国家标准或部颁标准,则此地形图不得用来编绘地籍图。

用来编绘地籍图的地形原图,其比例尺原则上应比新编的地籍图比例尺大,或者相等,不得小于预编地籍图的比例尺。

编绘法成图的作业顺序如下:

1) 将测区的地形原图制作二底图(是用原稿底版,用铬盐、银盐翻版的方法晒印在透明材料上的一种底图或底片,以二底图或复制图件,可以起到保存原稿底图的作用)。应检查二底图的图廓、方格网的变形情况。只有当其误差不超过地形原图的图廓线、方格网线的限差要求时,才允许使用;否则,不能用来编绘地籍图。

2) 进行野外地籍调绘和补测。调绘工作可在印刷图上或晒蓝图上按地籍测量的外业调绘作业要求进行,调查时要特别将权属情况和地物变化情况加以标注,便于根据测区的变化情况制定修测和补测方案。如果测区内的地物变化情况过大,还要进行重测。

修测和补测时,应在二底图上进行。尽量利用能找到的原有埋石点设站,如果原有的埋石点已被破坏,或者密度不能满足要求,则应按规定重新测设图根点及测站点。必要时,也可利用固定的明显地物点交会出所需补测的个别地物点,但界址点不能用明显地物点来交会。

补测的主要内容包括:境界线、界址点、界址线、权属界址线所必须参照的地物、新增设的或变化了的地物,以及其他地籍要素和地形要素。

3）在二底图上进行必要的清绘,并进行地籍要素的编号和注记,制作成草编地籍图。

4）编绘工作以草编地籍图为底图,采用聚酯薄膜蒙透绘的方法制作成地籍原图。编绘地籍图时,要根据地籍图图式和地籍要素的要求,舍去草编地籍图上不需要部分的地物要素和地貌要素。

5）最后根据需要通过印刷和晒蓝,制作成地籍出版图或蓝图。

4. 航测法成图

航空摄影测量成图一般采用精密立体测图仪、解析测图仪测图,也可采用纠正仪或正射投影仪制作影像地籍图。

对航摄资料的要求,如航摄比例尺、倾角、航线弯曲、航向重叠、旁向重叠和影像质量等均应符合《航空摄影测量规范》的要求。

相片上的控制点,可采用全野外布点法施测,也可以通过解析法进行空中三角测量加密,即电算加密法进行加密。不论采用什么方法加密控制点,均应保证每幅图内按规范要求有足够量的埋石点。在进行全野外布点测量时,除了按航测的具体要求外,还要按地籍控制测量的要求进行工作。

当采用电算加密时,加密点对于邻近野外控制点的点位中误差和高程中误差不得大于表 8.4 的规定。

表 8.4　电算加密的限差要求

地籍图比例尺	加密点高程中误差/m			加密点平面中误差/m	
	平地、丘陵地	山地	高山地	平地、丘陵地	山地、高山地
1:2000	±0.5	±1.2	±1.8	±0.70	±1.00
1:1000	±0.5	±0.7	±1.5	±0.35	±0.50
1:500	—	±0.5	±0.7	±0.18	±0.25

在航片定向后,基本定向点残余误差不得大于加密点中误差的 0.75 倍;多余控制点的不符值不得大于加密点中误差的 1.75 倍;相邻航线、相邻图幅、相邻区域内公共点的较差不得大于加密点中误差的 2 倍,特殊情况下不得大于 2.5 倍。在使用精密立体测图仪测图时,测绘范围不得大于控制点连线外 1cm,且离相片边缘不得小于 1cm(指 18cm×18cm)或 1.5cm(指 23cm×23cm)。作业时尽量选用最大模型比例尺,其计算公式为

$$M_{模} = \frac{H}{Z} \tag{8.7}$$

式中：$M_{模}$——模型比例尺分母;

　　　H——相对航高值;

　　　Z——仪器上的相应航高值。

像框标志与相片盘的相应标志对准误差不得大于 0.05mm，左、右投影器应分别安置改正后的焦距 f'，安置值精确到 0.01mm 或仪器最小刻画值。相对定向后，各点的残余上、下视差不得大于图上 0.2mm，主附近不应有残余上、下视差。绝对定向后，平面对点误差，平地、丘陵地不得大于图上 0.4mm，最大不得超过 0.5mm；山地、高山地不得大于图上 0.5mm，最大不得大于 0.6mm。

当使用解析测图仪测图时，装片后应输入仪器类型、作业员姓名、作业日期、相片号、基线、焦距、框标数据、定向点数据、模型号等作业参数。绝对定向的平面误差和绘图桌定向的平面误差均不得大于图上的 0.3mm，山地、高山地放宽至 0.4mm。当制作影像地籍图时，平坦地区以采用纠正仪进行相片纠正，镶嵌编制相片平面图的方法为宜；丘陵地、山地以采用正射投影仪通过微分纠正技术编制正射影像图的方法为宜。

纠正镶嵌相片平面图的技术要求为：对纠正对点等误差的技术规定如表 8.5 的规定。

表 8.5　相片纠正的技术要求（单位：mm）

项　　目	限　　差	
	一般	最大
透点图	应严格重合	
	0.4	0.5
纠正对点技术	0.2	
镶嵌误差、切割线重叠误差、裂缝误差片和带接边差	0.8	1.0

微分纠正的技术要求：正射投影仪平面定向误差，经配赋后一般不得大于相片上 0.03mm，最大不得超过 0.05mm。其作业技术要求应符合表 8.6 的要求。

表 8.6　微分纠正的技术要求（单位：mm）

项　　目	限　　差	
	一般	最大
带接边差	0.4	0.3
片接边差	0.8	1.0

5. 数字化成图

（1）地籍测量数字化成图的概念

地籍测量数字化成图是以传统的地籍测图原理为基础，以计算机及其外围设备为工具，采用数据库技术和图形数字处理方法，实现地籍信息的获取、处理、显示和输出的一门新兴技术。它将以不同手段采集的数据以及地籍要素调查信息输入计算机,使用地籍测量数字化成图软件系统对输入的数据进行处理,生成地籍图、宗地图、地籍数据集和地籍表册文件,在绘图仪、打印机等设备上输出。

（2）地籍测量数字化成图的基本功能

地籍测量数字化成图的基本功能有如下几点：

1）能以不同数据录入的方式,建立原始数据文件。

2）具有多种联机数字化采集功能。

3）具有图形显示、编辑、裁剪、查询、检索、输出等功能。

4）能根据相关界址点坐标自动计算界址边长和宗地面积。

5）具有统计计算、表册和图件输出功能。

（3）地籍测量数字化成图的优点

地籍测量数字化成图的优点如下：

1）点位精度高。其数据大都是通过外业实测直接或间接得到点位坐标,从而保证点位有较高的精度。

2）便于地籍信息的更新和恢复。由于界址点以坐标的形式存储在计算机内,因此,当土地权属界线或地物发生变化时,只需将修测或补测到的界址点或地物点的坐标和编码输入计算机即可实现数据的更新;当界标丢失时,可调出原有界址点坐标在实地放样恢复其原点位。

3）避免因图纸伸缩带来的各种误差。表示在图纸上的地籍信息,随时间的变化,气候、温度、湿度等的影响,会造成图纸的伸缩变形从而产生误差影响使用。当采用数字地籍时,地籍数据存储在计算机内,不存在图纸伸缩的影响。

4）能以多种形式输出地籍资料。当计算机与外接设备联机后,可以显示和打印出各种形式的地籍资料;可以绘出所需比例尺的地籍图;也可以从中提取某一要素,绘制成各种专题图,以满足各种不同用户的需要。

（4）数字化地籍测图的基本过程

数字化地籍成图的主要过程为地籍测量外业调查、地籍控制测量、数据采集、数据处理、成果输出等。其中地籍测量外业调查以及地籍平面控制测量与一般地籍成图方法完全相同。数据采集包括对已有图形（相片）数字化和全野外数据采集等。

已有图形数字化是用数字化仪,将原有图件进行矢量化处理,使图形数据变成矢量数据,通过各种编辑,获得数字化地籍图的一种方法;或者将原有图纸通过扫描仪扫描,通过一些矢量化软件,将由扫描得到的栅格数据转化为矢量数据,然后通过编辑处理,进而得到数字化地籍图的方法。

对航摄相片数字化是将航摄相片通过解析测图仪或立体测图仪,获得地面立体模型,采集地面模型数据,从而得到数字化地籍图的一种方法。

全野外数据采集是利用经纬仪＋电子测距仪＋电子手簿、半站型电子速测仪＋电子手簿、全站型电子速测仪等在野外采集各种图形信息,通过通信接口与计算机连接,由测图软件自动处理获得地籍图的方法。

由于全野外数字化成图精度高于其他方法,随着经济的发展和计算机技术的不断进步,它将会成为地籍测量数字化的主要方法。

数字化地籍成图的过程如图 8.8 所示。

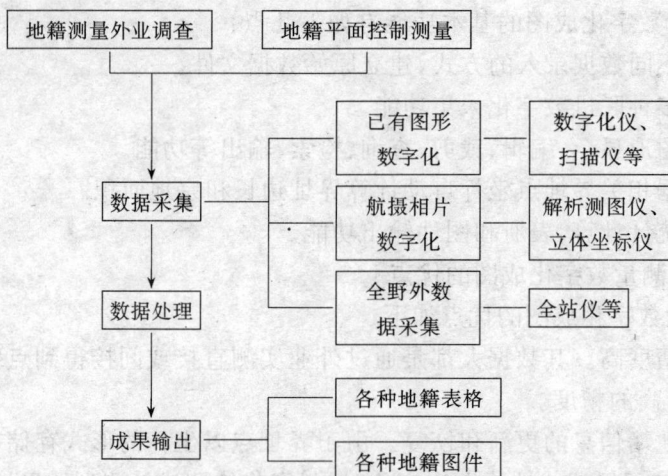

图 8.8　数字化地籍成图的过程

地籍表格包括:界址点成果表,以行政区划为单位的宗地面积汇总表,以行政区划为单位的土地分类面积统计表等。

地籍图件包括:各种比例尺的分幅地籍图、宗地图等。

(5) 地籍测量数字化成图外业应提供的资料

地籍测量数字化成图外业应提供的资料包括以下几项:

1) 作业区街坊分布草图。此图中应标明街坊号、所属行政区编号等,同一作业区内的街坊号不得重复。

2) 以街坊为单位的宗地草图。此图中应标明街坊号、宗地分割情况、界址点号、点间的连线关系以及宗地名称、宗地号、地类号、门牌号等,同一街坊内的界址点号不得重复。

3) 作业区内的控制点、界址点及其他地籍要素成果资料。

(6) 地籍测量数字化成图的成果资料

地籍测量数字化成图应提供以下资料:

1) 成果说明文件。

2) 地籍要素调查表。

3) 地籍控制测量、地籍要素测量原始数据文件。

4) 地籍控制点、界址点以及其他地籍要素的成果数据文件。

5) 地籍图、宗地图图形文件。

6) 地籍图、宗地图、地籍分幅图。

7) 宗地面积汇总表、土地分类面积统计表等。

8) 其他有关资料。

选择何种成图方法,既要顾及当前急需用图的现状,又要顾及建立全国多用途地籍系统的长远需要;既要从节约经费、人力、时间及利用已有资料的原则出发,又要考虑各地区的经济发展情况。另外,各地技术装备及已有资料也有差别。这就使得目前的成图方法不可能全部采用最先进的数字化成图方法,常规的成图方法还要在一些地区加以应用。

8.3 宗地图测绘

宗地图是在地籍图完成的基础上,以宗地为单位绘制的正规图件。宗地图是处理土地权属纠纷的原始资料,也是土地证书附图的基本图件。

8.3.1 宗地图的内容

宗地图以一宗地为单位经实地勘丈测量,内业绘制而成。主要表示的内容有权属主名称、坐落、宗地号、土地使用类别、界址点(号)、界址线、界址线长、面积、四至、方位等。它是权属界址的原始数据,是权属调查的第一手资料,是必须存档的资料之一。

8.3.2 宗地图的绘制要求

1) 宗地图比例尺。宗地图对比例尺不做统一规定,应视宗地大小及繁简程度依比例描绘,一般选用 A3 或 A4 图纸。

2) 宗地图所表示的内容必须真实可靠,配合地籍调查表对权属主名称、坐落、四至等信息详实地标注。

3) 宗地图所标示的界址点应由测绘仪器实测得到,并执行前面部分要求的界址点精度要求和限差。

4) 进行单宗测绘时,土地部门为了方便,界址点编号以大写 J 开头,从左上角开始,顺时针依次编号 $J_1, J_2, \cdots, J_N$。相邻宗地测绘时,重复的点可以重新编号,但坐标必须一致。

5) 界址线长度应经过坐标反算距离和外业勘丈距离比较,保证界址点间距的准确性。单位为 m,保留到 0.01m。

6) 宗地面积计算单位为 m^2,计算取值到小数点后一位。面积大都通过软件直接求得,以保证其准确性。但单位如果条件有限,也可采用图解法,利用图形的几何关系计算得到或使用检校好的求积仪量算得到。图解法量算面积应独立量两次,以两次量取结果的中数作为最后的面积值。两次面积量算的较差不得超过下式规定:

$$\Delta S = \pm 0.0003 M \sqrt{S} \qquad (8.8)$$

式中:ΔS——两次量算面积较差,m^2;

S——所量算面积，m^2；

M——图的比例尺分母。

使用图解法量算面积时，图形面积不应小于 $5cm^2$。

7）宗地图整饰，应标明测绘单位、测绘人员、测绘时间、指北方向、成图比例尺等。

8.3.3　宗地图的绘制方法

宗地图作为地籍管理的基本图件之一，又是土地证附图，其绘制方法主要有以下几种：

1. 界址点坐标展绘成图

界址点坐标展绘成图是在经过外业采集界址点、重要地物坐标数据和调查基础上，配合绘制的宗地草图，利用相应数字地籍成图软件成图。

1）将界址点展绘至计算机上，根据宗地大小确定图形比例尺。

2）利用软件功能连绘界址线，修饰界址点，标注界址点编号。

3）量注界址线长度，宗地面积。

4）注记本宗地权属主、宗地号、土地使用类别。

5）注记四至和方位，绘制主要地物并做必要的注记。

6）图幅整饰。

此法在土地部门配合土地发证时使用，它简洁快速，能保证质量。

2. 地籍图截绘成图

地籍图截绘成图是在已经完成的数字地籍图上，截取所需绘制宗地的范围，经过软件的编辑修改，加入宗地图所需标注的内容，经过整饰后成图。此法适用于大面积的地籍基础测绘中批量宗地图的绘制。

3. 手工绘制宗地图

手工绘制宗地图是在外业量取界址线边长数据和调查基础上，绘制的宗地草图。内业按照宗地自然形状，依约定比例手工缩绘于图纸上，通过图解法得到宗地面积。此法精度低，很难保证现代地籍测绘需求，已经逐渐被淘汰，但由于受部门条件限制，很多单位仍然使用此法，所以需要小心认真，反复求解。

8.4　地籍变更测量

随着社会经济建设的不断发展，地籍要素和地形要素发生着不断的变化，为了保持地籍测量资料的现势性、可靠性、完整性，更好地为土地部门与房产部门服务，对地籍测量资料进行定期和不定期的更新显得极为重要。

8.4.1 变更地籍要素调查

现阶段地籍要素包括土地权属、土地利用现状、土地等级、房产情况、土地划分与编号等方面。

土地权属变更有土地所有权的变更(土地征用和土地划拨)和土地使用权的变更(土地权属界的变更和土地划拨)。

凡需要变更土地权属的土地所有者和土地使用者都必须到土地管理部门填写"变更土地登记申请书",除按规定提交需要的文件资料外,还必须向土地管理部门提交原土地证书。土地管理部门根据土地使用者和土地所有者变更土地登记申请的内容到实地进行调查勘丈。实地调查勘丈时,应首先核对申请者、代理人身份证明及申请原因、项目与申请书是否一致。界址变更必须由变更宗地申请者及相邻宗地使用者亲自到现场共同认定,并在变更地籍调查表上签名或盖章。相邻宗地使用者届时不到场,申请者或相邻宗地使用者不签名或不盖章时,按违约缺席指界的有关规定处理。在变更调查过程中,宗地草图应重新绘制,不得在原有的宗地草图上划改或重复使用。

对土地利用现状、土地等级、房屋情况及土地划分和土地编号的更新,根据收集的资料可与土地权属变更调查一同进行,变更情况填入地籍要素外业调查表。也可以根据情况分开进行调查。

8.4.2 变更地籍测量

随着地籍要素的更新,地籍图也要进行修测与更新。

1. 地籍修测的内容

地籍修测包括地籍册的修正、地籍图的修测以及地籍数据的修正。

地籍图修测的内容包括各级行政境界线、宗地界线、地块界线、新增主要地物以及修测后的土地编号、注记。

修测后的地籍图,其上界址点、地物点的精度应与原图精度一致。如果修测是在二底图上进行,如修测次数的增多,必然会使修测的精度降低,同时又会使图面的清晰受到影响,因此,当被修测的原图其修测次数过多,或修测的工作量超过整幅图的1/2时,应将全幅图重测。

2. 修测的方法

1) 首先对地籍控制点和拟作测站点的地物点,做适当的实地检核,以免因起始点不可靠而引起修测内容达不到要求。对埋石点也做一次检查,凡未达到《地籍测绘规范》限差要求的,要及时补充。

2) 地籍修测应根据变更资料,确定修测范围,根据平面控制点的分布情况,选择适当的测量方法并制定施测方案。现在大多使用数字化测量的办法补测或修测,也可以采用平板仪测量法和图解装绘法。

3) 修测工作一般在二底图或原数字地籍图上进行,数字图经过备份后可以直接修测,或者在地籍原图的复制件上进行。修测前,应先检查图廓方格网的变化情况,若图纸的伸缩超过规定的指标,则该图不能作修测用(数字图不存在这个问题)。

4) 修测后,应对有关的地籍图、表、簿、册等成果进行修正,使其符合《地籍测绘规范》的要求。

3. 更新后的面积测算

1) 一地块(宗、丘)分割成几个地块,分割后各地块面积之和与原地块面积之和应该相符,如不符时,应首先检查测量与计算,经检查无误后,不符值若在规定限差内,按各自分割面积成比例配赋。

2) 块合并后的面积,取被合并地块面积之和。若两次测量结果经检查无误,则应以合并后地块的外围界址实测数据计算面积为准;若两次测量结果误差超限,应对两次成果进行检查,以正确的为准。

4. 修测后地籍编号的变更与处理

1) 地块号。地块分割后,原地块号作废,新增地块号按地块编号区内的最大地块号续编。

2) 界址点号、建筑物角点号。新增的界址点和建筑物角点的点号,不能利用废除的界址点编号,分别按编号区内界址点或建筑物角点的最大点号续编。变更后,不具有界标意义的原权属界址点应予作废。

变更地籍调查测量工作完毕后,经审核符合变更土地登记规定的,报人民政府批准后,变更注册登记,更换土地证书。

8.5 地籍测量实训项目及指导

8.5.1 实训内容

本章主要介绍了地籍要素测量和地籍图测绘的方法和要求等方面的相关知识,所以本章的实训内容就是在地籍调查的基础上进行地籍图的测绘。主要包括:地籍控制测量、地籍要素测量、地籍图的测绘、宗地图的测绘等四个部分。完成后使每一位学生都能对地籍测绘全过程有系统的了解和掌握。

8.5.2 实训计划

实训采用全数字化地籍图测绘的方式进行,平面基本控制测量由集体统一完成,以小组为独立单位完成本组任务测区的地籍控制点测量和地籍要素测量.测图比例尺为1:500.地籍要素的采集主要采用极坐标法.计划实训时间2周。

1. 测区的选择

选择具有代表性的区域0.5～1.0km²,测区内的单位不宜太多,权属清晰无纠纷,界址点方便测量.最好使用第七章实训时调查过的测区。

2. 组织分工

每个作业小组6人.其中组长一人,负责组织指挥本组全部工作和人员,负责全面的技术工作,负责仪器器材的领取、安全使用、保管和归还等工作,还需配合其他组员做其他工作。

观测员一人,负责仪器的安置和观测工作。

记录员一人,负责手簿的记录、计算和地籍测量草图的绘制。

跑尺员两人,负责拿棱镜进行跑点和必要的数据量取工作。

地籍调查员一人,负责地籍要素的调查工作。

测图过程中,各自的工作可以轮换。

3. 任务内容

1) 加密(图根)控制测量.采用图根导线、支导线、交会等方法。

2) 每组完成相同图幅的1:500地籍图5张,图幅大小50mm×50mm,正形分幅.每位组员独立完成各自的地籍图1张和本幅图内的各宗宗地图。

3) 测出本图幅内所有界址点.一级界址点应单独实测。

4) 面积量算。

① 宗地面积.根据所测界址点的坐标,利用坐标解析法计算公式算出。

② 每幢建筑物的建筑面积.用钢尺或手持测距仪实地量取建筑物的长度和宽度,量至厘米,根据建筑物形状和层数计算出建筑物的建筑面积。

8.5.3 实训步骤

1. 测量准备

1) 仪器的准备.每组全站仪1台、电池2块、充电器1套、脚架3副、棱镜组2套、单杆(对中杆)2根。

2) 器材准备.对讲机1对、计算器1台、计算机1台、记录用的纸笔和手簿若干。

3）资料准备。技术设计书、测区老图、地籍调查表、地籍测量规范、地籍图图式等。

2. 测区踏勘和地籍控制测量

（1）测区踏勘

根据本组的测区范围,配合老图和基本控制点测量成果在室内做好地籍控制点选点计划,然后到实地进行踏勘并选点打桩(一般用钢钉),如实地与老图不符,在现场做出调整。

城区地籍控制点的密度一般为 $100\sim200$m 一点。郊区或建筑物稀疏地区的地籍控制点平均间距在 $200\sim400$m 一点。农村地区地籍控制点平均间距在 $400\sim500$m 一点。

（2）地籍控制测量

按照《地籍测量规范》要求,最好采用三联脚架法施测导线。个别地区可采用支导线法。采用的仪器精度不同其测量要求也不同(表 8.7)。

表 8.7 各等级测距导线主要技术要求

等级	平均边长 /km	附合导线长度 /km	每边测距中误差 /mm	测角中误差 /(″)	导线全长相对闭合差	水平角观测测回数			方位角闭合差 /(″)
						DJ_1	DJ_2	DJ_6	
三等	3.0	15	±18	±1.5	1/60 000	8	12		$\pm3\sqrt{n}$
四等	1.6	10	±18	±2.5	1/40 000	4	6		$\pm5\sqrt{n}$
一级	0.3	3.6	±15	±5.0	1/14 000		2	6	$\pm10\sqrt{n}$
二级	0.2	2.4	±12	±8.0	1/10 000		1	3	$\pm16\sqrt{n}$
三级	0.1	1.5	±12	±12.0	1/6000		1	2	$\pm24\sqrt{n}$

导线应尽量布设成直伸导线,并构成网形;布设成结点网时,结点与结点、结点与高级点间的附合导线长度不超过表 8.7 中规定长度的 7/10。当附合导线的长度短于规定长度的 1/2 时,导线全长的闭合差放宽至不超过 0.12m。

水平角观测一般采用方向观测法,各项限差不超过表 8.8 的规定。

表 8.8 水平角观测限差

经纬仪型号	半测回归零差 /(″)	一测回内 2C 互差 /(″)	同一方向值各测回互差 /(″)
DJ_1	6	9	6
DJ_2	8	13	9
DJ_6	18	30	24

光电测距采用二级以上精度的测距仪,1km 测距误差 $|m_0|\leqslant5$mm 为一级,5mm$<|m_0|\leqslant10$mm 为二级,各项限差如表 8.9 所示。

表 8.9　光电测距限差

仪器精度等级	一测回读数较差 /mm	单程读数差 /mm	往返测或不同时段观测结果较差
I 级	5	7	$2(a+b\times D)$
II 级	10	15	

注:a、b 为光电测距仪的标称精度;a 为固定误差,mm;b 为比例误差,mm;D 为测距边长,m。

3. 地籍调查

如果本测区未进行过地籍调查,就需要抽出一人专门进行调查这方面的工作,并且要与控制测量同时进行,除了调查填表外,还需进行界址点的实地标注,以方便测量时界址点的寻找。

4. 地籍要素测量

在控制点上依次设站,完成地籍要素的测绘。地籍要素的坐标采集注意应使用偏心,常用的主要是方向偏心和距离偏心,以保证成图质量。

地籍要素测量的对象主要包括以下内容:界址点、界址线以及其他重要的界标设施;行政区域和地籍区、地籍子区的界线;建筑物和永久性的构筑物;地类界和保护区的界线。

1) 界址点的测定方法可采用极坐标法、正交法、支导线等。要保证不同等级的界址点精度。一般地区允许布设一条边的支导线,水平角需观测左、右角,其圆周角闭合差应小于±40″,分配后参与计算。

2) 建筑物测取墙基脚以上墙围起来的范围,包括室外楼梯。简单房屋最好至少测三个房角点,以此来保证房屋位置和方向的正确性;拐点多的房屋还至少应测取一个长边,其他无法直接测到的可以通过量距在内业绘出;层数不同的应测出分层线。

3) 其他地物的测绘。一般测绘道路(公路、内部道路)、围墙、大门、花圃、台阶、车棚、运动场等。

4) 在调查的基础上测绘行政境界、地籍区界、地籍子区界、地类界等界线。

5. 地籍图绘制

按照国家测绘局《地籍图图式》在内业用相应的符号绘制地籍要素并作图廓整饰。

6. 宗地图绘制

根据调查表和所测的界址点坐标,利用软件绘制宗地图。具体方法和要求详见8.3 节的内容。

7. 面积统计和各种表格的绘制

面积统计和各种表格的绘制包括宗地面积、建筑面积、土地分类面积量算统计表和界址点成果表。

8. 成果验收

1) 组内自检。此项工作有组长负责,要求组内各成员必须在所有作业过程中,认真细心,不能有遗漏和测算错误,表格填写要符合要求,对每项作业成果进行100%的内、外业自查工作,发现问题,应及时纠正。

2) 交指导老师验收,参照国家验收标准执行。

8.5.4 上交资料

1) 控制测量原始记录。

2) 地籍测量草图。

3) 地籍调查表。

4) 控制点坐标计算成果表及略图、点之记。

5) 界址点坐标成果表,通过别的方法计算的要求有计算表。

6) 房屋建筑面积量算表。

7) 土地分类面积统计表。

8) 宗地面积计算统计表。

9) 地籍图一幅;宗地图若干。

10) 技术总结一份。

8.5.5 实训考核

实训完成后,可以根据以下几个方面进行考核:

1. 组内自评(占总分 50%)

1) 工作态度。是否能积极、认真地对待实训,对本职工作尽心尽责(占 10%)。

2) 动手能力。包括仪器操作、成果计算、外业采集数据时对所学知识能否灵活运用。内业成图部分是否掌握、会熟练使用软件(占 30%)。

3) 出勤考核。在实训期间,不得无故迟到、缺勤(占 10%)。

2. 指导老师考核(占总分 50%)

主要从整体出发对本组成员做出客观评价,除了参照组内自评外,重要的是检查上交成果的质量,给出考核分数。最后写出考核报告,指出各组成果的优、缺点。

第九章 房产要素测量与房产图测绘

9.1 房产要素测量

9.1.1 房产要素测量的主要内容

房产要素测量的主要内容包括以下几个方面：

1. 界址测量

界址测量是指对界址点和界址线所进行的测量,最主要就是测定出界址点的坐标。界址点是由点的标志、点的编号、点的坐标三个部分组成的。

(1) 界址点坐标的测量

界址点坐标测量所用到的起算点,应是邻近的基本控制点或高级界址点。界址点的测量方法,可采用极坐标法、交会法、支导线法、正交法等野外解析法测定。使用支导线方法测定界址点坐标时,导线边的边数应不超过 3 条,导线转折角应测左、右角,各测一测回。使用支导线法测量时,必须加强检测,以保证测量成果的准确性、可靠性。

界址点坐标可以单独进行测量,也可以在全野外数据采集时和其他房地产要素测量的同时进行测定。一级界址点应单独测量,测距使用 I 级测距仪,测角使用 DJ2 型测角级别的经纬仪,测距读至 1mm,测角测至秒,最大测距不应超过 200m,尺长改正与温度等气象改正数大于 5mm 时应改正。

房产界址点的精度分三级,各级界址点相对于邻近控制点的点位误差和间距超过 50m 的相邻界址点间的间距误差不超过表 9.1 的规定;间距未超过 50m 的界址点间的间距误差限差不应超过式(9.1)的计算结果。

表 9.1 界址点的精度要求

界址点的等级	界址点相对于邻近控制点点位误差和相邻界址点间的间距误差限制	
	限差/m	中误差/m
一	±0.04	±0.02
二	±0.10	±0.05
三	±0.20	±0.10

$$\Delta D = (m_j + 0.02m_jD) \qquad (9.1)$$

式中：m_j—— 相应等级界址点规定的点位中误差，m；

D—— 相邻界址点间的距离，m；

ΔD—— 界址点坐标计算的边长和实量边长较差的限差，m。

需要测定的房角点的坐标的精度等级和限差执行与界址点相同的标准。

（2）丘界线测量

如需要丘界线的边长时，则可直接用界址点的纵坐标反算求得。如没有界址点的坐标时，可采用测距仪或钢尺进行丈量，将丘界测量结果标示在房产分丘图上。对于不规则的弧形丘界，可按折线分段计算或分段丈量，并将其折线分段标注于分丘图上。

2. 境界测量

对于行政境界的测量，主要包括国界线及各级行政区划界线、特殊地区界线和保护区界线的测绘。实际上应该是收集已有资料进行描绘。

测绘国界要根据国家正式签订的边界条约或边界议定书及其附图，按实地位置精确绘出。其他界线的成果主要有以下几项：

1）界桩登记表。

2）界桩成果表。

3）边界点位置和边界线走向说明。

4）边界协议书及附图。

5）各级行政区域和特殊地区及保护区界线详图集部分。

在收集和使用上述成果时，要特别注意更新与修测的成果资料，同时还应该注意上述成果资料的批准部门和批准时间。

境界线分为已定界和未定界的两种情况，描绘时应按实际情况用不同的符号进行描述。

房地产测绘人员无权测定各级行政区域界线，只能将其描述或测绘至房产分幅图上或分丘图上，并使房地产测绘成果与其保持一致，不得产生矛盾。

3. 房屋及其附属测量

（1）房屋的测量

进行房屋的测量时，对于不同产别、不同建筑结构、不同层数的房屋应分别测量和表示。房屋按外墙勒脚以上墙角为准，依水平投影进行测量。在测量房屋四面墙体外侧或测量房屋墙角点坐标时，应标明房屋墙体的归属。

（2）房屋附属设施的测量

1）有柱走廊应按柱子的外围为准进行测绘。

2）无柱走廊应按围护结构外围或外轮廓的投影进行测绘。

3）架空通廊应按围护结构的外围进行测绘。

4）门廊应以柱或围护物的外围进行测绘。

5）挑廊和阳台均以围护结构外围为准，围护结构不规则的或难以确定的，以底板投影为准进行测绘。

6）独立柱和单排柱的门廊、雨篷、货棚、车棚、站台。此时均应以顶盖的投影为准，并测绘出柱子的位置。

7）门墩、台阶均以外围投影为准进行测绘。

8）门顶应以顶盖的投影为准进行测绘。

9）室外楼梯应以外围投影为准进行测绘。

（3）房角点测量

房角点的测量与界址点的测量相同，房角点的类别代码为 4。房角点测量，可在墙角设置标志，也可以不设标志，可以房角外墙勒角以上(100±20)cm 处的墙角为测点，测定其坐标。正规的矩形房屋，可直接测定房屋的三个房角点的坐标，另一个房角点的坐标可通过计算求出。

（4）独立地物测量

对于独立地物的测量，应根据地物的几何图形测定出定位点的位置。

1）亭应以柱子的外围为准进行测绘。

2）塔、烟囱，罐应以底部外围轮廓为准进行测绘。

3）水井、消火栓应以该地物的中心为准进行测绘。

4. 交通、水域测量

（1）铁路、道路、桥梁的测绘

1）铁路应以两铁轨外沿为准进行测绘。

2）道路、公路应以两边路沿为准进行测绘。

3）桥梁应以桥头和桥身的外围投影为准进行测绘。

（2）水域的测绘

1）河流、湖泊、水库等水域均应以岸边线为准进行。

2）沟渠、池塘均应以坡顶为准进行测绘。

9.1.2 房产要素测量的主要方法

房产要素测量的方法主要包括：野外解析法测量、航空摄影测量、全野外数据采集法测量。

1. 野外解析法测量

野外解析法测量是指利用极坐标法、正交法或线交会法等在野外对房产要素进行采集，画好草图，内业通过计算机处理编辑成图。但不论使用何种方法，必须要保证所测各点相对于房产平面控制点的点位中误差不超过±0.05m,最大限差为±0.10m,凡能达到此精度的方法都可采用。但当测定一级界址点时,则应按本节前面所讲的界址点坐标的测量有关要求进行,否则难以达到一级界址点所规定的精度。对一级界址点坐标的测量,一般应使用极坐标法或线交会法,不要使用正交法。

2. 航空摄影测量

航空摄影测量是指借助精密立体测图仪、解析测图仪、精密立体坐标量测仪等在室内对房产要素进行测绘,然后拿原图到野外进行地物要素的补调或补测,最后得到符合规范的房产图而进行的测量。

目前,用航空摄影的方法进行城市房地产测量确实存在着许多不利因素,主要表现在:城市建筑物密集,高层建筑物越来越多,也越来越高,树木较多、较高。这些因素对航空摄影的质量造成了很大影响,也造成了很多阴影,这样就使补测工作量加大;同时房屋的房檐改正的精度,也影响着航空摄影测量成果的质量。由于城市的上述复杂条件,航摄高度,也就是航摄比例尺受到限制。因此,航测成果的精度和效率都受到限制而难以再提高。但到目前为止,已有几个城市利用航测方法进行了大规模的房地产测量,并取得了较好的成果,也取得了许多有益的经验。因此,是否可采用航测方法进行城市房地产测量,各地应根据各城市自身的地理特点和需求,谨慎地进行选择。

3. 全野外数据采集法测量

全野外数据采集法测量是指利用全站仪、半站仪、电子平板、电子记簿等设备在野外进行数据采集,通过计算机屏幕编辑,得到数字化图形。野外数据采集系统进行房地产要素测量和数据采集,是今后房地产测量的发展趋势和方向。利用全野外数据采集的方法,可以获得高质量的采集数据,可为房地产信息系统提供高质量的基础数据。

国家标准《房产测量规范》中,对用此方法进行房地产信息的采集做了较详细的规定,现说明如下:

全野外数据采集宜使用精度不低于 II 级的全站仪,其 1km 的测距中误差小于10mm,经纬仪精度不低于 DJ_6,即其测角误差不大于±6″。

观测时,水平角和垂直角读至 0.1″或 1″,测距读至 1mm;最大距离一般不超过200m,施测困难地区可以适当放宽,但对超过 200m 的数据,包括测距与测角数据以及气象数据,都应从严要求,加强检测。

在测站上,以较远点定向,应有另一已知点做检核,检核较差不超过±0.1m,数据采集结束后,应对起始方向进行检查。当测站观测方向中包括有一级界址点,对另一已知点做检核时,检核较差不超过±0.04m。

一级界址点宜单独进行测量,不宜和其他房地产要素同时进行测量。

9.1.3 房产测量草图

测量草图是地块、建筑物、位置关系和房地调查的实地记录,是展绘地块界址、房屋、计算面积和填写房产登记表的原始依据。在进行房地产测量时应根据项目的内容用铅笔绘制测量草图。

测量草图包括房屋用地测量草图和房屋测量草图。

1. 房屋用地测量草图的内容和符号注记说明

(1) 房屋用地测量草图的内容

1) 平面控制网点及点号。

2) 界址点、房角点相应的数据。

3) 墙体的归属。

4) 房屋产别、房屋建筑结构、房屋层数。

5) 房屋用地用途类别。

6) 丘(地)号。

7) 道路及水域。

8) 有关地理名称,门牌号。

9) 观测手簿中所有未记录的测定参数。

10) 测量草图符号的必要说明。

11) 指北方向线。

12) 测量日期,作业员签名。

(2) 房屋用地测量草图的符号和注记说明

房屋用地测量草图的符号和注记说明如图 9.1 所示。

1) 界址点、房角点及其点号。使用简略编号。

2) 编号区编号以编号区西南角坐标来编写,前 5 位数为 3°带带号＋Y 的 100km 数＋X 的 100km 数,后 4 位数为 Y 的 10km 与 km 数＋X 的 10km 数与 km 数。

3) 编号区分界线。即公里格网线,格网交叉点应划成"＋"。

4) 房产区、房产分区分界线。房产区界线为两短线两点;房产分区界线为两短线一点。界线中断时,在断线处标上前方点号。

5) 导线点及其点号。用三角形表示点位,并标注点号。

6) 导线边。用短虚线将相应的导线点连接起来。

7) 正交法测量的测线。在此是已知点的连线,作为正交法的垂足边,以此为起算点,正交待定点,量取有关边长,计算正交点的坐标。

8) 导线的方向。在导线边长方向线上标出前方导线点的点号。

房屋用地测量草图				
房产区名称　五一街道	草图号　09			测量单位：
房产区号　05	编号区	100km	1km	测量员：
房产分区号　12	比例　1：300			测量日期：

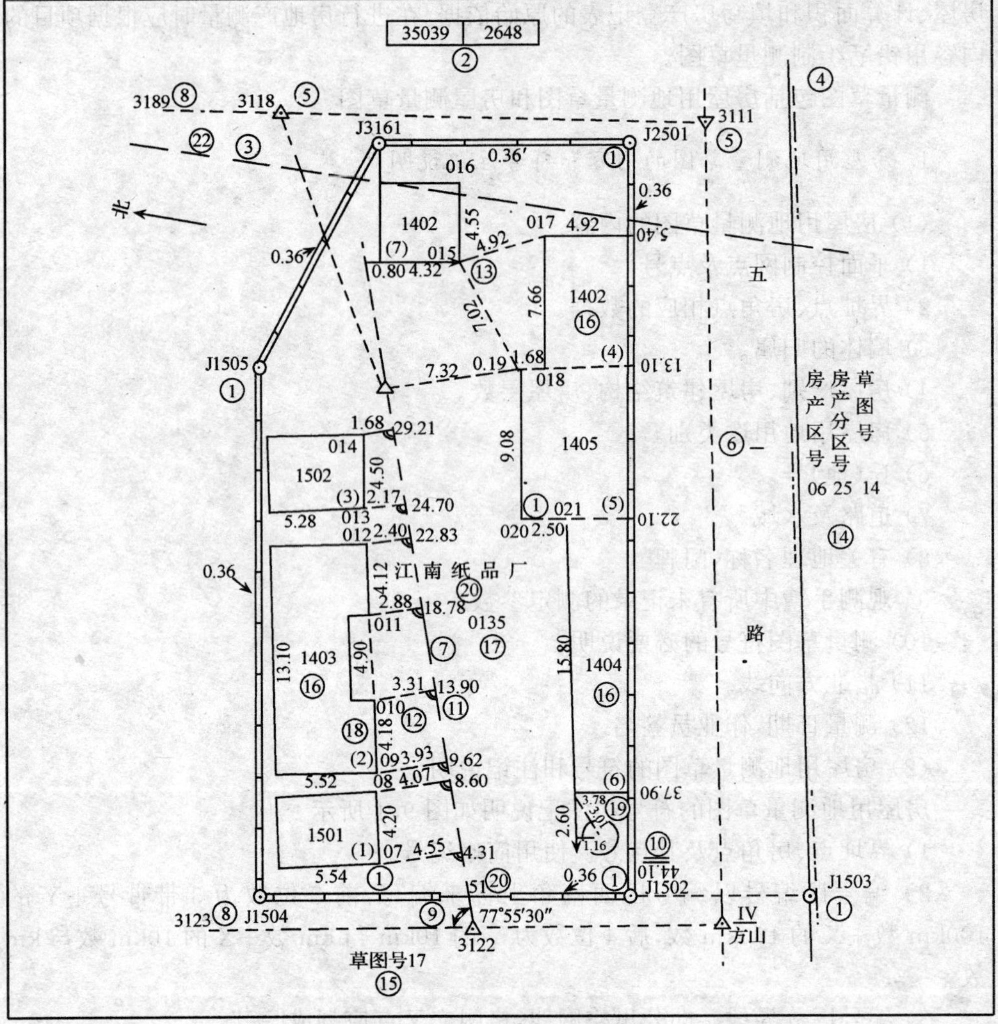

图 9.1　房屋用地测量草图

9）用极坐标法测量时用经纬仪测的角度。有测角记录时不标记，没有测角记簿或电子记簿时，将所测角度标记在草图上。

10）终点坐标。这里指的是测站坐标系的坐标，实为测线的长度。

11）横坐标（测线方向）。这里指的是测站坐标系的坐标，实为正交法的垂足长度，即边长。

12）纵坐标（与测线垂直方向）。这里指的是测站坐标系的坐标，实为正交法的垂线长度，即垂足点至待定点的边长。

13）线交会法测量。指测得两已知点至待定点的边长，计算待定点的坐标。

14）相邻房产区测量草图说明书。标明相邻草图的草图号、房产区号、房产分区号。

15）同一房产区中相邻测量草图说明。指同一房产区或房产分区中的相邻草图，应标出草图号，如房产分区不同时，还应标出房产分区号。

16）房屋产别、建筑结构、层数。房屋产别采用一级分类代码；建筑结构用房屋建筑结构分类标准的分类代码；层数用两位数表示，层数不足两位的前面加"0"。

17）丘号。标入"丘号"，丘号标在丘的中心位置，字号字粗适当加大加粗。

18）幢号。指幢的编号，标在房屋轮廓线内的左下角或右下角位置，但应统一。

19）地物点测量。包括特征点、房地产要素点的测量。

20）门牌号标在大门入口处的中心位置，或左右两侧的门端处。

21）用地单位名称。标准单位的正式名称的全名。

22）指北方向线。箭头和方向线应平行于轴子午线方向，或平行、或垂直于公里格网线。不要求平行于图廓线或图框线。

2. 房屋测量草图

（1）房屋测量草图内容及要求

1）房屋测量草图均按概略比例尺分层绘制。

2）房屋外墙及分割墙均绘单实线。

3）图纸上应注明房产区号、房产分区号、丘（地）号、幢号、层次及房屋坐落，并加绘指北方向线。

4）住宅楼单元号、室号、注记实际开门处。

5）逐间实量、注记室内净空边长（以内墙为准）、墙体厚度，数字取自厘米。

6）室内墙体凸凹部位在 0.1m 以上者如柱垛、烟道、垃圾道、通风道等均应表示。

7）凡有固定设备的附属房屋如厨房、厕所、卫生间、电梯楼梯等均需实量边长，并加必要的注记。

8）遇有地下室、复式房、夹层、假层等应另绘草图。

9）房屋外轮廓的全长与室内分段丈量之和（含墙身厚度）的较差在限差之内时，应以房屋外廓数据为准，分段丈量的数据按比例配赋。超限必须进行复量。

（2）房屋测量草图的符号和注记说明

房屋测量草图的符号和注记说明如图 9.2 所示。

房产测量草图					
房产区名称		丘　号	0117	结构	混合
房产区号	15	幢　号	18	层数	06
房产分区号	22	比例尺		层数	4
坐　落					

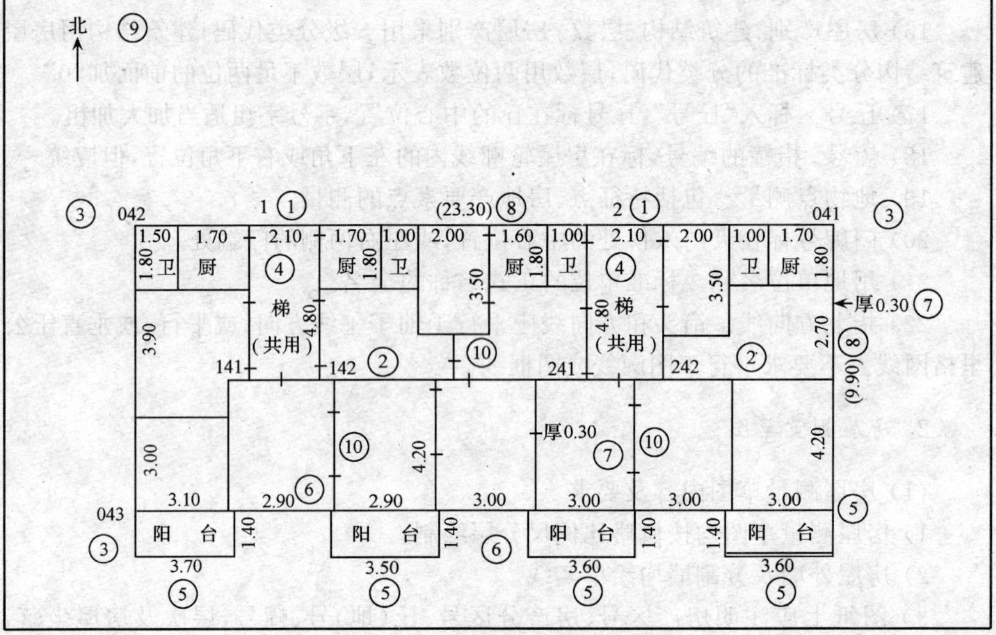

北 ⑨

③ 042　　1 ①　　(23.30) ⑧　　2 ①　　041 ③

1.50 1.70 2.10 1.70 1.00 2.00 1.60 1.00 2.10 2.00 1.00 1.70
1.80 卫 厨 ④ 厨 1.80 卫 3.50 厨 1.80 卫 ④ 3.50 卫 厨 1.80
梯（共用） 4.80　　　3.50　　　4.80 梯（共用）　　←厚0.30 ⑦
3.90　　　　　　　　　　　　　　⑩　　　　　　　　　2.70 ⑧ (9.90)
141 ┤├ 142 ②　　　241 ②　242
3.00　　　⑩ 4.20　　　厚0.30 ⑩ 4.20
043 3.10 2.90 ⑥ 2.90 3.00 ③ 3.00 ⑦ 3.00 3.00
③ 阳　台 1.40 阳　台 1.40 阳　台 1.40 1.40 阳　台
3.70 ⑤　　3.50 ⑤　⑥ 3.60 ⑤　　3.60 ⑤
⑤　　　　　⑤　　　　　⑤　　　　　⑤

测量单位 _____　　测量员 _____　　测量日期 _____

图 9.2　房屋测量草图

1）单元号或座号（用 1 位数字或英文字母表示）。

2）室号＝单元(座号)+层号+户(室)号

　　　　（1 位数字或英文字母）　（1 位或 2 位数字）　（1 位或 2 位数字或英文字母)由全幢统一规定。

3）带点号的房角点（按 3 位或 5 位数字表示,不够的前面加 0）。

4）幢内房屋共用部位（此处为公用楼梯）。

5）封闭阳台外轮廓边长（外墙至外墙之间的距离）。

6）套内房屋内边长（内墙面至内墙面之间的距离）。

7）墙厚（墙的厚度的实际尺寸）。

8）房屋的外边长（房屋外墙至外墙之间的尺寸）。

9）指北方向线（实际指北方向线,要求房屋外轮廓线平行或垂直于图框）。

10）幢内某户房屋所有权界范围（短线指向产权主一方,此外为共有墙）。

3. 测量草图的绘制要求

测量草图可用 787mm×1092mm 的 8 开、16 开、32 开规格的图纸。

测量比例尺选择概略比例尺，以使其内容清晰易读为准。在内容较集中的地方可绘制局部图。

测量草图应在实地绘制，测量的原始数据不得涂改擦拭。汉字字头一律向北、数字字头向北或向西。

测量草图的图式符号参照 GB/T 17986.2—2000 执行。

9.2　房产分幅图测绘

房产图是房产产权、产籍管理的基本资料，按房产管理的需要，房产图分为房产分幅平面图（以下简称分幅图）、房产分丘平面图（以下简称分丘图）和房屋分层分户平面图（以下简称分户图）。房产分幅图是全面反映房屋及其用地的位置和权属等状况的基本图，是测制分丘图和分户图的基础资料。房产图是一套与城镇实地房屋相符的总平面图，通过它可以全面掌握房屋建筑状况和土地使用情况，可以依据图形逐块土地、逐幢房屋清理房地产产权，计算和统计面积，并以房屋和房屋用地调查表来辅助房产图的图面显示的不足之处。

房产图测绘是在房产平面控制测量和房产调查工作的基础上，对各房产要素的信息进行采集和表述的一项房产测绘工作。

9.2.1　分幅图测绘的内容和表示方法

分幅图应表示的内容包括控制点、行政境界、丘界、房屋及附属设施和房屋围护物、丘号、幢号、房产权号、门牌号、房屋产别、结构、层数、房屋用途和用地分类等，以及与房产有关的地形要素和注记等。

1. 控制点

控制点主要是平面控制点，包括基本控制点（一等、二等、三等、四等国家平面控制网点，二等、三等、四等城市平面控制网点，二等、三等、四等城镇地籍控制网点，以及一级、二级小三角测量网点，一级、二级小三边测量网点，一级、二级导线测量网点）和房产平面一级、二级、三级控制点。这些点都是测图的测站点，应精确地将其展绘在图上。

2. 行政境界

行政境界一般只表示区、县和镇的境界线。街道办事处或乡的境界根据需要表示；两级境界线重合时，用高一级境界线表示；境界线与丘界线重合时，用境界线表示;境界线跨越图幅时,应在图廓间的界端注出行政区划名称。

3. 房产区界

房产区界包括房产区界和房产分区界(图9.3),在房产分幅图和分丘图上都要表示。

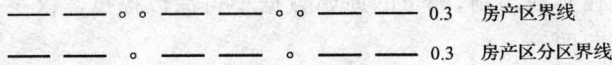

```
—— —— ∘ ∘ —— —— ∘ ∘ —— —— ——   0.3   房产区界线
—— —— —— ∘ —— —— ∘ —— —— —— ——   0.3   房产区分区界线
```

图 9.3 房产区界

4. 丘界线

房屋用地界线即房产用地权属界线,一般为丘界线(图9.4)。丘界线有硬界和软界之分。有固定界标的为硬界;无固定界标的为软界。

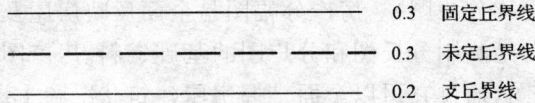

```
————————————————————————   0.3   固定丘界线
—— —— —— —— —— —— —— ——   0.3   未定丘界线
————————————————————————   0.2   支丘界线
```

图 9.4 丘界线

组合丘内还可划分支丘,支丘在房产图上应表示。丘内有不同的土地利用类别的,用地类界区分表示。

丘界包括界址点、丘界线和丘号,以及丘的用地用途分类代码。

对于明确又无争议的丘界线用实线表示,有争议或无明显界线又提不出凭证的用未定丘界线表示;丘界线与单线地物重合时,单线地物符号不变,线划按丘界线加粗表示。

5. 房屋权界线

房屋权界线其核心是墙体的归属,即把共有墙、自墙和借墙分别进行表示(图9.5)。房屋权界线的产权归属以"权属指示线"表示。权属指示线为线粗0.15mm、线长1.0mm的一短直线。直线由房屋权界线起,垂直于房屋权界线,指向产权所有人一方,在房屋权界线上每隔1~2cm画一"权属指示线"。有的也用一

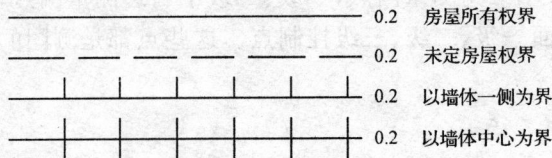

```
————————————————————————   0.2   房屋所有权界
—— —— —— —— —— —— —— ——   0.2   未定房屋权界
——│——│——│——│——│——┘   0.2   以墙体一侧为界
─┼──┼──┼──┼──┼──┼─   0.2   以墙体中心为界
```

图 9.5 房屋权界线

条边居中平均划三条短线表示。

权属以栅栏、栏杆、篱笆、铁丝网为界时,其产权归属也在相应界线上用"权属指示线"表述。

6. 房屋

对房产图上的要素描述,最主要的房地产要素是房屋。描述时的规则是:地面的或与地面相交的地物,均以实线表示;悬空的一般用虚线表示。例如,悬空的阳台、门顶、架空房屋、架空通廊、挑楼、高架路等悬空地物,都用虚线表示,而柱、墙、路、地面房屋则以实线表示。

房屋包括幢号、房屋轮廓线、房屋性质的三个代码(产别、结构、层数)等。房屋包括一般房屋、架空房屋和窑洞等。房屋应分幢测绘,以外墙勒脚以上外围轮廓的水平投影为准,装饰性的柱和加固墙等一般不表示;临时性的过渡房屋及活动房屋不表示;同幢房屋层数不同的应测绘出分层线,用实线表示。但此时分层线两边的房屋均需在规定的位置(左下角)分别注上同一幢号,否则容易误解为两幢房屋。

(1) 一般房屋

一般房屋不分种类和特征,均以实线绘出,轮廓线内需注明产别、建筑结构、层数、幢号(图 9.6)。

(2) 架空房屋

架空房屋是指底层架空,以支撑物作承重的房屋。其架空部位一般为通道、水域或斜坡,如廊房、骑楼、过街楼、吊角楼、挑楼、水榭等。架空房屋以房屋外围轮廓投影为准,用虚线表示,虚线内四角加绘小圆圈表示支柱,轮廓线内注记与一般房屋注记规定的内容(图 9.7)。

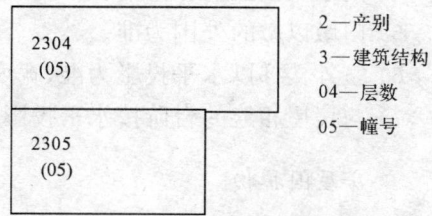

```
2304
(05)

2305
(05)
```

2—产别
3—建筑结构
04—层数
05—幢号

图 9.6　一般房屋的表示方法

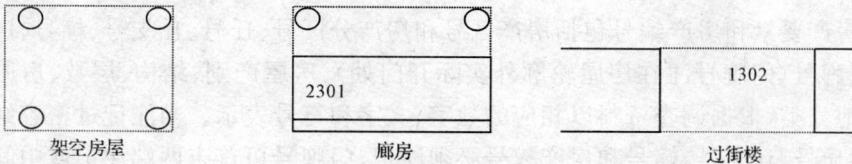

架空房屋　　　　廊房　　　　　过街楼

图 9.7　架空房屋的表示方法

(3) 窑洞

窑洞是指在坡壁上挖成洞供人使用的住所。地面上窑洞符号底部绘在洞出入处,按真方向表示;地面下窑洞是指从地面向下挖成平底坑,再在坑壁上挖成洞的住所,符号绘在坑轮廓内(图 9.8)。

图 9.8 窑洞的表示方法

7. 房屋附属设施

房屋附属设施包括柱廊、檐廊、架空通廊、底层阳台、门廊、门顶、门、门墩和室外楼梯,以及和房屋相连的台阶等均应实测。其阳台一层封闭的和不封闭的要分别用不同的符号表示。

1) 柱廊以柱的外围为准,图上只表示四角或转折处的支柱。

2) 底层阳台以底板投影为准。

3) 门廊以柱或围护物外围为准,独立柱的门廊以顶盖投影为准。

4) 门顶以顶盖投影为准。

5) 门墩以墩的外围为准。

6) 室外楼梯以水平投影为准,宽度小于图上 1mm 的不表示。

7) 与房屋相连的台阶按水平投影表示,不足五阶的不表示。

8. 房屋围护物

房屋围护物包括围墙、栅栏、栏杆、篱笆和铁丝网等均应实测,其符号的中心线是实地物体的中心位置。其他围护物根据需要表示;临时性或残缺不齐的和单位内部的围护物不表示。

9. 房产要素和编号

房产要素和房产编号包括房产区号和房产分区号、丘号、丘支号、幢号、房产权号、门牌号(门牌号注在房屋轮廓外实际开门处)、房屋产别、结构、层数、房屋用途和用地分类,根据调查资料以相应的数字、文字和符号表示。当注记过密容纳不下时,除丘号、丘支号、幢号和房产权号必须注记,门牌号可首末两端注记或中间跳号注记,其他注记按上述顺序从后往前省略。

10. 地形要素

与房产管理有关的地形要素包括铁路、道路、桥梁、水系、独立地物、公共设施和绿化地等。亭、塔、烟囱、罐以及水井、停车场、球场、花圃、草地等根据需要表示,并加绘相应符号或加简注。

1）铁路以两轨外缘为准；道路以路缘为准；桥梁以外围投影为准；沟、渠、水塘、游泳池以坡顶为准；其中水塘、游泳池等应加简注。

2）亭以柱的外围为准；塔、烟囱和罐以底部外围轮廓为准；水井以井的中心为准；停车场、球场、花圃、草地等以地类界表示，并加注相应符号或加简注。

11. 地理名称注记

地理名称注记包括自然名称；镇以上人民政府各级行政机构名称；工矿、企事业单位名称的注记；主要街道的名称。地名的总名和分名应用不同的字级分别注记；同一地名被分割或面积较大、延伸较长的地域、地物，需分别标注。

12. 图廓整饰

图廓整饰包括图名、图幅编号、测图日期、比例尺、起止丘号、施测单位等。

9.2.2 房产分幅图的绘制

1. 房产分幅平面图的规格

（1）房产分幅平面图的比例尺

各城市的房产分幅平面图一般采用 1∶500 和 1∶1000 两种比例尺，主要视建筑物的密集稀疏程度而定，为了翔实地表示房产要素，采用 1∶500 比例尺的多一些，城镇建成区的分幅图一般采用 1∶500 比例尺，远离城镇建成区的工矿企事业等单位及其相毗连的居民点也可采用 1∶1000 比例尺。

图纸一般采用厚度为 0.07~0.1mm，经定型处理变形率小于 0.2‰的聚酯薄膜。

（2）房产分幅平面图的图幅

过去分幅图一般采用 40cm×50cm 矩形分幅或 50cm×50cm 正方形分幅。现已取消了 40cm×50cm 的分幅规格，由于 50cm×50cm 的图幅规格和公里格网是吻合一致的，为了适应数据管理的要求和国家标准《房产测量规范》规定的协调一致性，统一采用 50cm×50cm 的分幅图分幅规格。

（3）分幅图的编号

国家标准《房产测量规范》改变了过去惯用的分幅图编号方法，采用了和点的编号一样的数码形式的编号方法。这种编号代码由两个部分组成，即由编号区代码和分幅图代码组成。编号区代码和点的编号区代码相同，以高斯投影坐标的整公里格网为一个编号区；编号代码以公里格网西南角格网点的横、纵坐标的整公里值表示。1∶2000、1∶1000、1∶500 比例尺的房产分幅图、地籍图、地形图的编码用两位数字代码表示，类似于二级代码形式。现以带晕线的图幅为例（图 9.9），举例说明如下：

当分幅图的比例尺为 1：2000 时，一个分幅图的范围正好是一个公里格网，其长宽均为 1km，此时分幅图的代码以"00"表示。将公里格网等分为 4 个格网，将"00"一分为 4，分为"10"、"20"、"30"、"40"四个 1：1000 比例尺分幅图的代码。再将 1：1000 比例尺分幅图（0.5km）格网各等分为 4 个格网，其格网边长均为 250m，此时这些格网（0.25km 格网）为 1：500 比例尺的分幅图，分别将它们一分为 4，将"10"分割成"11"、"12"、"13"、"14"；将"20"分割成"21"、"22"、"23"、"24"；将"30"分割成"31"、"32"、"33"、"34"；将"40"分割成"41"、"42"、"43"、"44"，共 16 幅 1：500 比例尺的分幅图。这样，在 1 个公里格网范围内，这三种比例尺分幅图的代码都是固定不变的，第 1 位数表示 1：1000 的比例尺及其在公里格网中的位置；第二位数表示 1：500 的分幅图的分比例尺及其在 1：1000 分幅图中的位置。这些代码的数值代表不同分幅图的比例尺和所在的相对位置，它们都是固定不变的，而变化的是编号区，即公里格网的代码。

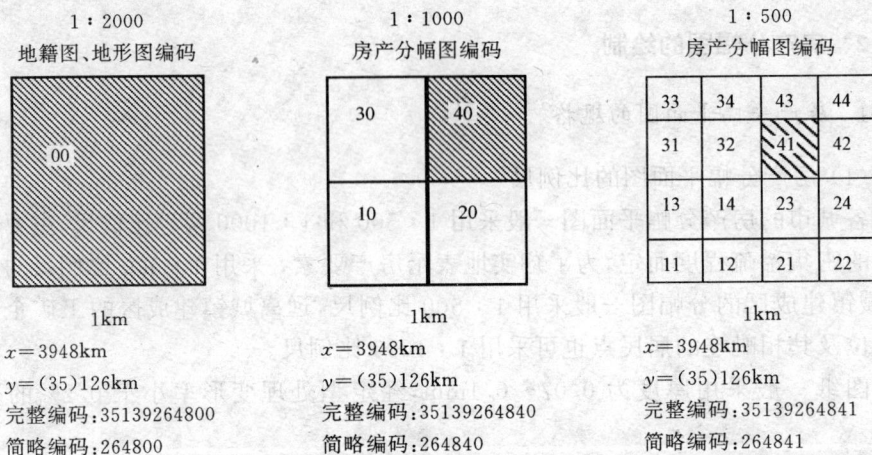

图 9.9　分幅图编号方法

公里格网的代码，即分幅图编号区的代码以公里格网的西南角格网角点的横、纵坐标表示，共 9 位数，第 1 位数、第 2 位数代表高斯投影带的带号（任意带投影时为代号），第 3 位数为横坐标的百公里数，第 4 位数、第 5 位数为纵坐标的千公里和百公里数，第 6 位数、第 7 位数为横坐标的十公里与公里数，第 8 位数、第 9 位数为纵坐标的十公里数与公里数。举例说明如图 9.10 所示。

省略 1、2、3、4、5 位数，取最后 4 位数，即为编号区的简略编码。在一个城市（镇）实际工作中可使用简略编码，在数据库中使用完整编码。这样，点的编码和图幅的编号都统一在公里格网框架之内，编号、方法也完全一致。

（4）分幅图的测绘方法与精度要求

房产分幅图的测绘方法基本同房产要素采集方法（见 9.1 节），可以根据具体情况采用不同的方法。例如，平板仪测图、航测成图、老图编绘成图、全野外数字化采集配合野外解析成图等。其中，全野外数据采集法成图为当前工作中所重点使用的方法。方法不同,所要求的精度也有所不同。

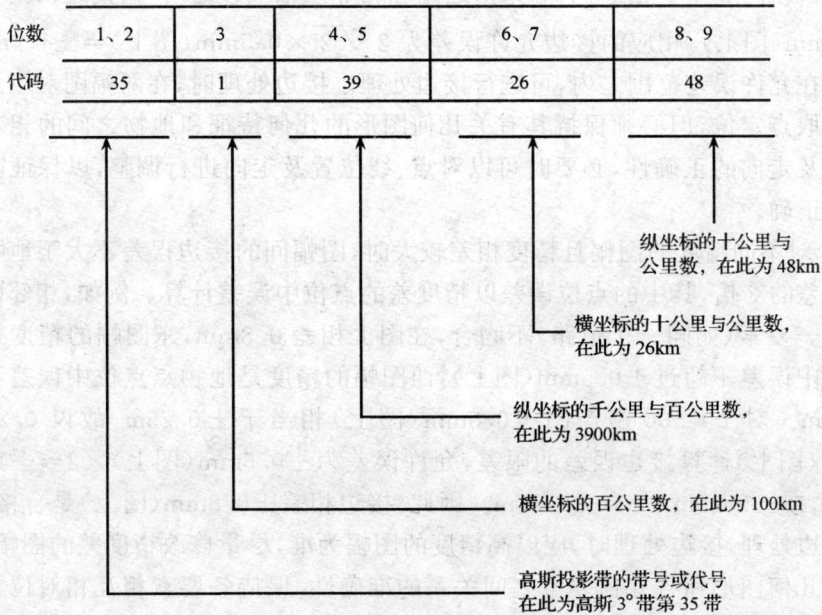

位数	1、2	3	4、5	6、7	8、9
代码	35	1	39	26	48

纵坐标的十公里与
公里数,在此为 48km

横坐标的十公里与公里数,
在此为 26km

纵坐标的千公里与百公里数,
在此为 3900km

横坐标的百公里数,在此为 100km

高斯投影带的带号或代号
在此为高斯 3°带第 35 带

图 9.10　分幅图编号区的代码

在模拟方法测绘(平板仪测图、航测相片成图,也包括根据上述资料进行数字化,根据数据由计算机成图的房产分幅平面图)的房产分幅平面上的地物点,相对于邻近控制点的点位中误差应不超过图上±0.5mm;利用已有地籍图、地形图编绘房产图时,地物点相对于邻近控制点的点位中误差应不超过图上±0.6mm;对全野外采集数据或野外解析测量等方法所测的房地产要素点和地物点,相对于邻近控制点的点位中误差应不超过±0.05m;采用已有坐标或有图件展绘成房产分幅图时,展绘误差应不超图上±0.1mm。

(5) 分幅图的接边

所有分幅图都应进行接边检查和接边处理,这是消除图面矛盾、保证图面图形质量的重要手段。尤其是在建立图形数据库时,必须进行接边检查和接边处理,保证相邻图幅之间的一致性。为了保证相邻图幅的相互正确拼接,则规定每幅图的东、南边均应测出图廓线 1cm,对于自由图边测绘的过程中,必须要认真测绘随时检查、确保无误,以避免给后续测绘带来接边困难。

即使采用的是全野外数字化成图,除了不同作业组之间的接边外,还有图形分幅后的接边。由于受软件成熟度的限制,经过分幅处理的图形可能会有丢失数据的情况,所以也就必须认真检查接边情况,以保证数据的完整性。

如果有编制的专用接边检查、处理软件,可用软件代替人工。但目前常使用的方法是在计算机屏幕上检查编辑处理,如果是使用纸图,也可以人工检查和处理。

1) 同精度的图幅接边,要求相邻图幅中同一地物点的接边误差不超过地物点点位中误差的 $2\sqrt{2}$ 倍。例如,某一道路在相邻两幅图接边时,其接边误差(相差)为 1.2mm(图上),相应的接边允许误差为 $2\sqrt{2}\times0.5$mm(图上)$=\pm1.4$mm(图上),故在允许误差范围之内,可进行接边处理。接边处理时,在两幅图对应点之间的中间取点定位,但必须保持其有关几何图形的几何特征和地物之间的相对相互位置以及走向的正确性,必要时可以对点、线位置及走向进行调整,以保证图面的合理和正确。

2) 对不同精度的图幅且精度相差较大时,图幅间的接边误差不大于地物点点位中误差的 2 倍,其中的点位误差以精度差的点位中误差计算。例如,相邻两房产图的同一要素(如同一个道路)不吻合,在图上相差 0.8mm,东图幅的精度是地物点点位中误差不超过 ±0.5mm(图上),西图幅的精度是地物点点位中误差不超过 ±0.05m。对 1∶500 房产图 ±0.5mm(图上)相当于 ±0.25m,故以 0.25m 或 0.5mm(图上)计算接边误差的限差,允许误差为 ±0.5mm(图上)$\times2=\pm1.0$mm(图上),或 ±0.25m$\times2=\pm0.50$m。因此,接边相差 ±0.8mm(图上)是合格的,可进行接边处理。接边处理时,应以高精度的图幅为准,尽量修改精度差的图幅,但应保证其几何图形和各几何要素之间关系的准确性,保持各要素相互相对位置及其走向的准确性,保证图面上各要素的相对准确和图面的合理性,必要时可以进行适当的调整。

对超过规定限差的接边问题,应进行分析和检查,必要时应实地进行检查和检测,以保证房产图的质量。

上述图幅的接边检查与处理办法适用于房产分幅图之间的接边处理,分丘图的接边检查与处理也可参照进行。

9.3　房产分丘图与分层分户图绘制

9.3.1　房产分丘平面图的绘制

房产分丘平面图是分幅图的局部图,是绘制房产权证附图的基本图,是根据核发房屋所有权证需要,以门牌、户院、产别及其所占有土地的范围,分丘绘制成图。分丘平面图是作为权属依据的产权图,一经确定权则就具有法律效力,是保护房屋所有权人合法权益的凭证。

1. 分丘图的规格

1) 分丘图的坐标系统与分幅图的坐标系统一致。

2) 分丘图的比例尺应根据丘面积的大小和需要在(1∶100)~(1∶1000)之间选用。

3）分丘图没有分幅编号问题。分丘图的幅面可在 787mm×1092mm 的 1/32～1/4 之间选用,其编号按分幅图上的编号。

4）图纸一般采用聚酯薄膜,也可选用其他图纸。

5）分丘图以丘为单位实地测绘,也可选用分幅图结合房产调查表绘制。

2. 分丘图测绘的内容和表示方法

（1）测绘的内容

分丘图的内容除表示分幅图的内容外,还应表示以下内容:

1）房屋权界线,包括房屋墙体的归属和四至关系。

2）界址点的点位和点号,包括界址点间的边长。

3）在房屋产别、房屋结构和房屋层数之后应加注房屋建成年份代码。

4）房屋用地面积和房屋建筑面积。

5）房屋各边长尺寸以及阳台、挑廊等有关轮廓尺寸。

（2）表示方法

1）房屋应分幢丈量边长,用地按丘丈量边长,边长量取并标注至 0.01m,也可由界址点的坐标计算边长,对不规则的弧形,可按折线分段丈量,丈量精度应满足《房产测量规范》的要求。

2）在测绘本丘的房屋和用地时,应适当绘出与邻丘相连的地物。如与邻丘毗连墙体时,共有墙以墙体中间为界,量至墙体厚度的 1/2 处;借墙量至墙体的内侧;自有墙量至墙体外侧并用各自相应的符号表示。

3）房屋权界线与丘界线重合时,用丘界线表示;房屋轮廓线与房屋权界线重合时,用房屋权界线表示。

4）界址点根据精度分为三级(就目前而言,对大中城市的繁华地区、商业区,小城市的中心地区一般可选用二级精度的界址点;其他地区则可选用三级精度的界址点;对有特殊要求的,如特殊的建筑物、外资房地产等,或产权人提出要求的可选用一级精度的界址点)。界址点点号应以图幅为单位,按丘号的顺序顺时针统一编立,图上分别用符号表示,并注记等级及点号,点号前冠以英文字母"J"。

5）房屋建成年份是指房屋实际竣工年份(在分丘图上表示,在分幅图上不表示);拆除翻建者,应以翻建竣工年份为准。

房屋建成年份用并列的四位数字注记在房屋层数的后边。如 1964 年用 1964 表示,1998 年用 1998 表示。

6）丘面积注记在丘号下方正中,下加两道横线。

7）建筑面积以幢为单位,注记在房屋产别、结构、层数、建成年份等数下方正中,下加一道横线。

8）注明所有周邻产权所有单位(或人)的名称,各种注记的字头应朝北或朝西。

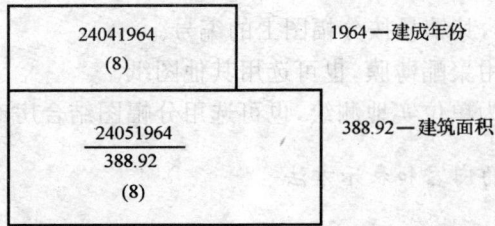

图 9.11 分丘图中的房屋表示

9.3.2 房产分层分户图的绘制

房屋分层分户图是在分丘图基础上绘制的局部图,以一户产权人为单位,表示房屋权属范围的局部图,以明确房产毗连房屋的权利界线,是供核发房屋产权证的附图和依据,是产权产籍管理的重要资料。过去要求是单独绘制分户图,为了适应新的"房屋所有权证"的需要,新的《房产测量规范》对分户图做了较大的修改,新的分户图用表图结合的形式进行表述,一些重要的数据,过去都只表示在图形中,现要求以表带图(图放在表格之内),把一些重要的结论性的数据,如建筑面积、分摊共有面积、产权面积都放在表格中显著的位置;把丘号、幢号、户号等也放在表格之内。这样房屋的位置、形状、数量、产权状况等均一目了然地表述在一张图纸上。

1. **房产分户图主要表述的内容**

1) 本户所在的丘号、幢号、户号、坐落、结构、层数、层次、产权主姓名(或名称)、坐落、户(套)内建筑面积、共有分摊面积、产权面积。

2) 房屋层(户)的轮廓、权界线(墙体归属)、共有部位,并注出房屋边长。

3) 指北方向线及概略比例尺。

2. **房产分户图规格与表示方法**

1) 分户图的方位应使房屋的主要边线与图框边线平行,按房屋的方向横放或竖放,并在适当位置加绘指北方向线。

2) 分户图比例尺一般为 1:200,当房屋图形过大或过小时,比例尺可适当放大或缩小。

3) 分户图图上房屋的丘号、幢号,应与分丘图上的编号一致。房屋边长应实际丈量,注记取至 0.01m 注在图上相应位置。

4) 分户图的幅面大小可与"房屋所有权证"幅面大小一致,可以直接作为"房屋所有权证"的附图。

9.3.3 房产图的检查

为了确保成果、成图的质量,作业小组在测图过程中必须要做好经常性的检查工作,即站站检查、沿途检查、全面检查。

1. 站站检查

测绘工作一旦开始,就要随时把精度即限差记在心上,作业时处处严把质量关。房产图测绘过程中每站测图结束后,均应认真检查本站所测地物有无错误和遗漏,如有错误应及时纠正,如有遗漏应补测,如无误方可迁站。

2. 沿途检查

在迁至下站的过程中,应沿途进行巡视检查,观察图上所测的地物是否与实地一致,有无遗漏。

3. 全面检查

房地产图测完后,必须要对测图质量做一次全面、认真的检查,检查方法包括室内检查、野外巡视检查、仪器检查。

(1)室内检查

首先检查各种控制资料是否齐全,各项成果的计算是否正确,有无超限或其他不符合要求的地方;检查各种观测、记录和计算手簿中的记载是否齐全、正确、清晰,有无连环涂改,有无橡皮擦、小刀刮等伪造成果现象,所有控制资料都应做全面、详细的检查,但也可视实际情况重点抽查其中一部分。

然后要对房产图进行检查,首先要检查所绘方格网尺寸是否满足限差要求,控制点展绘是否满足限差要求;图上图根点的数量与埋石点的数量是否满足碎部测图的需要,各种界线(行政境界、房产区界、丘界、房屋权界等)是否表示清楚;界址点的测定和表示方法是否正确;房屋和围护物及附属设施是否表示齐全;道路等级是否分明,与居民地的连接是否合理,居民地内街道主次是否分明,各种符号是否表示合理、齐全、正确;各种地理名称和有关的说明注记和数字注记是否齐全、位置是否正确;图边拼接是否正确等。室内检查可以用蒙在原图上的透明纸进行,将问题记在透明纸上;如是聚酯薄膜成果,则可将问题用特种铅笔标注在聚酯薄膜的背面(光面),并以此为依据,决定野外检查的重点及巡视路线。

(2)野外巡视检查

巡视检查是在现场将图面与实地全面进行核对,通过检查比较,容易了解测图质量的一般情况和发现作业中的缺点与错误。选择巡视路线的原则是既能检查室内发现的重大疑点,又能基本检查到全部测区范围,一般沿道路进行。检查时,将原图上的地物与实地对照比较,查看有无遗漏,形状是否相似,符号运用是否正确,地理名称和注记是否齐全正确,主要结合室内检查的问题进行,发现问题现场改正。

（3）仪器检查

仪器检查是在室内检查的基础上,与野外巡视检查同时进行的。仪器检查一般在已知点和测站点上安置仪器进行检查,一般用散点法进行,即在测站周围选择一些地物点,测定其位置,与图上相比较看是否正确;也可用检定过的钢尺在实地丈量距离进行检查,如丈量房屋的边长、测站点与房屋角点的边长和房屋角点与房屋角点之间的边长等。发现问题现场纠正。

9.4　房产变更测量

房屋变更测量是指房屋发生买卖、交换、继承、分析（割）、新建、拆除等涉及权界调整和面积增减变化而进行的更新测量。

房产变更是经常发生的一种动态变更,为了保持房产图和房产资料的现势性和准确完整性,使其满足产权登记与变更登记的需要,则必须要根据房产的变更及时进行房产的变更测量。

房产变更测量包括房屋现状变更测量和房产权属变更测量。现状变更要为权属变更服务,权属变更又直接影响现状变更。权属变更测量具体反映在产权证附图与登记档案上,属于产权登记证明测量,其所提供的产权证附图具有法律效力,它属于官方测量,是一种政府行为的测量,必须要做到变更有据;现状变更测量具体反映在分幅图和分丘图上,属于修补测量。房产权属变更测量应做到变更有合法依据,对原已登记发证确认的房屋及其用地权属界线范围和面积,以及权证的附图是不能任意更改和重绘的,这是一项基本要求。变更测量后必须对房产资料进行补充和修正,为房产日常的转移和变更登记提供可靠的图籍和面积等数据。

9.4.1　房产变更测量的内容与方法

1. 房产变更测量的内容

（1）房屋现状变更测量的内容

1）房屋的新建、改建或扩建的未经房产初始登记的房屋,房屋实地位置、房屋的结构、层数、平面图形发生变化的。

2）房屋的损坏与灭失,包括全部拆除或部分拆除、自然倒塌或烧毁的未经注销或变更的房屋。

3）围墙、栅栏、篱笆、铁丝网等房屋围护物,以及房屋附属设施的变化。

4）市政道路、广场、河流的拓宽或改建,以及河流、水塘、沟渠等边界的变化。

5）房屋坐落（地名、门牌号）的更改或增设。

6）房屋及其用地分类的变化。

7）行政境界的变化（如市辖区界的调整、涉及房地产编号的更正）。

（2）房产产权权属变更测量的内容

1）产权初始登记后发生房屋买卖、交换、继承、分析（割）、赠与、兼并、入股等房产交易活动引起的所有权和使用权的转移或变更。

2）房屋用地界线、界址的变化，包括房屋因合并、分析（割）、自然坍塌以及截弯取直引发房屋占地范围的调整。

3）征拨用地、出让或转让土地使用权而引起权利范围的变化。

4）法院等司法部门裁决的房产转移和变更，以及房产管理部门按政策处理的接管、代管和发还的房屋。

5）房屋他项权利（抵押、典当、地上权、地役权）设定权利范围变更或注销。

6）房产权利人自行申请更正（主要是权属面积和权属范围的补正），发证单位因申请人隐瞒事实、伪造有关证件等引发错证的补充和更正。

2. **房产变更测量的方法**

（1）变更测量的顺序

根据房产现状变更和权属变更资料，先进行房产变更调查，包括现状、权属和界址调查，然后进行权界和权属面积的测定，并及时调整权界、丘号和界址点号、幢号和户号等有关的房地产编码，最后进行房产产权产籍资料的处理和归档。

变更测量应在原图或二底图上进行，并根据原有的邻近平面控制点，界址点或明显的固定地物点上设站进行，除解析地物点以外，所有修测过的地物点不得作为再修测的依据。

房产变更测量一般按以下程序实施：

①变更信息采集→②信息分类→③变更要素调整→④变更要素测定→⑤房地产编号调整→⑥房产资料处理

上述①②是变更测量前的准备工作；③④是变更测量的外业工作；⑤⑥是变更测量的内业工作。

（2）变更测量前的准备工作

房产测量前的准备工作主要包括通过各种渠道进行变更资料的收集和对将要变更的资料进行初步分析、整理、归类、列表，以及调阅房产登记资料和房产图件资料，以备现场调查之用。例如，城建规划部门、市政公用部门、房地产开发企业、交易市场、政府房地产管理部门、拆迁管理单位等。

（3）变更要素调查

1）现状变更调查。即对房屋及其用地的自然状况变化的调查，自然状况是指房产的位置（地名、门牌号）、建筑结构类别、层数、建成年份、房屋用途及其用地分类等情况变化的调查。利用调查表，对照房产图进行调查与核实。

2）权属变更调查。即对房产登记权利的调查，包括权利种类、权利人、他项权利人、权利范围、四至界标、墙体归属、权源等的调查与核实。

3）界址变更调查。即对权属界线的认定、确定和标定。分成认界、确界和标界三个阶段。认界时，不论任何方式的指界，必须得到相邻产权人的认可并签章或具结，有时还需设立四至界标，或对"四面墙界表"进行签认；确界时，坚持房屋所有权与土地使用权权利主体一致的原则；标界时，要严格执行《房产测量规范》的规定。

（4）变更要素测量

根据房产变化范围的大小和房产图上平面控制点的分布情况，采用不同的测量方法。

1）现状变更测量。包括：①现状变更范围较小，可根据图上原有房屋或设置的测线，采用钢卷尺定点测量法（限于模拟图）修测，具体应用支距法、距离交会法、延长线法、方向线法等方法进行。②现状变更范围较大时（新扩大的建成区），应先进行平面控制测量，补测图根控制点，然后进行房产图的测绘。③采用解析法测量或全野外数字采集系统时，应在实地布设好足够的平面控制点，设站逐点进行现场的数据采集。

2）权属变更测量。房产的合并或分割，是权属变更的主要内容，也是确定新权属界即丘界和面积的复测工作（或称复丈），应根据变更登记文件，由当事人或关系人到现场指界，经复核丈量后确定。复丈时，根据需要和实际条件，可采用图解法或解析法。

① 图解法。包括以下内容：

a. 勘丈资料准备。调用已登记在册的房产资料，包括房屋及用地调查表、登记申请书、房产图等。

b. 根据变更登记申请书、房产位置图、权利的证明文件，确定日期，通知申请人或代理人到现场指界，设立界标，实施分户测绘。

c. 勘丈时应以现有的平面控制点、界址点或房产图上的界标物（房角点）为依据。现有的平面控制点、界扯点、房角点都可以作为变更测量的基准点。利用前应检查其点位的可靠性。因站检测之差（较差）不超过图上 ± 0.2mm，即对于 1：500 比例图，相当于 10cm；异站或自由设站检测之差（较差）不超过图上 ± 0.4mm，即相当于 20cm。当用测定点之间的距离与由坐标反算的距离进行检核时，其距离较差应不超过 2 倍相应等级平面控制点点位中误差。

采用图解法进行权属变更测量，常用于房屋分析，应将分界的实量数据注记于草图上，并按实量数据计算面积后，再定出分界点在图上的位置。也适用于多产权商品房屋分户分割。

d. 同幢房屋分割时，复丈人员应将分界实量数据注记在复丈图上，并按其实量边长计算出面积后再定出分割点在图上的位置。

e. 修正分幅图、分丘图。

② 解析法。包括以下内容：

a. 调用原房产登记资料，包括房屋及用地调查表，登记申请书、房产图、界址点坐标成果表等。

　　b. 根据变更登记申请书、房产位置图、权利证明文件、通知申请人或代理人到现场指界，设立界标。

　　c. 复丈应以控制点或界址点作为依据，以测得点间的距离与由坐标反算的距离进行检核，其距离较差不应超过 2 倍控制点或界址点点位中误差。

　　d. 复丈可采用极坐标法、导线法、支距法、交会法、三线法、截线法等。

　　e. 按等级界址点的精度要求测定出新增界址点的坐标，并计算出分割后各自的面积。

　　f. 用地合并面积，以合并后外围界址点坐标计算的面积为准。

　　采用解析法进行权属变更测量，常用于房屋用地分割或合并。用地分割应将新增界址点的坐标数据、点号注记于草图上，按坐标展出分割点的图上位置；用地合并，取消毗连界址点，用界址点坐标计算分丘用地面积。

9.4.2　变更测量的其他要求

1. 变更测量的精度要求

变更测量精度包括房产图图上精度和解析精度。图上精度指的是分幅图图上精度；解析精度指的是新增界址点的点位精度以及面积计算精度。

（1）图上精度

国家标准《房产测量规范》对房产分幅平面图的精度已做了规定：模拟方法测绘的房产分幅平面图上的地物点，相对于邻近控制点的点位中误差不超过图上 $\pm 0.5 \text{mm}$。

现状变更测量后，修补测的分幅图与变更前的分幅图图上精度要求达到一致。

（2）解析精度

国家标准《房产测量规定》对全野外数据采集或野外解析测量等方法所测的房产要素点和地物点，相对于邻丘控制点位中误差不超过 $\pm 0.05 \text{m}$。

权属变更测量后，新测定的变更要素点的点位中误差不得大于 $\pm 0.05 \text{m}$。新测定的界址点精度应保证相应等级界址点的同等精度。房产变更测量后，房产面积的计算精度应完全符合相应等级房产面积的精度要求。

用地变更测量后，用地面积如按界址点坐标计算面积，其面积限差不超过下式计算结果，即

$$S = 2m_j \times \sqrt{\frac{1}{8} \times \sum_{i=1}^{n} D_{i-1,i+1}^2} \tag{9.2}$$

式中：S——面积限差，m^2；

　　　　m_j——相应等级界址点规定的点位中误差，m；

$D_{i-1,i+1}$——界址点连线所组成的多边形中对角线长度,m。

2. 变更测量的业务要求

房产变量测量服务于房产产权管理,因此《房产测量规范》提出了在进行变更测量工作的同时,应执行有关的房地产政策和行政法规。

(1) 基本要求

房产权属变更测量应做到变更有合法依据,如变更登记申请书、产权证明文件、变更处理案件等,对已登记发证确认的房屋及其用地权利界线和产权面积,权证附图是不能任意更改和重绘的。

(2) 房屋合并或分析

房屋合并或分析,合并应以登记确权,位置毗连,权类、权利人相同的房屋;分析应以已进行过初始登记,法令并无禁止才进行分析,且分析处有明显界标物,这是变更测量的前提。

(3) 房屋所有权转移

房屋所有权发生转移,其房屋占地范围也要随之转移。

(4) 他项权利

在所有权上设立的他项权利,必须是首先进行过房产登记的房屋。他项权利范围变更,应根据抵押、典当合同、注销原则范围,划定新权利范围。

3. 房地产编号调整

丘号、丘支号、幢号、界址点号房、角点号、房产权号、房屋共有权号都是房地产产籍管理常用的管理号,不能重号。变更测量后,相关的房地产编号必须及时调整。其中房产权号,房屋共有权号除了整幢房屋拆除必须注销其权号,一般不予调整。

(1) 丘号、丘支号

不分独立丘或组合丘,用地合并或重划,必须重新编丘号。新编的丘号要按编号区内最大丘号续编;新增的丘支号要按丘内最大丘支号续编。

(2) 界址点点号、房角点点号

相邻丘的合并,四周外围界址点点号维持原编号的点号;同丘分割,新增的界址点点号按编号区内最大界址点点号续编。

按需要测定的房角点,其新增的房角点点号按续编号区内最大房角点点号续编。

(3) 幢号

毗连房屋合并或同幢房屋的分析(设立房屋共有权的商品房除外),重新编幢号,新增的幢号按丘内最大的幢号续编;房屋部分拆除,原幢号保留,整幢房屋灭失,幢号注销;丘内新建房屋,按丘内最大幢号续编。

4. 变更后的房产产权产籍资料的处理

房产产权产籍资料主要由房产图、房产档案和房产卡片三个部分组成,还有各种账簿和表册,简称为图、档、卡、册。

为保持房产现状与产籍资料的一致性,必须对房产动态变更内容进行及时收集、整理,修正图、卡、册,并补充档案资料。

房产变更测量和变更后的房产资料的处理,是房产管理中的一项经常性的工作。变更后房产资料的处理包括两个方面:一是对变更后的登记资料处理;二是对未登记、未结案的资料处理。

(1) 变更后的登记资料处理

1) 图的处理。包括以下内容:

① 房屋和用地的合并或分割是权属变更,根据权属变更案,通过变更测量后的数据和权界认定,经审查确权后标注在分丘图上,重新调整房产编号,做出权属变更测量记录和丘号异动单,再相应修正分幅图,重新绘制分户图。

② 房产图形位置等现状变更时,首先修补测分幅图原图或二底图,然后由外业人员做出现状变更测量记录,并通知内业人员修正分丘图。

③ 与房产有关的地形要素的变化,只需修正分幅图,做出变更测量记录。

④ 对已建立数字房产图的单位,可根据现在的硬件与软件配置,根据变更后的房产数据进行图形编辑、注记,修改分幅图,分丘图则可根据需要由分幅图派生。

2) 卡的处理。包括以下内容:

① 权属变更和现状变更时,要根据权属变更测量记录修正卡片或重新制卡和销卡。

② 图形位置和与房产有关的地形要素的变化不必修正卡片。

③ 修正卡片时,涉及房产资料统计分类面积的变动,要做出改卡记录,作为面积增减变化的原始凭证。

④ 房屋产权人和使用户的改变,除更改房产卡片外,还要更改已建的人名索引卡。

⑤ 地名、门牌号的变动,除更改房产卡片外,还要更改已建的地名索引卡。

3) 档的处理。包括以下内容:

① 要根据权属变更案和现状变更测量记录,对已建档的资料进行异动变更和补充。

② 变更的图件和文件证明材料,以及变更测量记录按丘归档。

③ 丘界线的调整,房产编号调整记录与原丘图形和面积增减变化等资料一并归入相应档卷内。

④ 对已建立计算机管理系统的单位,对存储于磁盘或光盘内的档案资料进行异动处理。

4）册的处理。

根据房产登记、发证成果和分类管理的需要编制的簿册有登记收件簿、发证记录簿、房屋总册、房产登记簿册、档案清册、房产交易清册等。此外，产业管理上需要的经营公房手册、异动名账、异动单和统计报表等。上述各种簿册也要随着房产变更做出相应的动态变更。变更依据是，对权属变更要根据相对性变更案和有关凭证；现状变更要根据变更单或异动单。

（2）未登记、未结案的资料处理

1）未登记，包括：①不能如期申请登记；②因产权纠纷不能申请登记；③产权证件、证明不全不好登记；④房屋即将拆迁不愿登记；⑤无产房屋无人登记。

2）未结案，包括：①发证前有他人对已登记房产提出异议，暂缓确认；②过去未办过登记，需补办登记后再确权；③房屋私改遗留下来的疑难问题，不好处理。

3）未登记、未结案的资料处理方法如下：

① 未登记、未结案的房产初步调查资料，包括房产调查和登记表、房屋外框图形、权界示意图和面积计算表等，为了房产资料统计和今后确权的需要应进行收集、整理、列表造册和绘图。

② 未登记、未结案的房产也要进行测量，如发生房产现状变更，可以更改分幅图，做出变更记录。

③ 未登记、未结案的房地产，随着时间的推移，后来补登记或需结案时，必须进行复查。发证后对未登记、未结案清册和现状图及时进行销号或注记，及时归入登记档卷内。

④ 未登记、未结案的房产应分开制卡，分别进行统计、校核后也要按丘号为单位建档，按权利人为单位立卷，作为产权登记或监理部门日常处理产权和监证的重要资料。

9.4.3　变更测量示例

变更测量后，原丘号、丘支号、幢号、新增界址点点号的调整和面积计算举例如下：

【例 9.1】　房产分析

分析前（图 9.12）

丘支号：1240—1

幢号：（2）

房屋产权面积：（已知）$S = 100.50 \mathrm{m}^2$

分析后：（图 9.13）

丘支号：1240—2、1240—3

幢号：（8）（9）

实算面积：32.98m²、68.12 m²

面积闭合差：$(32.98+68.12)-100.50=0.60$（$m^2$）$<1.40\ m^2$

房产面积限差：（三级）$0.08\sqrt{S}+0.006S=1.40$（m^2）

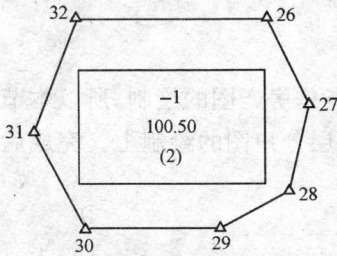

图 9.12　房屋分析前

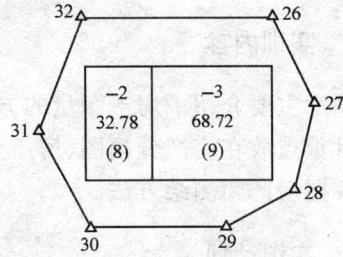

图 9.13　房屋分析后

改正后的面积：$32.98\times[1+(-0.60/101.10)]=32.78$（$m^2$）

　　　　　　$68.12\times[1+(-0.60/101.10)]=67.72$（$m^2$）

【例 9.2】　用地分割

分割前：（图 9.14）

丘号：1258

用地面积（已知）：$S=2500.5m^2$

分割后（图 9.15）

丘号：1281、1282

新增界址点点号：86

按界址点坐标计算用地面积：$1300.60m^2$、$1210.90m^2$

面积闭合差：$(1300.60+1210.90)-2500.50=11.00$（$m^2$）$<15.50m^2$

用地面积限差：$\Delta S=2m_j\times\sqrt{\dfrac{1}{8}\times\sum_{i=1}^{n}D_{i-1,i+1}^2}=15.50$（$m^2$）

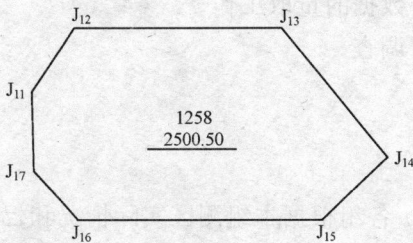

图 9.14　用地分割前

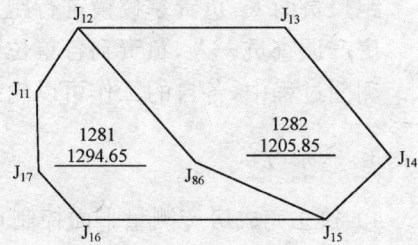

图 9.15　用地分割后

改正后面积：$1300.60\times[1+(-11.50/2511.50)]=1294.65\ m^2$

　　　　　$1210.90\times[1+(-11.50/2511.50)]=1205.85m^2$

9.5 房产测量实训项目及指导

9.5.1 实训内容

本章主要介绍了房产测量的方法和要求,重点是房产图的绘制,所以本节的实训项目重点放在房产分幅图、房产分丘图、房产分层分户图的绘制上。完成后力求达到掌握房产图测绘方法。

9.5.2 实训计划

本次实训采用内、外业一体化即外业采集数据、内业编辑成图的方法施测完成。计划周期2周。分幅图比例尺1∶500,分丘图和分户图比例尺根据面积大小自定。实训前由指导教师制定"技术设计书"。

1. 测区选择

由于是实训,选择距离驻地较近的区域,以够每组一幅标准图为宜。测区内以企事业单位为主。建筑物应较规则且不密集,最好是通视情况良好。各单位分界清晰,无纠纷。

2. 组织分工

每个作业小组6人。其中,

组长一人,负责组织指挥本组全部工作和人员,负责全面的技术工作,负责仪器器材的领取、安全使用、保管和归还等工作,还需配合其他组员做其他工作。

观测员一人,负责仪器的安置和观测工作。

记录员一人,负责手簿的记录、计算和房产测量草图的绘制。

跑尺员两人,负责拿棱镜进行跑点和房产数据的量取工作。

房产调查员一人,负责到各单位进行房产调查。

测图过程中,各自的工作可以轮换。

3. 任务内容

1) 独立完成房产测量平面控制点的测算。各组根据本组测区实际情况和已知控制点的分布,制定控制测量方案,包括选点、埋石(打桩、钉)、测量、计算。房产平面控制点的布设应遵循从整体到局部、从高级到低级、分级布网的原则,也可以越级布网。

2) 每组完成相同图幅的1∶500房产分幅图5张,图幅大小50cm×50cm,正形分幅。每位组员独立完成各自的分幅图1张和本幅图内的各丘、分丘图和丘内各户的分层分户图。

如果遇到住宅楼和商住楼，只绘分层图计算建筑面积，各户的产权面积分摊放在第十章实训内容中。

3）丘面积统计计算。主要采用坐标解析法和实地量距法。

4）建筑面积计算。主要采用实地量距法。

5）房地产调查。到各单位进行房产属性、房产用地属性和其他房产要素的调查。

9.5.3 实训步骤

1. 测量准备

1）仪器的准备。每组全站仪1台、电池2块、充电器1套、脚架3副、棱镜组2套、单杆（对中杆）2根。

2）器材准备。对讲机1对、计算器1台、计算机1台、记录用的纸笔和手簿若干。

3）资料准备。包括技术设计书、测区老图、房产调查资料、房产测量规范、房产图图式等。

2. 划分地籍区和地籍子区

划分地籍区和地籍子区工作由指导教师在所有测区的范围内进行合理划分，一般以街道作为划分界限，每个小组1～2个地籍子区。

3. 房产控制测量

1）选点。根据测区内单位分布情况，选择合适的控制点，在实地打桩（钉）。建筑物密集区的控制点平均间距在100m左右，建筑物稀疏地区的控制点平均间距在200m左右。

2）施测。最好采用附合导线的布设形式，用三联脚架法测量。具体规定如表9.2所示。

导线应尽量布设成直伸导线，并构成网形；布设成结点网时，结点与结点，结点与高级点间的附合导线长度不超过表9.2中规定长度的7/10。当附合导线的长

表9.2 各级测距导线的技术指标

等级	平均边长	附合导线长度	每边测距中误差	测角中误差	导线全长相对闭合差	水平角观测测回数			方位角闭合差
						DJ_1	DJ_2	DJ_6	
三等	3.0	15	±18	±1.5	1/60 000	8	12		$±3\sqrt{n}$
四等	1.6	10	±18	±2.5	1/40 000	4	6		$±5\sqrt{n}$
一级	0.3	3.6	±15	±5.0	1/14 000		2	6	$±10\sqrt{n}$
二级	0.2	2.4	±12	±8.0	1/10 000		1	3	$±16\sqrt{n}$
三级	0.1	1.5	±12	±12.0	1/6000		1	2	$±24\sqrt{n}$

度短于规定长度的 1/2 时,导线全长的闭合差放宽至不超过 0.12m。

水平角观测一般采用方向观测法,各项限差不超过表 9.3 规定。

表 9.3　水平角观测限差

经纬仪型号	半测回归零差	一测回内 $2c$ 互差	同一方向值各测回互差
DJ₁	6	9	6
DJ₂	8	13	9
DJ₆	18	30	24

光电测距采用二级以上精度的测距仪,1km 测距误差 $|m_0| \leqslant 5mm$ 为一级,$5mm < |m_0| \leqslant 10mm$ 为二级,各项限差如表 9.4 所示。

表 9.4　光电测距限差

仪器精度等级	一测回读数较差 /mm	单程读数差 /mm	往返测或不同时段观测结果较差
I 级	5	7	$2(a+b \times D)$
II 级	10	15	

注:a、b 为光电测距仪的标称精度;a 为固定误差,mm;b 为比例误差,mm;D 为测距边长,m。

4. 房产调查

在房产控制测量的同时进行房产调查,调查内容分房屋调查和房屋用地调查,包括对每个权属单元的位置、权界、权属、数量和利用状况等基本情况,以及地理名称、行政境界、政府机构名称和企事业单位名称的调注。

5. 房产要素测量

在房产平面控制点基础上,进行房产要素测量,画出房产测量草图。主要测量的内容如下:

1) 界址测量。可采用极坐标法、交会法、支导线法、正交法等野外解析法测定。其中极坐标法最方便,注意使用目标偏心测量功能。测定地形复杂时可使用支导线方法测定界址点坐标,但需加强检测,以保证测量成果的准确性、可靠性。界址点坐标可以单独进行测量,也可以在全野外数据采集时和其他房地产要素测量同时进行测定。一级界址点应单独测量。

2) 境界测量。包括房产分区界线和行政境界。房地产测绘人员无权测定各级行政区域界线,只能根据调查情况将其描述或测绘至房产分幅图上或分丘图上,并使房地产测绘成果与其保持一致,不得产生矛盾。由于小组作业区域限制,此项内容在实训任务中可不作为重点。

3) 房屋及其附属设施测量。房屋按外墙勒脚以上墙角为准,依水平投影进行测量。能直接测到的最好一次测到,不规则的部分要多测一些点,保证真实反映实际情况。尽量测房屋的长边,因为长边量距困难,而且对面积影响较大。房屋附属设施测量参照规范和图式。

4）交通、水域测量。

5）其他要素测量。

6. 建筑物边长和界址线长度的量取

建筑物边长和界址线长度的量取是整个房产测量中的重要环节,因为受观测条件的影响,全站仪不可能把需要的界址点和房角点全部测出。目前,我们对建筑物的测量还是主要靠量。

1）界址线长的可用全站仪直接测出,界址线短的测过后就需用量来检查、检核仪器测量的精度。

2）建筑物的边长,一般要求全部要实量。在一定意义上可以这样认为,全站仪采集的房角点数据起到在图纸上的定位作用,建筑物的面积计算还是依靠实地量距法在现场实量的数据。实践表明,全站仪采集数据的精度是能保证房产精度要求的,但考虑到建筑物的规则性、复杂性和采集条件的局限性,全面的实地量距依然是非常实用的。边长量测误差应符合表 9.5 规定。

表 9.5　房屋面积误差的限差与相应边长测量的边长误差限差

房屋面积的精度等级	房屋面积误差的限差 /m²	正常情况下边长测量误差的限差/m	不利情况下边长测量误差的限差/m
一级	$\pm(0.02\sqrt{S}+0.0006S)$	$\pm(0.014+0.0004D)$	$\pm(0.01+0.0003D)$
二级	$\pm(0.04\sqrt{S}+0.002S)$	$\pm(0.028+0.0014D)$	$\pm(0.02+0.001D)$
三级	$\pm(0.08\sqrt{S}+0.006S)$	$\pm(0.056+0.004D)$	$\pm(0.04+0.003D)$

注:S 表示面积,D 表示边长。要求特殊或特严的面积测量对边长测量的误差限制采用"不利情况下边长测量误差的限差"。

7. 房屋建筑面积和用地面积的测算

房产用地面积一般采用坐标解析法完成,可以由软件自动算出。

房屋建筑面积的计算采用几何图形计算法,分层、分块分别算出后累加得到。但是,计算前必须把所量尺寸与全站仪采集尺寸进行比较,然后,要保证建筑物尺寸不能互相矛盾,如前后总长、左右总宽应相等,相同形状的阳台、门廊等尺寸要一致。

8. 房产分幅图的绘制

房产分幅平面图采用 1:500 比例尺,50cm×50cm 分幅规格,编号参照规范与国家坐标系统一致。使用数字测图软件在内业完成,按照图式标准表示各房产要素和进行图幅整饰。要求如下：

  1）方格网的绘制满足限差要求，各级控制点、界址点的展绘无遗漏且位置准确。

  2）房屋和用地的各种要素，如产别、结构、层次、面积、边长等要注记齐全，丘、幢的编号正确。

  3）与房产有关的地形要素取舍合理。

  4）图上各种注记正确，大小符合《房产测量规范》规定，注记位置恰当。

  9. 图幅接边处理

  各组的分幅图完成后，需要进行接边检查和处理。如果各组所分区域是按照街道分开的，接边就很容易了；但如果把某一分区分到了两组，就必须认真小心完成接边工作。以保证相邻图幅之间的一致性。

  10. 房产分丘图的绘制

  在房产分幅平面图完成后，按照丘的范围将各丘从分幅图上截取下来，也可以直接绘制成图，坐标系统和分幅图保持一致。图上表示的内容除了分幅图原有要素之外，还应表示如下内容：房屋权属界限、界址点点位点号和界址点边长、房屋建成年份代码、房屋用地面积和房屋建筑面积、房屋各边长尺寸以及阳台、廊等有关轮廓尺寸。根据图面大小选择合适的比例尺。

  房产区号和分区号用两位数字表示，丘号四位，丘面积（房屋用地面积）下加双横线，房屋建筑面积下加单横线，界址线边长注记向北或向西，房屋各边长尺寸以及阳台、廊等有关轮廓尺寸按照建筑物自然走向注记。同时，注记本丘相邻分区号、丘号及用地类别。

  11. 分层分户图的绘制

  本节只要求完成单一权属建筑物的分层图。按照外业所量的尺寸，选择合适的比例尺把丘内的建筑分层细化表示成图。计算出各层建筑面积和总建筑面积，并提供计算书。

  12. 资料整理

  1）制作填写控制测量成果表。

  2）整理房屋及房屋用地调查表。

  3）制作填写界址点成果表。

  4）撰写技术总结。

13. 成果资料的检查与验收

（1）检查办法

房产测量实行二级检查一级验收制。一级检查为过程检查,在全面自查、互查的基础上,由作业组的专职或兼职检查人员(各组组长)承担,二级检查由施测单位的质量检查机构和专职检查人员在一级检查的基础上,所进行的最终检查(由指导教师完成)。

1）自查。自查工作应贯穿于整个作业过程的始终,平时作业时就要处处留心,既要认真作业,还要细心观察,有无遗漏和测算错误,表格填写是否符合要求等。在完成所有工序需上交房产成果前,作业人员应负责对每项作业成果进行100%的内、外业自查工作,发现问题,应及时纠正,切不可迁就马虎,因任何时间所发现的质量问题,都必须由具体作业人员负责。

2）互查。互查是在各作业人员自查的基础上进行的,作业人员可委托他人或作业组之间互相检查的办法。因在自查过程中有些问题不容易发现和纠正,所以要通过互查发现和纠正问题,以保证测绘成果的正确性和可靠性。

3）一级检查。一级检查为过程检查,是在全面自查、互查的基础上,由作业组的专职或兼职检查人员承担(由各组组长完成)。按照相应的《房产测量规范》、技术设计书和有关的技术规定,对作业组的全部成果成图产品所进行的全面检查。其检查的比例为:内业概查100%(概查是指对影响产品质量的主要项目和普遍性问题进行检查);外业检查不应小于下列规定:测图20%,控制20%,界址点20%,房屋边长25%,用地边长10%。

4）二级检查。二级检查是指在一级检查的基础上进行的,是施测单位的质量检查机构和专职检查人员所进行的最终检查。其检查的比例为:对成果成图总数的10%以上做全面检查,其余部分做一般性查看。

5）验收。验收工作应在二级检查下合格后由主管机关或生产任务的委托单位组织实施。本次实训可以舍去这一步。

各级检查、验收工作必须独立进行,不得省略或代替。各级检查、验收中发现的问题,必须做好检验记录并提出处理意见,二级检查和验收工作完成后应分别写出检查、验收报告。

在检查验收工作中,检查人员和作业人员要互相配合,共同把好质量关。作为作业人员,要支持和协助检查验收人员的工作,主动反映作业中的情况和经验,正确对待检查人员所提出的意见,认真改正错漏,对与实际情况有出入的意见,应如实反映。各级检查验收人员应严肃、认真、细致、准确地进行检查,树立高度的责任感,确保成果成图的真实性、可靠性和实用性,同时要经常深入生产第一线,加强生产过程中的检查,及时了解和帮助解决作业中的问题。在检查验收工作中,检查人员应虚心听取被检查单位和群众的意见,对检查中有争议的问题要慎重处理。在检查验收中如发现有不符合规范、图式、技术设计和有关技术规定的成果成图时,应根据性质和对成果成图的影响程度分别提出处理意见,交被验收单位进行改正或予以返工,当发现成果成图存在问题较多时,可将部分或全部成果成图退回被验收单位,令其重新检查和处理。

9.5.4 上交资料

1) 房产测量技术设计书。

2) 成果资料索引及说明。

3) 平面控制测量成果资料。

4) 房产原图和成图资料。

5) 房屋及房屋用地调查表、界址点坐标成果表。

6) 房产测量技术总结。

7) 检查验收报告。

9.5.5 实训考核

实训完成后,可以根据以下几个方面进行考核:

1. 组内自评(占总分 50%)

1) 工作态度。是否能积极、认真对待实训,对本职工作尽心尽责(占 10%)。

2) 动手能力。包括仪器操作、成果计算、外业采集数据时对所学知识能否灵活运用。内业成图部分是否掌握、会熟练使用软件(占 30%)。

3) 出勤考核。在实训期间,不得无故迟到、缺勤(占 10%)。

2. 指导老师考核(占总分 50%)

主要从整体出发对本组成员做出客观评价,除了参照组内自评外,重要的是检查上交成果的质量,给出考核分数。

第十章 图形面积量算与房产面积测算

房产、地产的面积作为度量房地产经济价值的重要依据,在现阶段的房地产测绘中,面积量算显得尤为重要。在房地产测绘中,图形的面积量算主要是土地的面积量算和房屋的面积量算(均指水平面积)。本章主要就分图形面积量算、房产面积量算、共有建筑面积分摊计算三个方面的内容进行介绍。

10.1 一般图形面积量算

10.1.1 几何图形面积量算

几何图形是一种有规则的平面图形,如矩形、三角形、梯形、菱形、扇形、弓形、椭圆形、正多边形、任意多边形等。只要从实地或地图上量测其中某一个或几个几何元素(长度、角度),就可以用几何公式计算该图形的面积。

1. 简单几何图形面积量算

简单的几何图形及面积计算公式见表10.1,在实际中需要量测面积的几何图形往往不是表中所列举的简单图形,可以将复杂图形分割成若干简单图形进行量算。

表 10.1 简单的几何图形面积计算公式

几何图形	量取几何元素	面积(P)计算公式
矩形	长度 a 宽度 b	$P=ab$
三角形	底长 b 高 h	$P=hb/2$
三角形	三边长度 a,b,c	$s=(a+b+c)/2$ $P=\sqrt{s(s-a)(s-b)(s-c)}$

几何图形	量取几何元素	面积(P)计算公式
梯形	上底长 a 下底长 b 高　　h	$P=(a+b)\times b/2$
圆形	半径 R	$P=\pi\times R^2$
扇形	半径 R 圆心角 β 弧长 l	$P=(\beta\times\pi\times R^2)/360$ $P=l\times R/2$
椭圆形	长半轴长 a 短半轴长 b	$P=\pi\times a\times b$

2. 坐标解析法几何图形面积量算

坐标解析法是根据房屋用地界址点或边界点的坐标计算房屋用地或丘的面积,也包括利用房角点的坐标计算房屋面积的方法。两者使用的方法、面积计算公式、所测算面积的精度估算公式,都是完全相同的。其面积计算公式为

$$\left.\begin{array}{l} S=\dfrac{1}{2}\displaystyle\sum_{i=1}^{n}X_i(Y_{i+1}-Y_{i-1})\\[2mm] S=\dfrac{1}{2}\displaystyle\sum_{i=1}^{n}Y_i(X_{i-1}-X_{i+1})\end{array}\right\} \tag{10.1}$$

也可采用

$$\left.\begin{array}{l} S=\dfrac{1}{2}\displaystyle\sum_{i=1}^{n}(X_i-X_0)(Y_{i+1}-Y_{i-1})\\[2mm] S=\dfrac{1}{2}\displaystyle\sum_{i=1}^{n}(Y_i-Y_0)(X_{i-1}-X_{i+1})\end{array}\right\} \tag{10.2}$$

式中：S——房屋面积、房屋用地面积或丘面积,m^2；

$\quad\ X_i$——界址点、房角点或边界点的纵坐标,m；

$\quad\ Y_i$——界址点、房角点或边界点的纵坐标,m；

$\quad\ X_0$、Y_0——测区范围内纵坐标、横坐标的任意一个整数(加入 X_0 和 Y_0 的目的是为了减少面积计算的位数)；

$\quad\ n$——界址点、房角点或边界点的个数；

i——界址点、房角点或边界点的序号[按顺时针方向顺编,或逆时针方向顺编,序号从 1 开始连续顺编。当 $(i+1)>n$ 时,令 $(i+1)=1$;当 $(i-1)<n$ 时,令 $(i-1)=n$]。

面积中误差按下式计算,即

$$m_S = \pm\, m_j \sqrt{\frac{1}{8}\sum_{i=1}^{n} D_{i-1,i+1}^2} \tag{10.3}$$

式中:m_S——面积中误差,m^2;

m_j——界址点、房角点或边界点的点位中误差,m^2;

D——界址点、房角点或边界点连线所组成的多边形中,相间点连线的间距(图 10.1)。

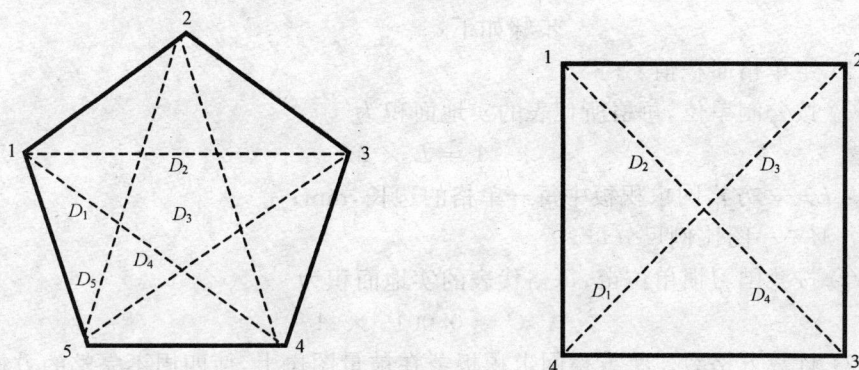

图 10.1   几何图形面积量算

10.1.2   不规则图形面积量算

由于自然力和人类生产、社会活动的结果,土地边界的图形极为复杂。除了有规则的几何图形外,还有各种由任意曲线组成的图形,这些不规则图形的面积可以由多种方法得到:一种是借助面积计算软件,将图形转入计算机,由软件自动计算出其面积,此法在实际运用中使用极为普及,它的关键是如何将实地图形完整地转入计算机;另一种是借助一些工具比如膜片、求积仪等通过计算和量测得到面积。

1. 机助计算

通过数据采集设备,尽可能地在不规则图形的曲线上采集足够数量的点,然后把点展绘到计算机屏幕上,绘制成与实地一致的图形,使用软件自动计算出图形面积。

2. 网点法

网点法是用赛璐珞、聚酯薄膜等透明膜片上绘制的小方格、均匀分布的小点或平行线,在图上量算面积。

(1) 格网法

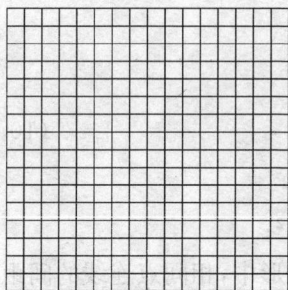

图 10.2 方格网求积板

在透明板材上建立起互相垂直的平行线,平行线间的间距为 1mm,则每个方格的面积为 1mm² 的正方形,把这样的格网片称为方格网求积板(图 10.2)。

图 10.3 中为要量测的图形,可将透明方格网置于该图形的上方,首先计算图形内部的整方格数,即图上的阴影部分,再图形边线分割了的非整方格数(破格数)凑成整格数计数(一般将不满一格的格数除以 2),两者相加即得图形的总方格数,乘以每方格代表的实地面积值,便可求出被测图形的面积。其作业步骤如下:

1) 定单格面积值。

① 按公制单位,每格所代表的实地面积为

$$A = L \times M$$

式中:L——方格网求积板中每一单格的边长,mm;

M——图比例尺分母。

② 按我国习惯单位亩,每格代表的实地面积为

$$C = 0.0015 \times A$$

2) 计算方格数。将方格网求积板蒙在被量图斑上,使四周不完整的方格数尽量少一些,然后将被量图形内的整格数与破格数加起来,即为图斑内的总格数。所谓破格数,就是将不完整的格数折合成整格以后的数。对于图形内的整格数,数起来比较方便,但对于破格数起来就比较麻烦,在量算时可根据情况采用以下三种方法:

① 比例法。可将不完整的方格,根据图形内、外所占的比例数,估读到 0.1 格,然后相加,就是总的破格数。

② 四舍五入法。将图形内目估大于半格的算一格,小于半格的舍去,然后将其相加,就是总的破格数。

③ 1/2 破格法。可数出图中所有不完整的格数,并将所有破格数除以 2,就是总的破格数。

3) 计算面积。被测图形的实地面积为

$$P = N \times C \qquad (10.4)$$

式中:N——图斑内总格数;

P——被测图形的实地面积;

C——总格值。

例如,图 10.3 为被量测图形,比例尺 1:1000,现将方格网求积板置于图形上

面,分别计算出整方格数和破方格数为

整格数:$N_1 = 20$ 格

破格数:$N_2 = 22/2 = 11$ 格

总格数 = 31 格

则

$P = 30 \times 1 = 30(\text{m}^2)$

（2）平行线法

用刻有间距 $h = 1\text{mm}$ 或 2mm 平行线的透明线的透明膜片蒙在待测图形上（图 10.4），则图形被平行线分割为若干个等高梯形,用分规和比例尺量取各梯形中的腰线长,将其累加后乘以梯形高,即可得到图形面积：

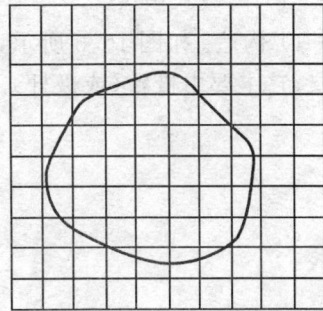

图 10.3　格网法求面积

$$P = (ab + cd + ef + \cdots) \times h \quad (10.5)$$

（3）格点法

将上述方格网的每个交点绘成直径为 0.1mm 或 0.2mm 的圆点,去掉互相垂直的平行线,将其建立在同样的透明板材上,则点值（每点代表的图上面积）就是 1mm^2；若相邻点之间的距离为 2mm,则点值就是 4mm^2。

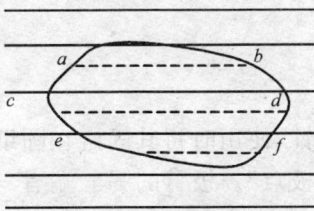

图 10.4　平行线法求面积

将格点求积板放在图上,数出图内与图边线上的点数,则可按下式求出图形的面积,即

$$p = (N + L/2 - 1) \times C$$
$$C = (d \times M/1000)^2 (\text{m}^2) \quad (10.6)$$

或

$$C = (d \times M/1000)^2 \times 0.0015 (\text{亩})$$

式中：N——图形内的点数；

　　L——图形轮廓线上的点数；

　　C——每个点相应的实地面积值；

　　M——图比例尺分母；

　　D——相邻点之间的距离,mm。

格点法数点容易,使用较简单。

3. 求积仪法

由于求积仪体积小,面积量算速度快,能适应任意图形的面积量算,因此在图解法面积量算中广泛使用。

求积仪有机械求积仪和数字求积仪两种。其量算精度接近,只是数字求积仪可以直接在显示屏上显示面积值,所以使用起来比较方便。

(1) 机械求积仪

1) 构造。如图 10.5 所示,这种求积仪是江苏无锡测绘仪器厂生产的补偿式求积仪,它主要由极臂(或极杆)、描迹臂(或测杆)及计数机件三个部分组成。

图 10.5　机械求积仪

极臂的一端为一重锤,重锤底部的中心有一枚极针,使用时将其固定在图纸上或工作台面上,重锤中心是求积仪的运转轴心,称作"极点"。极臂的另一端有一圆球,可与计数机件上的球支撑套合,构成一个球关节,使极臂和描迹臂之间形成一个可变化的角度。

描迹臂一端安有描迹装置,这种仪器的描迹装置由描迹针、手柄及小圆柱构成。进行面积量算时,需将描迹针对准被量图形的边界线依顺时针或逆时针方向移动。极臂上刻有长度分划,用于将计数机件的支座调整到规定的位置上,此长度分划可估读到 0.1mm,由于极臂的长短可视需要而变化,因此,这种求积仪又称作"活臂求积仪"。

计数装置由计数盘、计数轮、计数游标三个部分组成。计数盘上有 10 个刻画,分别注 0,1,2,…,9 十个数字,计数轮上均匀刻有 100 个刻画。计数盘由计数轮驱动,计数轮每转动一周(即走动 100 个刻画),计数盘只转动一格,计数轮与游标的联合使用,可使计数轮上的读数估读到 1/10 格。若以游标的读数为个位,计数轮上的读数为十位数和百位数,则计数盘上的读数应为千位数。因此,求积仪上的读数常为四位数,如图 10.6 所示,该求积仪在这一工作状态下的读数为 6463。

2) 使用方法。

① 确定支座位置。由于计数机件装置在支座上,因此确定了支座位置后,也就确定了量测不同比例尺图上图形面积的描迹臂长。每台仪器的说明书中都有一个支座安置表(注意:不同仪器的安置表不同,不能互相使用)。首先从安置表中依被量图形的比例尺查出安置值,然后用描迹臂上的长度刻画和支座上的游标将支座固定在规定的位置上。安置表中的 C 为单位面积,其中绝对值为图上的单位面积,

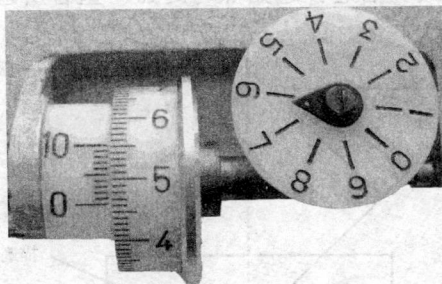

图 10.6　机械求积仪读数

相对值为实地相应的单位面积。表中的标准面积为该仪器的检校直规旋转一周时的面积值。不同的直规,有不同的标准面积。表 10.2 为某台求积仪的支座位置安置表。

表 10.2　求积仪的支座位置安置

| 比例尺 | 描迹臂位置 | C | | 加常数 q | 标准面积 |
		相对值	绝对值		
1 : 1000 1 : 200	315.8	10m² 0.4	10m²	23 978	99.50cm²
1 : 500 1 : 250	250.0	2 0.5	8	25 151	
1 : 400	189.7	1	6.25		
1 : 1000 1 : 10 000	148.7	5 500	5		
1 : 500 1 : 5000	118.8	1 100	4		

②　选择极点的最佳位置。极点位置安放适宜,可以减少量测过程中的误差,选择的方法如下:

先将被量测图纸固定在平整而光滑的工作台上,作业时,将描迹针放在欲求面积图形的中心,然后移动极臂,使描迹臂与极臂成 90°,并使极点与描迹针的连线大体与图形的对称线重合,如图 10.7 所示。此时极点所处的位置就是最佳位置。具体操作时,可先按上述要求大体选定极点位置,然后将描迹针沿图形轮廓线粗略绕行一周,观察两臂之间的变化,若在 30°～150° 之间,此时极点所处的就是最佳位置,可将其极点固定。这样可使求积仪计数轮转动轴线不平行描迹臂轴线所产生的误差最小。若不满足以上条件,可重新调整极位。

③　描迹针起始点的确定。起始点最好选在两臂夹角约成 90° 的位置,并且要使描迹臂的轴线能大体与通过该点的一小段轮廓线平行。这样,在描迹臂通过该点

时,计数轮主要滑动,可减少描迹针起始点与终点不重合所造成的读数误差。

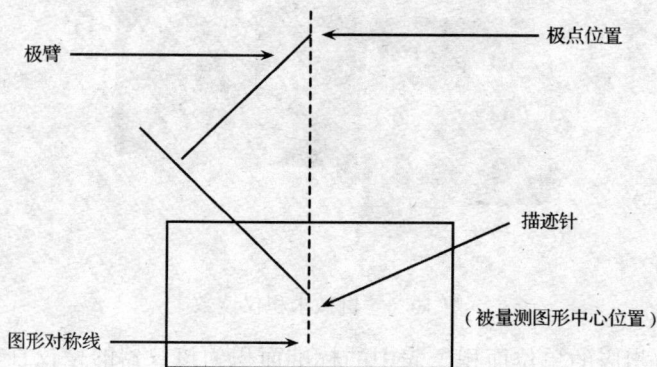

图 10.7　求积仪极点与描迹针位置

将描迹针对准被量测图形外轮廓线上的起始点位置,即可读取起始读数 n_1,然后将描迹针平稳而准确地沿边线依顺时针方向绕行一周回到起始位置,又可读取终读数 n_2。

④ 面积计算。根据 n_1,n_2 两个读数,利用下式即可求出被测图形的面积 P。

$$P = C(n_2 - n_1) \tag{10.7}$$

式中:C——求积仪分划值,见表 10.2。

【例 10.1】　在 1：1000 地籍图上求边长为 150mm 的正方形面积。

【解】　① 从安置表中查出 1：1000 比例尺一栏中的描迹臂位置是 315.8,松开支座的固定螺旋,移动支座,使支座上的游标对准长度刻画的 315.8。必要时可用微调装置来精确对准 315.8,然后锁紧固定螺旋。

② 将描迹针放于正方形中央,使极臂与描迹臂约成 90°,按前面所讲的方法,将极点插入图形外的工作台上。

③ 当描迹针对准某一角点时的读数为 1635,然后沿轮廓线依顺时针方向绕行一周后其读数为 3885。

④ 由安置表中查得 C 值为 10m²,则此正方形的面积为

$$P = 10 \times (3885 - 1635) = 22\ 500(\text{m}^2)$$

3）注意事项。包括以下几项:

① 作业前应对求积仪进行必要的检校。

② 必要时还要测定仪器的 C 值。

③ 对小于图上 1cm² 的图形,不要用求积仪量算,应采用膜片法;对于面积在 2～5cm² 的图形,使用求积仪时,应增加绕行圈数,取其始、终读数之差,并除以圈数,即为图形面积应得的分划数,以便提高量算精度。当面积过大或图形狭长时,应分块量测,最后求得被量图形的面积总和。

④ 为了消除求积仪装置不对称而造成的量测误差,在量测控制面积时,应采

用将极点分别放在描迹臂的左侧与右侧（也称左极位、右极位）及顺时针与逆时针这四种情况进行量测，最后以平均值作为被量测面积。每一极位两次量测读数之差应符合《房产测量规范》的规定。在量测碎部图斑时，应以一个极位量测两次，两次量测的读数之差也要满足规范的规定。

⑤ 作业时，尽量将极点安置在图形外面，这样工作方便，量测精度高，计算简便。

⑥ 按图形面积的大小确定描迹臂的长度。图形面积小，臂长应短一些；否则应长一些。如在 1∶1000 地籍图上量测面积，面积小时臂长安置值可取 148.7，面积大时应取 315.8，这样臂长与面积成比例，可避免两臂夹角小于 30° 或大于 150°，保证了面积量算精度。

（2）数字求积仪

数字求积仪是由日本测机舍所生产，分定极式 KP-80 和动极式 KP-90 两种类型。

1）构造。KP-80 的构造如图 10.8 所示。

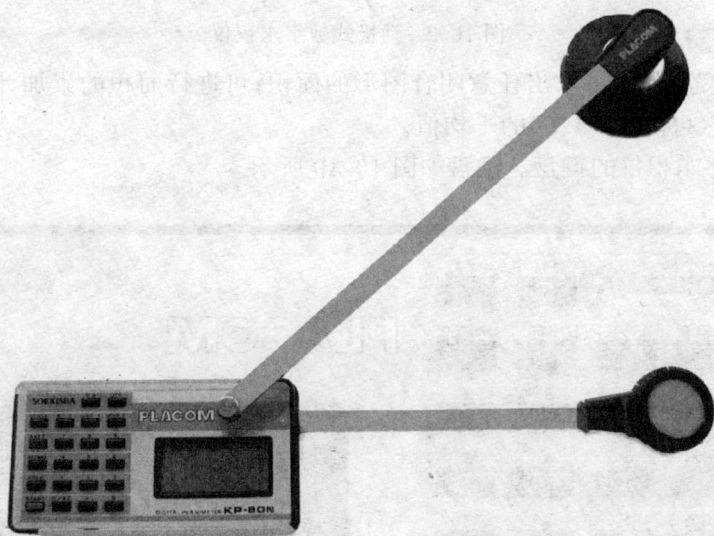

图 10.8 定极式数字求积仪

KP-90 的构造如图 10.9 所示。

2）仪器的性能。

① 测量范围。动极式：面积测量时，在没有溢出 9999 脉冲计数出现的情况下，一次可测量纵向 350mm，横向 300mm 的面积范围。定极式：极点安置在图形外时，一次可以测量直径 300mm 的范围。

② 测量精度。测量精度在 ±0.2% 以内（±2/1000 脉冲以内）。

③ 量测要求。对同一图形，取两个起点，四次量测，差值符合要求时，取平均值；图上面积小于 4cm²，不宜使用该仪器。

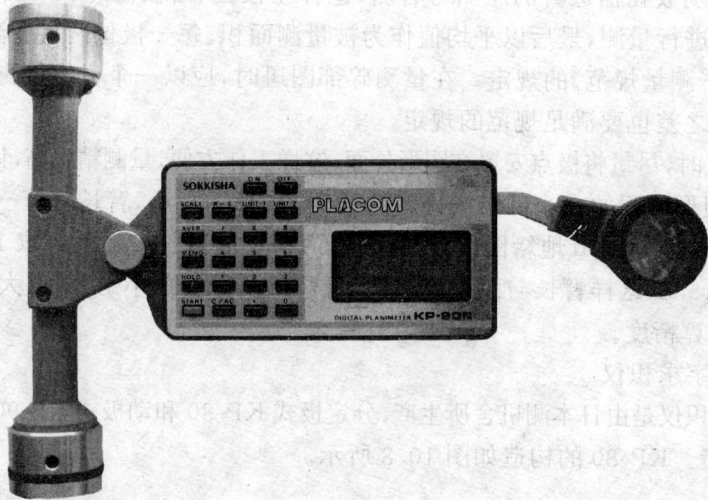

图 10.9 动极式数字求积仪

在测量范围内,可求出任意闭合图形的面积;可进行面积的累加计算;可求出各次量测值(可多达 10 次)的平均值。

3) 数字求积仪的键盘。键盘如图 10.10 所示。

图 10.10 数字求积仪键盘

① 电源开关键。

ON 键:开机,同时机内初始化,显示"0"。

OFF 键:关机。

② 清除键。

C/AC 键:按一次,清除屏幕和计数;连续按两次,可以清除所有存储的内容。

③ 数字键和小数点键。 0～9，•。

④ 单位制选择键。

UNIT-1：单位系统选择键，可以选择米制、英制和日制。

UNIT-2：每个单位系统中的单位变换键。

⑤ 比例尺键。

SCALE 键：可安置直线比例尺，先用数字键设定比例尺分母，然后按下此键，比例尺就被设定。

⑥ 比例尺确定键。

R-S 键：反映和安置的比例尺相应的面积关系。当安置比例尺为 1：1000 时，如果按下此键，则显示"1000 000"亦即 1000^2，则安置正确。

⑦ 起动键。

START 键：在测量开始时或测量中再次启动时用，在描迹测量开始前，按此键，蜂鸣器发出轻微响声，则存储器清除测量的平均值和计数，显示窗中显示"0"，即可开始描迹测量。

⑧ 保持键。

HOLD 键：按此键后，显示"HOLD"，同时显示窗内显示的脉冲数变为面积值而被暂时保存起来，保存时间为 3min。再按一下此键，"HOLD"消失，暂时保存被消除，屏上又显示脉冲数，可继续进行下面的测量。因此，在累加测量及测量中想暂时停止一会儿时，经常用到此键。

⑨ 存储键。

MEMO 键：按一下此键，可将每次测量的结果按面积值存入内存器。在平均值测量中，在未按此键而按启动键 START 时，之前所存储的内容就被全部消除掉了。这是应该特别注意的。

⑩ 平均值键。

AVER 键：如果进行一次测量，按下此键后，显示被测量的面积值；如果进行平均值测量，按下此键后，显示的内容为内存各次测量结果的平均值；欲进行单位换算时，则可先按下单位换算键，再按下此键，显示窗内可显示出换算后的面积值（注意：显示屏仅显示 8 位数）。

4）量算方法。

① 准备工作。首先把测量图纸水平地贴在水平工作台上，把牵引镜放在被量图形的大约中心位置，然后使极臂与牵引臂成 90°，接着沿图形的外轮廓线粗略地运动 2 次或 3 次。在运行中，要使仪器运转灵活，否则就调整极基位置，而得到一个比较平滑的运转。

② 开机。直接按 ON 键，1s 后显示"0"。

③ 面积单位和比例尺的设置。

a. 面积单位选择。

UNIT-1 及 UNIT-2 键,选用所需的面积单位。

b. 比例尺的设置。

例 1,设置 1:1000,单位为 cm²,如表 10.3 所示。

表 10.3　比例尺设置(一)

操作	显示	说明
1000	cm 1000	用数字键设定比例尺分母
SCALE	SCALE　　cm 0	设置比例尺完毕
R-S	SCALE　　cm 1000000	确定比例尺安置的正确性
START	SCALE　　cm 0	可以开始测量

例 2,设置比例尺为 $1:X=1:100$,$1:Y=1:50$ 时,单位为 cm²。其安置方法如表 10.4 所示。

表 10.4　比例尺设置(二)

操作	显示	说明
100	cm 100	安置横向比例尺数值 X
SCALE	SCALE　　cm 0	
50	SCALE　　cm 50	安置纵向比例尺数值 Y
SCALE	SCALE　　cm 0	横向比例尺为 100 纵向比例尺为 50
R-S	SCALE　　cm 5000	计算 $X \cdot Y$
START	SCALE　　cm 0	开始测量

④ 测量面积操作。

a. 动极式。在被量算图形边界上任取一点(尽可能在左侧边界的中间)作为开始测量的起始点,并与跟踪放大镜的中心重合。按一下 START 键,蜂鸣器发出音响后,显示"0",然后跟踪放大镜中心依图形边线沿顺时针方向平滑移动至起点为止,最后根据需要按下 HOLD 键、MEMO 键或 AVER 键,显示屏上显示的就是面积值。若不按上述三键中的任意一个,则显示的是脉冲数。

b. 定极式。基极放在图形外时,其操作方法与机械求积仪类似,即顺时针方向沿图形的外轮廓线绕行 1 周。其中键盘的操作与动极式的方法一致。

⑤ 累加测量法。当有两个或两个以上图形面积需要相加时,用累加测量法比较好。

首先依前述方法测量第一个图形面积,完后按一下 HOLD 键,把已测得的面积值暂时存储起来。接着将仪器移至第二个图形的边线起点位置,按一下 HOLD 键,解除固定状态,并继续进行测量。依此,可对第三个……图形进行累加测量,直至测完,最后所显示的就是累加面积值(注意:当累加面积值位数超过 8 位,仅显示前 8 位数)。

若在累加测量中发生操作错误,可将跟踪放大镜中心重新对准该被量图形的起点,按一下 C/AC 键,错误显示被清除,并再次显示操作错误前的正确数据,以继续进行测量。

⑥平均值测量。为了提高面积测量的精度,可以重复对某图形测量数次(不超过 10 次),最后取平均值作为被量测的面积值。利用 MEMO 键和 AVER 键,可求出其平均值。

例如,对一图形进行重复三次的平均值测量(单位为 cm^2,比例尺为 1：1)。其作业方法如表 10.5 所示。

表 10.5　求积仪面积测量

操作	显示	说明
		开机,选择单位,设定比例尺略
START	cm 0	可开始测量
第一次测量	cm 5401	脉冲计数显示
MEMO	MEMO　cm 540.1	脉冲数变为以 cm 为单位的面积,并被存储。
START	MEMO　cm 0	虽然显示"0",但原存储内容并未清除,可以进行第二次测量了
第二次测量	MEMO　cm 5400	脉冲计数显示
MEMO	MEMO　cm 540	脉冲数变为以 cm 为单位的面积,并被存储
START	MEMO　cm 0	显示虽为"0",但原存储内容并未清除,可进行第三次测量了。
第三次测量	MEMO　cm 5399	脉冲计数显示
MEMO	MEMO　cm 539.9	脉冲计数显示
AVER	MEMO　cm 540	显示的值是重复三次测量的平均值

天面是指房屋顶面上,四周有围护结构的,可供人民正常活动的平台,也叫天台。斜面结构屋顶以室外高度在2.20m以上的部位量取,低于2.20m的不算。

6) 挑楼、全封闭的阳台按其外围水平投影面积计算。

挑楼是楼房向外悬挑出底层的封闭楼层房屋。新建住宅楼的阳台是否封闭一般参照建筑设计图纸判断。

7) 属永久性结构有上盖的室外楼梯,按各层水平投影面积计算。

当上层楼梯设计为下层楼梯的顶盖,且可以完全遮盖的,可视为该层室外楼梯有顶盖。

8) 与房屋相连的有柱走廊,两房屋间有上盖和柱的走廊,均按其柱的外围水平投影面积计算。

9) 房屋间永久性的封闭的架空通廊,按外围水平投影面积计算。

10) 地下室、半地下室及其相应出入口,层高在2.20m以上的,按其外墙(不包括采光井、防潮层及保护墙)外围水平投影面积计算。

地下室是指房屋地面低于室外地面的高度超过该房间净高的一半者;半地下室是指房屋地面低于室外地面的高度超过该房间净高的1/3,但不超过一半的地下室。

11) 有柱或有围护结构的门廊、门斗,按其外围水平投影面积计算。

门廊和门斗是指房屋门前有顶盖,有支柱或围护结构的进出通道,支撑顶盖的是柱称为门廊,支撑顶盖的是承重墙体时称门斗。门廊和门斗必须具备与房屋相连的永久性的、结构牢固的顶盖。顶盖可以是独立的,也可以是房间或挑廊的底板,或挑楼或阳台的底板,也可以是屋檐。

12) 玻璃幕墙等作为房屋外墙的,按其外围水平投影面积计算。

13) 属永久性建筑的有柱的车棚、货棚等按柱的外围水平投影面积计算。

柱是指承重的结构柱。装饰性的柱、非承重柱以及柱的装饰性部分除外。

14) 依坡地建筑的房屋,利用吊脚做架空层,有围护结构的,按其高度在2.20m以上部位的外围水平面积计算。

这里指的是依坡地建筑的架空房屋的下方,利用吊脚做架空层的房屋。其必须有围护物,有底板可以作为人民生产、生活的场所。若其只为防潮之用,则不计算建筑面积。

15) 有伸缩缝的房屋,若其与室内相通的,伸缩缝计算建筑面积。

伸缩缝是指建筑物与建筑物之间设置在基础以上的竖直缝,为使相邻两建筑物分离而形成的空隙,以适应温度变化时引起的建筑物伸缩。无论其宽度,只要其与两边房屋中任一边相通,具有房屋的一般条件,又能正常利用的,则可以计算房屋的建筑面积。

(3) 计算一半建筑面积的范围

1) 与房屋相连有上盖无柱的走廊、檐廊,按其围护结构外围水平投影面积的一半计算。

2）独立柱、单排柱的门廊、车棚、货棚等属永久性建筑的，按其上盖水平投影面积的一半计算。

3）未封闭的阳台、挑廊，按其围护结构外围水平投影面积的一半计算。

4）无顶盖的室外楼梯按各层水平投影面积的一半计算。

5）有顶盖不封闭的永久性的架空通廊，按外围水平投影面积的一半计算。

（4）不计算建筑面积的范围

1）层高小于 2.20m 以下的夹层、插层、技术层和层高小于 2.20m 的地下室和半地下室。

2）突出房屋墙面的构件、配件、装饰性的玻璃幕墙、垛、勒脚、台阶、无柱雨篷等。

3）房屋之间无上盖的架空通廊。

4）房屋的天面、挑台、天面上的花园、泳池。

5）建筑物内的操作平台、上料平台及利用建筑物的空间安置箱、罐的平台。

6）骑楼、过街楼的底层用作道路街巷通行的部分。

7）利用引桥、高架路、高架桥、路面作为顶盖建造的房屋。

8）活动房屋、临时房屋、简易房屋。

9）独立烟囱、亭、塔、罐、池，地下人防干、支线。

10）与房屋室内不相通的房间伸缩缝。

3. 房屋面积测算的精度要求

自从 1991 年《房产测量规范》(CH5001—1991)发布以来，全国房地产部门普遍执行了 $\pm(0.04\sqrt{S}+0.003S)$ 的规定，随着测量器具和测量技术的发展要求，2000 年发布的《房产测量规范》(GB/T 17986.1—2000)将房产面积的精度要求分为三级，具体如表 10.6 所示。

表 10.6　房产面积的精度要求

房产面积的精度等级	限差/m²	中误差/m²
一	$\pm(0.02\sqrt{S}+0.0006S)$	$\pm(0.01\sqrt{S}+0.0003S)$
二	$\pm(0.04\sqrt{S}+0.002S)$	$\pm(0.02\sqrt{S}+0.001S)$
三	$\pm(0.08\sqrt{S}+0.006S)$	$\pm(0.04\sqrt{S}+0.003S)$

对城市繁华地段，以及某些特殊建筑物的房屋，或者产权人自己要求的则可以使用一级房屋的精度标准。各城市的商品房面积，或者进入房地产市场的房屋面积使用二级精度标准。其他房屋的面积则使用三级面积的精度标准。

10.2.2 房屋用地面积测算

房屋用地面积是指房屋占用和使用的全部土地面积,以丘为单位进行测算。

1. 用地面积测算的范围

用地面积测算的范围包括房屋及其附属设施所占用的土地面积、院落用地面积和公用土地的分摊面积等全部使用面积。其中包括供休憩和满足成产或生活需要的空间面积,还包括出入专用的室外道路、绿化、停车场、院内空地及其围护物等的全部土地面积。

2. 土地不计入用地面积的范围

1) 无明确使用权属的冷巷、巷道或间隙地。
2) 市政管辖的道路、街巷、巷道等公共用地。
3) 公共使用的河涌、水沟、排污沟。
4) 已征用、划拨或者属于原房产证记载范围,经规划部门核定需要作市政建设的用地。
5) 其他按规定不计入用地的面积。

3. 用地面积测算的方法

用地面积测算可采用坐标解析法、实地量距法和图解计算等方法(详见10.1节)。

10.3 共有面积的分摊计算

共有共用面积包括共有的房屋建筑面积和公用的房屋用地面积。

10.3.1 共有建筑面积的分摊计算

1. 可以分摊的共有建筑面积

1) 共有的电梯井、管道井、垃圾道、观光井(梯)、提物井。
2) 共有的楼梯间、电梯间。
3) 为本幢服务的变电室、水泵房、设备间、值班警卫室。
4) 为本幢服务的公共用房、管理用房。
5) 共有的门厅、大厅、过道、门廊、门斗。
6) 共有的电梯机房、水箱间、避险间。
7) 共有的室外楼梯。
8) 共有的地下室、半地下室。

9）公共建筑之间的分隔墙，以及外墙（包括山墙）水平投影面积一半的建筑面积。

2. 不应分摊的建筑面积

1）作为人防工程的建筑面积。
2）独立使用的地下室、半地下室、车库、车棚。
3）为多幢服务的警卫室、设备用房、管理用房。
4）用作公共休憩用的亭、走廊、塔、绿化等建筑物。
5）用作公共事业的市政建设的建筑物。

3. 共有建筑面积的处理原则

1）产权各方有合法权属分割文件或协议的，按文件或协议规定执行。
2）无权属分割文件或协议的，可按照相关房屋的建筑面积按比例进行分摊。
3）房屋共有建筑面积的所有权属参与共有建筑面积分摊的各产权人。

4. 共有建筑面积的分类与确认

根据共有建筑面积的使用功能，共有建筑面积主要可分为三类：
1）全幢共有共用的建筑面积，由全幢进行分摊。
2）功能区共有共用的建筑面积是指专门为某一功能区服务的共有共用的建筑面积，由本功能区分摊。
3）层共有共用的建筑面积，当功能设计专门为本层服务或区别于其他层时，各层分别各自进行分摊。

整幢建筑物的建筑面积扣除整幢建筑物各套套内建筑面积之和，并扣除已作为独立使用的地下室、车棚、车库、为多幢服务的共用警卫室、管理用房，以及人防工程等建筑面积，即为整幢建筑物的共有共用面积。

如果一幢楼各层的套型一致，共有建筑面积也相同，如普通的住宅楼，则没有必要对共有建筑进行分类，而可以以幢为单位，按幢进行一次共有建筑面积的分摊，直接求得各套的分摊面积。

对于多功能的综合楼或商住楼，一般要进行二级、三级或更多级的分摊。因此，在对公有建筑面积分摊之前，应首先对本幢楼的共有建筑面积进行认定，决定其分摊层次和归属。

5. 共有建筑面积分摊认定表

对共有建筑面积分摊的认定，建议填写认定表，认定表格式见表10.7。

表 10.7 共有建筑面积分摊认定

幢号		丘号		房产分区号		房产区号		
坐落								
房屋类别		房屋产别		房屋结构		层数		
建成年代		总建筑面积		总分摊面积		总分摊系数		
序号	层号	共有建筑面积名称	共有面积		分摊办法		备注	

申报单位_____ 年 月 日　代表_____　认定单位_____ 年 月 日　认定人_____

6. 成套房屋的套内建筑面积计算

成套房屋的套内建筑面积由套内房屋使用面积、套内墙体面积、套内阳台建筑面积三个部分组成。

（1）套内房屋使用面积

套内房屋使用面积为套内房屋使用空间的面积，以水平投影面积按以下规定计算：

1）套内使用面积为套内卧室、起居室、过厅、过道、厨房、卫生间、厕所、储藏室、壁柜等空间面积的总和。

2）套内楼梯按自然层数的面积总和计入使用面积。

3）不包括在结构面积内的套内烟囱、通风道、管道井均计入使用面积。

4）内墙面装饰厚度计入使用面积。

（2）套内墙体面积

套内墙体面积是套内使用空间周围的维护或承重墙体或其他承重支撑体所占的面积，其中各套之间的分隔墙和套与公共建筑空间的分隔墙以及外墙（包括山墙）等共有墙，均按水平投影面积的一半计入套内墙体面积。套内自有墙体按水平投影面积全部计入套内墙体面积。

（3）套内阳台建筑面积

套内阳台建筑面积均按阳台外围与房屋外墙之间的水平投影面积计算。其中封闭阳台按水平投影面积全部计算建筑面积，未封闭的阳台按水平投影的一半计算建筑面积。

7. 共有共用面积按比例分摊的计算公式

按相关建筑面积进行共有或共用面积分摊，按下式进行，即

$$\left.\begin{aligned} \delta S_i &= K \times S_i \\ K &= \sum \delta S_i / \sum S_i \end{aligned}\right\} \tag{10.9}$$

式中：K——面积的分摊系数；

S_i——各单元参加分摊的建筑面积，m^2；

δS_i——各单元参加分摊所得的分摊面积，m^2；

$\sum \delta S_i$——需要分摊的面积总和，m^2；

$\sum S_i$——参加分摊的各单元建筑面积总和，m^2。

8. 外墙体一半面积的计算

在共有建筑面积中包含套与公共建筑之间的分隔墙以及外墙(包括山墙)等共有墙水平投影面积一半的建筑面积，所以下面简单介绍一下根据墙体内、中、外尺寸计算二分之一墙体面积的公式。

由于在实际计算中一般使用墙体中线至另一墙体中线尺寸，所以套与公共建筑之间的分隔墙都已经分别包括在套面积与公共建筑面积之内，其墙体面积的一半已归入公共面积之中而被分摊，所以不存在另外再分摊的问题，需要分摊的只有外墙(包括山墙)等共有墙水平投影面积一半的建筑面积。图 10.11 为一幢房屋被局部放大了的外墙。

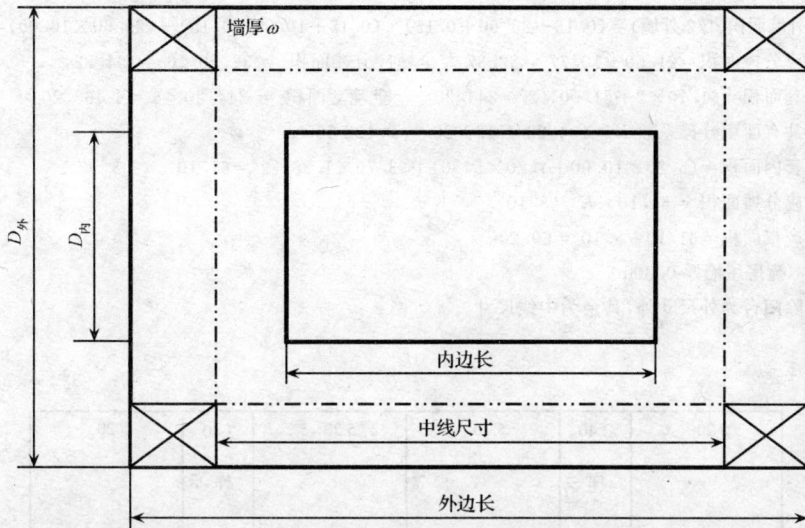

图 10.11 房屋外墙

其中，如果房屋两边长为 a 和 b，墙的厚度为 ω，则计算二分之一墙体面积为

$$\sum [1/2\omega_{外}] = (a_{外} + b_{外})\omega - \omega^2 \tag{10.10}$$

$$\sum [1/2\omega_{外}] = (a_{中} + b_{中})\omega + \omega^2 \tag{10.11}$$

$$\sum [1/2\omega_{外}] = (a_{内} + b_{内})\omega + 3\omega^2 \tag{10.12}$$

9. 住宅楼共有建筑面积的分摊方法

住宅楼以幢为单位进行分摊,根据整幢的共有建筑面积和整幢套面积的总和求取整幢住宅楼的分摊系数,再根据各套房屋的套内建筑面积,求得各套房屋分摊所得的共有建筑分摊面积。计算公式见式(10.9),例如:

本例为一普通住宅楼,全幢共 6 层,每层两个单元,每单元有两套住宅,全幢共 24 户住宅,户号从一层东边起顺编,从 1~24 号,各层套型相同,具体尺寸见表 10.8。表 10.8 中所注尺寸,除阳台尺寸为外尺寸外,其他尺寸均为中线尺寸,计算步骤如下:

表 10.8　成套房屋的套面积和产权面积以及分摊面积的计算

丘号	0048.6	结构	混合	套内建筑面积/m²	61.10
幢号	6B	层数	06	共有分摊面积/m²	8.10
户号	1-20	层次	5	产权面积/m²	69.20
坐落					

共有分摊面积计算(第五层)　单位:m²

梯间面积=2.40×4.50×2=21.6

共有外墙面积(1/2 外墙)=(0.15+25.60+0.15)×(0.15+10.00+0.15)−(25.60×10.00)=10.77

本层应分摊面积=21.60+10.77=32.37　全幢应分摊面积 = 32.70×6=194.22

本层套面积=61.10×2+61.00×2=244.20　全幢套面积 = 244.20×6=1 465.20

本幢共有面积分摊系数 K=194.22/1 465.20 = 0.132 555 2

本户套内面积=(5.20×10.00+1.20×5.50)+(3.70×1.35)/2=61.10

本户应分摊面积 =61.10×K =8.10

本户产权面积=61.10+8.10=69.20

注:本幢房屋墙厚 0.30m

　　除阳台为外尺寸外,其余为中线尺寸

1) 从房屋测量草图上把房屋的有关边长、墙厚等尺寸标注于图上。阳台尺寸标注外尺寸,其他都标注中线尺寸。

2) 为了保证房屋面积计算的准确可靠,在面积计算之前应对房屋的所有边长进行一次校核,保证各尺寸之间没有矛盾,相同户型的中线尺寸要保证一致,保证各房间边长与总边长完全符合一致,对不一致的应进行检查。如系多余观测的测量误差引出的矛盾(闭合差),在规定限差之内时,应进行平差配赋处理。如本幢房屋的边长有

$6.4 \times 4 = 25.6 \text{(m)}$

$5.20 + 2.40 + 5.20 + 5.20 + 2.40 + 5.20 = 25.60 \text{(m)}$

3) 计算套内建筑面积。

$S'_{T17} = 5.20 \times 10.00 + 1.20 \times 5.50 = 58.60 \text{(m}^2)$

阳台(不封闭)面积 $S_{台17} = (3.70 \times 1.35)/2 = 2.50 \text{(m}^2)$

套内建筑面积 $S_{T17} = 58.60 + 2.50 = 61.10 \text{(m}^2)$

阳台(不封闭)面积 $S_{台18} = (3.55 \times 1.35)/2 = 2.40 \text{(m}^2)$

套内建筑面积 $S_{T18} = 58.60 + 2.50 = 61.00 \text{(m}^2)$

总套内建筑面积:

$$\sum S_{Ti} = (61.10 + 61.00 + 61.00 + 61.10) \times 6 = 1465.20 \text{(m}^2)$$

4) 幢的共有建筑面积。

层梯间面积 $S_{梯} = (2.40 \times 4.50) \times 2 = 21.60 \text{(m}^2)$

层外墙墙体面积的一半:

$$S_{半墙} = (0.15 + 25.60 + 0.15)(0.15 + 10.00 + 0.15) - (25.60 \times 10.00)$$
$$= 10.77 \text{m}^2 \text{(层)}$$

层共有建筑面积 $\Delta S_C = 21.60 + 10.77 = 32.37 \text{(m}^2)$

幢共有建筑面积 $\Delta S_Z = 32.37 \times 6 = 194.22 \text{(m}^2)$

5) 计算幢共有建筑面积的分摊系数。

$K_Z = 194.22/1465.20 = 0.1325553$

6) 计算各套房屋的分摊面积。

$\delta S_{17} = S_{T17} \times K_Z = 61.10 \times 0.1325553 = 8.10 \text{(m}^2)$

7) 计算各套房屋的产权面积。

$S_{E17} = S_{T17} + \delta S_{17} = 61.10 + 8.10 = 69.20 \text{(m}^2)$

$S_{E18} = S_{T18} + \delta S_{18} = 61.00 + 8.09 = 69.09 \text{(m}^2)$

8) 检查。最后计算的各户产权面积之和等于本幢总建筑面积。

房屋的建筑面积(层)

$$\sum S_{Ti} = (0.15 + 25.60 + 0.15) \times (0.15 + 10.00 + 0.15) + 2.5 \times 2 + 2.4 \times 2 = 276.57 \text{(m}^2)$$

房屋产权面积之和(层)

$$\sum S_{Ei} = 69.20 + 69.09 + 69.09 + 69.20 = 276.58(\text{m}^2)$$

10. 商住楼共有面积的分摊方法

首先根据住宅和商业等的不同使用功能按各自的建筑面积将全幢的共有建筑面积分摊成住宅和商业两个部分,即住宅部分分摊得到的全幢共有建筑面积和商业部分分摊得到的全幢共有建筑面积。然后住宅和商业部分将所得的分摊面积再各自进行分摊。

(1) 住宅部分

将分摊得到的幢共有建筑面积,加上住宅部分本身的共有建筑面积,依照共有共用面积的处理和分摊的方法和公式,按各套的建筑面积分摊计算各套房屋的分摊面积。

(2) 商业部分

将分摊得到的幢共有建筑面积,加上本身的共有建筑面积,按各层套内的建筑面积依比例分摊至各层,作为各层共有建筑面积的一部分,加至各层的共有建筑面积中,得到各层总的共有建筑面积,然后再根据层内各套房屋的套内建筑面积按比例分摊至各套,求出各套房屋分摊得到的共有建筑面积。例如,本幢建筑物为一商住楼,共六层,分为两个功能区,1~2层为商业区,每层8户,两层共计16户,户号由一层西北角起从1~16顺编,户型相同;3~6层是住宅区,共四层,每层两个单元,共四户,共计16户,户号从3层起顺编,由17~32号,为相同套型住宅。根据协议,门口警卫收发室属两区共有,两区各自备楼梯,分别使用,各自所有。结构上完全分离,互不相通。阳台均不封闭。具体尺寸见表10.9。表10.9中所注尺寸,除阳台尺寸为外尺寸外,其他尺寸均为中线尺寸,计算步骤如下:

1) 房屋各边长尺寸检核。

$2.40 + 2.80 + 2.40 + 5.20 + 5.20 + 2.40 + 5.20 = 25.60(\text{m})$

$\qquad 6.40 \times 4 = 25.60(\text{m})$

$\qquad 4.00 + 1.50 + 2.10 + 2.40 = 10.00(\text{m})$

$\qquad 5.20 + 2.40 + 5.20 + 5.20 + 2.40 + 5.20 = 25.60(\text{m})$

2) 套内面积 S_{Ti} 计算。

商场部分 16 套:$S_{T1} = S_{T9} = 2.80 \times 2.40 + 2.10 \times 5.20 = 17.64(\text{m}^2)$

$S_{T2} = S_{T10} = S_{T3} = S_{T11} = S_{T4} = S_{T12} = 5.20 \times 4.50 = 23.40(\text{m}^2)$

$S_{T5} = S_{T13} = S_{T6} = S_{T14} = S_{T7} = S_{T15} = S_{T8} = S_{T16} = 6.4 \times 4 = 25.60(\text{m}^2)$

共计套面积 $\sum S_{Ti} = 380.48\text{m}^2$

住宅部分 16 套:

$S_{T17} = S_{T21} = S_{T25} = S_{T29} = S_{T20} = S_{T24} = S_{T28} = S_{T32} =$

$$10.00 \times 5.20 + 1.20 \times 5.50 + \frac{1}{2} \times (1.35 \times 3.70) = 61.10 (m^2)$$

$$S_{T18} = S_{T22} = S_{T26} = S_{T30} = S_{T19} = S_{T23} = S_{T27} = S_{T31} =$$

$$10.00 \times 5.20 + 1.20 \times 5.50 + \frac{1}{2} \times (1.35 \times 3.55) = 61.00 (m^2)$$

共计套面积：$\sum S_{Ti} = 976.80 m^2$

3）共有建筑面积的确定与计算。

① 幢的共有建筑面积。幢的外墙墙体 1/2 面积：

$$\Delta S_{Z1} = [(25.60 + 10.00) \times 0.30 + 0.30 \times 0.30] \times 6 = 64.62 (m^2)$$

幢外门卫室面积 $\Delta S_{Z2} = 5.00 \times 3.00 = 15.00 (m^2)$

幢的共有建筑面积 $\Delta S_Z = 64.42 + 15.00 = 79.42 (m^2)$

② 功能区的共有建筑面积分别以 $\Delta S_宅$ 和 $\Delta S_商$ 表示。商场区的共有建筑面积包括梯间和过道两个部分。

$$\Delta S_商 = (2.40 \times 2.40 + 1.50 \times 25.60) \times 2 = 88.32 (m^2)$$

$$\Delta S_宅 = (2.40 \times 4.50 + 2.40 \times 4.50) \times 6 = 129.60 (m^2)$$

4）各部分面积的计算。

商场区面积 $= 380.48 + 88.32 = 468.80 (m^2)$

住宅区面积 $= 976.80 + 129.60 = 1106.40 (m^2)$

幢面积 $= 468.80 + 1106.40 + 79.62 = 1654.82 (m^2)$

5）面积计算检核。全幢面积应为 $1654.82 m^2$，经过核算无误后，才可以往下进行计算

$$S_Z = [(0.15 + 25.60 + 0.15) \times (0.15 + 10 + 0.15)] \times 6$$
$$+ [(3.70 \times 1.35) \div 2 + (3.55 \times 1.55) \div 2] \times 4 + 3.00 \times 5.00$$
$$= 266.77 \times 6 + 9.80 \times 4 + 15.00 = 1654.82 (m^2)$$

6）共有建筑面积分摊。

① 幢共有建筑面积分摊。幢共有建筑面积分摊系数为

$$K_Z = \Delta S_Z / \sum S_{gi} = 79.62 / 1575.20 = 0.050\,546$$

商场得分摊面积 $\delta S_{g1} = K_Z S_{g1} = 0.050\,546 \times 468.80 = 23.70 (m^2)$

住宅得分摊面积 $\delta S_{g2} = K_Z S_{g2} = 0.050\,546 \times 1106.40 = 55.92 (m^2)$

商场总的共有建筑面积

$$\Delta \delta S_{g1} = \Delta S_{g1} + \delta S_{g1} = 88.32 + 23.70 = 112.02 (m^2)$$

住宅总的共有建筑面积

$$\Delta \delta S_{g2} = \Delta S_{g2} + \delta S_{g2} = 129.60 + 55.92 = 185.52 (m^2)$$

② 功能区共有建筑面积分摊。

商场部分分摊系数：

$$K_{g1} = \Delta \delta S_{g1} / \sum S_{T1} = 112.02 / 380.48 = 0.294\,418$$

住宅部分分摊系数：

$$K_{g2} = \Delta\delta S_{g2} / \sum S_{T2} = 185.52/976.80 = 0.189\,926$$

7）各套产权面积计算。

各套产权面积 $S_{Ei} = S_{Ti} \times (1 + K_{gi})$

例：$S_{E17} = 61.10 \times (1 + 0.189\,926) = 72.70$

$S_{E9} = 17.64 \times (1 + 0.294\,418) = 22.83$

8）产权面积检核。计算出各套产权面积后，各套产权面积 $\sum S_E$ 应等于幢面积 S_Z。

表 10.9　商住楼建筑面积计算与共有建筑面积分摊示例

丘号	0048.6	户号	1-32	结构		钢混
幢号	6B	层数	06	层次		
坐落						

注：本幢房屋墙厚 0.30m，单位：m²
除阳台为外尺寸外，其余为中线尺寸

一层与二层各户平面图
户号：(1)——(16)

三层至六层各户平面图
户号：(17)——(32)

11. 综合楼共有建筑面积的分摊方法

多功能综合楼是指具有多种用途的建筑物,即建筑物内有住宅,有商品用房,也有办公用房,各共有建筑面积的功能与服务对象也并不相同。所以,多功能综合楼共有建筑面积按照谁使用谁分摊的原则,按照各自的功能和服务对象分别进行分摊,即进行多级分摊。先分摊幢,然后分摊功能区,再分摊层,最后把共有建筑面积分摊至套或户。具体参照商住楼的分摊计算方法进行分摊(表10.9)。

10.3.2 共有用地面积的分摊计算

近几年来,在城市的中心商业区,建筑物不仅多层、高层化,建筑物各层用途也呈多元化。人们的活动还向地下发展,出现了地下商场、地下停车库、地下人防等。同时,土地使用权面积、建筑面积以及土地面积分摊等房地产计量方面的投诉与日俱增,房地产面积测绘越来越被人们所关注。整座建筑物占用的土地只有一块,在实物形态上是不可分的,当这座建筑物的开发商售出其中的某一部分,该块土地使用权的一个相应份额也随之转移,最后购得这座建筑物的众多所有者按份共有该块土地的使用权。土地面积分摊在土地有偿使用过程中是经常可见的一项工作,因此土地面积分摊计算是否公平合理,显得尤为重要。本文主要介绍土地面积分摊的方法。

1) 土地面积通常是指地表面积在其水平面上相应的投影面积,即水平投影面积。

不计入宗地面积的范围有:无明确使用权属的巷道或间隙地;市政管辖的道路、街道、巷道等公共用地;公共使用的河滩、水沟、排水沟;已征用、划拨或者属于原房地产记载范围,经规划部门核定需要作为市政建设用地的;其他按规定不计入宗地面积的。

2) 共有土地面积分摊是指土地所有者或土地使用者在共有土地面积中所分摊的面积。

共有土地面积分摊中的面积主要是指与土地权属有关的土地面积,包含两个方面的内容,即建筑物占用土地面积分摊和本宗地内共有土地面积分摊。其中,建筑物占用土地面积分摊主要是指多层建筑物土地面积分摊。

3) 建筑物占用土地面积分摊可分为两种:①多层单一用途土地面积分摊;②多层多用途土地面积分摊。

在这种情况中土地只作为建筑物的附属形态出现,但由于用途不同,地价不同,各层建筑物价值不同,土地使用者应分摊的税费就不同,享有的土地面积也不相同。

4) 由于土地使用情况复杂,以下介绍几种土地面积分摊的计算方法供参考:

① 平均分摊法。这也是目前最广泛采用的方法。适用于平面使用土地分摊和

划拨用地分摊,其分摊面积一般按共有使用者之间各自在该宗地内拥有的地上附着物的占地面积或建筑面积来确定。可用以下公式计算:

土地共有使用权分摊面积＝使用者独立拥有的占地面积或建筑面积÷在共有土地上全部使用者的占地面积或建筑面积总和×土地共有使用权面积

也适用于多层单一用途土地面积分摊,其面积是根据各户拥有的建筑面积的多少来分摊,可用以下公式计算:

该部分土地共有使用权分摊面积＝该部分的建筑面积÷总建筑面积×该建筑物总占地面积

② 土地价值最大化分摊法。适用于底层为商业、二层以上为住宅的楼房。这种方法主要是将土地使用权确定给底层,住宅层分摊院内土地面积,土地只作为附属形式存在,体现了土地价值最大化。因为在地价中,商业用地地价最高,底层用户是土地的直接使用者,又是土地的直接受益者,这就决定了底层作为商业用地的土地收益实际上完全归底层土地使用者所有,而用作住宅的楼层却无此收费,如果将底层面积同二层以上用户进行分摊,就会造成:征收土地税费时,只收取部分商业用地的税费,造成土地资产流失。如果对住宅楼的分摊面积也按商业用地同样平均分摊收取税费,就有失公平。

③ 房地价值分摊法。适用于对多层多用途建筑物进行土地分摊,在建筑物使用过程中,政府要根据这个地块的位置或价值征收土地税费,如果不同用途不同层数的建筑物需要缴相同税费,就不太合理。为了公平起见,可以根据各部分的房地价值进行分摊,公式为

该部分土地共有使用权分摊面积＝该部分房地价值÷该建筑物的房地总价值×该建筑物总占地面积

这种分摊方法必须设立一个前提,即建筑物用途、面积、平面布置、装修等相同或相近。也就是说,各部分房地价值(单价)有差异但差异不是很大的建筑物。

④ 土地价值分摊法。或称地价分摊法,适用于对多层多用途建筑物进行土地分摊,在土地利用过程中,由于土地用途不同,层数不同,土地产生的价值就不同,按照不同用途地价在土地所有用途地价中的比例对土地进行分摊,确定使用者拥有多少土地面积,应该承担多少税费,这样更为公平合理。这就是按土地价值分摊法。公式如下:

该部分土地共有使用权分摊面积＝(该部分的房地价值－该部分的建筑物价值)÷(房地总价值－建筑物总价值)×该建筑物总占地面积

这种分摊方法不仅适用于多层、高层,而且适用于同一层或平房不同部位分别为不同人所有,房地价值不相等的土地面积分摊。

⑤ 楼价分摊法。适用于对不同用途相同层数的建筑物土地进行分摊。如果不同用途相同层数的建筑物需要交同样的税费,就不太合理,所以还应利用楼价对同

一用途不同楼层的土地进行分摊修正。由于不同层数的楼价是受市场因素影响的，楼的地价则不变，所以用楼价来修正地价可以说是一种操作简单的办法。计算公式为

　　修正后的土地分摊面积＝某一层楼价÷所有层楼价之和×修正前土地分摊面积

　　上述的土地面积分摊计算方法应该各有千秋，平均分摊法操作比较简单，但由于土地利用类型不同，土地面积平均分摊产生的利弊不同，这种方法只注重权利的分配，而造成地价不合理分摊，对于多层商业网点和商业住宅综合楼来说，如果平均分摊，让土地使用者都承担相同的税费是不合理、不公正的，而且平均分摊会造成无偿使用的土地在出让、转让过程中难以确定收取有关税费。土地价值最大化分摊法较实用，但存在一定的局限性，不过对只适用于底层为商业、二层以上为住宅的建筑物，仍是一种可在小城镇推广应用的方法。房地价值分摊法、土地价值分摊法与楼价分摊法理论上较合理，尤其是随着土地有偿使用范围的扩大，土地转让行为、改变用途行为发生频繁，这种方法就显得更加公平、合理。

10.4　房地产面积测算实训项目及指导

10.4.1　实训内容

　　1）坐标解析法图形面积计算。
　　2）使用求积仪进行面积量算（选做项目）。
　　3）房产建筑面积计算。
　　4）住宅楼各户产权面积计算及公用建筑面积分摊计算。

10.4.2　实训计划

　　本章的实训项目重点是面积测算，可以2人为一组组织实施。计划时间1周完成。

　　1）选择一个封闭区域，实地选定5～6个界址点，使用全站仪测出其全部坐标，起算控制点可以假设，但不宜太小，以免坐标出现负值。

　　2）选择独立权属的办公楼2幢、居民住宅楼2幢（户型一致和不一致的各一幢）、商住楼2幢，最好都能提供建筑设计（施工）平面图。用钢尺量取房屋及其附属设施的边长，计算房屋建筑面积和各户产权面积。

10.4.3　实训步骤

1. 准备工作

　　1）器材。每组准备钢尺1把或（手持测距仪1台）、计算器1台、求积仪1台

（选做），草图和计算用纸若干，每 5 组准备一台套全站仪供必要时的数据采集。

2）资料。建筑物设计施工图、面积量算规定及相关限差要求。

2. 选定丘面积测算

（1）坐标解析法图形面积计算

选择测站点，务必能一次完成所有假定界址点的测定，在测站点上安置仪器，假定北方向为起始定向方向，采集记录所有界址点坐标。根据坐标解析法图形面积计算公式计算其面积。公式为

$$\left.\begin{array}{l} S = \dfrac{1}{2}\sum\limits_{i=1}^{n} X_i(Y_{i+1} - Y_{i-1}) \\[2mm] S = \dfrac{1}{2}\sum\limits_{i=1}^{n} Y_i(X_{i-1} - X_{i+1}) \end{array}\right\} \tag{10.13}$$

也可采用

$$\left.\begin{array}{l} S = \dfrac{1}{2}\sum\limits_{i=1}^{n} (X_i - X_0)(Y_{i+1} - Y_{i-1}) \\[2mm] S = \dfrac{1}{2}\sum\limits_{i=1}^{n} (Y_i - Y_0)(X_{i-1} - X_{i+1}) \end{array}\right\} \tag{10.14}$$

式中：S——丘面积，m^2；

X_i——界址点的纵坐标，m^2；

Y_i——界址点的纵坐标，m^2；

X_0, Y_0——测区范围内纵坐标、横坐标的任意一个整数（加入 X_0 和 Y_0 的目的是为了减少面积计算的位数）；

n——界址点的个数；

i——界址点的序号[按顺时针方向顺编或逆时针方向顺编，序号从 1 开始连续顺编。当 $(i+1)>n$ 时，令 $(i+1)=1$；当 $(i-1)<n$ 时，令 $(i-1)=n$]。

例如，有一闭合五边形，各顶点坐标如表 10.10 所示。计算所得面积为
$P = 85\ 234.25\text{m}^2 = 127.85$ 亩。

表 10.10　坐标解析法计算算例

点号	坐标		坐标差		乘积	
	X_i	Y_i	$X_{i+1}-X_{i-1}$	$Y_{i+1}-Y_{i-1}$	$X_i(Y_{i+1}-Y_{i-1})$	$Y_i(X_{i+1}-X_{i-1})$
1	100	100	+234.49	−296.53	−29 653.00	+23 449.00
2	310.37	3.65	+294.25	+85.67	+26589.40	+1 074.01
3	394.25	185.67	+3.58	+409.18	+161 319.22	+664.70
4	313.95	412.83	−318.37	+114.51	+35 950.42	−131 432.69
5	75.88	300.18	−213.95	−312.83		
$\sum$			0	0	$P=85\ 234.25$	$P=85\ 234.25$

(2) 求积仪面积量算

根据前面部分所测的数据,依照一定比例尺将边界点展绘到图纸上,参考求积仪使用说明,量取本区域的面积 2 次,在较差不超限的情况下取均值作为最后面积[限差要求见式(10.15)]。参照坐标解析法求得的面积,对误差来源做出分析和判断。以掌握求积仪量算面积方法为目的。

$$\Delta S = \pm 0.0003 M \sqrt{S} \qquad (10.15)$$

式中:ΔS——两次量算面积较差,m^2;

S——所量算面积,m^2;

M——图的比例尺分母。

3. 建筑面积计算

(1) 建筑物边长尺寸采集

建筑物所有边长原则上均要求实量,并且至少量 2 次,取位 0.01m,边长量取精度参照 9.5 节中表 9.5 房屋面积误差的限差与相应边长测量的边长误差限差。对无法量到的部分边长,可以采用全站仪打点求距法,也可以参照建筑设计图纸经过分析比较后从图纸上得到。

(2) 绘制计算草图

根据所量尺寸和建筑物实际情况,如实地绘制成图。计算全面积的用实线表示,计算一半面积的用虚线表示,并加以适当文字注记;结构不同的逐层绘制并标明层数;在边的旁边加注边长至 0.01m。

3) 边长尺寸校核

1) 自然尺寸校核。根据建筑物的自然形状和规律,上下、左右的边长和应该一致;各层和层之间形状相同之处尺寸应一致。稍有出入可取均值。

2) 设计施工图尺寸校核。所有尺寸均应该和图纸上的一致,图纸上为中线尺寸,外业量测为外尺寸,一般情况下墙宽按 0.3m 计算,即外尺寸=中线尺寸+0.3m 墙宽(两侧各 0.15m)。

(4) 独立权属的办公楼的建筑面积计算

绘出建筑物各层水平投影图,标明所有尺寸,将图形分成若干部分,根据几何图形面积计算公式(一般主要是矩形、半圆形、三角形)计算各部分面积。累加得到总的建筑面积,相同结构的层次只计算一层,然后乘以层数。

要求:图形划分辅助线要在图上反映出来,并标明相关尺寸。将各部分面积计算步骤和公式写入计算书中。

(5) 住宅楼各户产权面积计算及公用建筑面积分摊计算

住宅楼的公用面积分摊严格执行《房产测绘规范》要求,认真确定该分摊的公共部分。

1) 为了书写计算方便,现将计算公式代号介绍如下:

S——面积；

ΔS——共有面积，为本单元自己原有的共有建筑面积；

δS——分摊面积，上一级分摊给本单元的分摊面积；

$\Delta\delta S(=\Delta S+\delta S)$——某一单元原有共有面积与上一级分摊给本单元分摊面积之和；

Z——幢；

g——功能区；

C——层；

K——分摊系数；

K_z——幢的分摊系数；

K_g——功能区的分摊系数；

K_C——层的分摊系数；

K_{Ci}——第 i 层的分摊系数；

i——序号；

E——产权；

S_E——产权面积。

2）共有建筑面积分摊参照下式计算，即

$$\delta S_i = K \times S_i$$
$$K = \sum \delta S_i / \sum S_i \tag{10.16}$$

式中：K——面积的分摊系数；

S_i——各单元参加分摊的建筑面积，m^2；

δS_i——各单元参加分摊所得的分摊面积，m^2；

$\sum \delta S_i$——需要分摊的面积总和，m^2；

$\sum S_i$——参加分摊的各单元建筑面积总和，m^2。

3）墙体 $1/2$ 面积计算公式。房屋两边长为 a 和 b，墙的厚度为 ω，则计算二分之一墙体面积，其公式为

$$\sum [1/2\omega_{外}] = (a_{外} + b_{外})\omega - \omega^2 \tag{10.17}$$

$$\sum [1/2\omega_{外}] = (a_{中} + b_{中})\omega + \omega^2 \tag{10.18}$$

$$\sum [1/2\omega_{外}] = (a_{内} + b_{内})\omega + 3\omega^2 \tag{10.19}$$

4）分摊面积和产权面积计算。一般将检核过的边长按照中线尺寸绘成图形，计算各户、各层、各功能区及整幢楼的公用分摊面积和各户的套内面积。采取由上而下的分摊模式，先分摊幢的共有面积到各功能区，功能区再把分到的分摊面积和原来自身的共有建筑面积相加在一起，再分摊至层，层把分到的分摊面积和原来自身的共有建筑面积相加在一起，再分摊至套或户，即多级分摊。

如果整幢楼各功能区内、各层的结构相同,共有建筑面积也相同,则可以免去层一级分摊,直接分摊至套或户。具体方法和算例见9.3节。

5) 绘制分层分户图。按照图式要求绘出各户的分户图,注明户号、套内面积、产权面积、分摊面积等,并写出详细的面积分摊计算书。

10.4.4 上交资料

1) 坐标解析法面积计算表。

2) 求积仪法面积量算表。

3) 单一权属建筑面积计算图和计算书。

4) 住宅楼公用建筑面积分摊计算书,各户分户图。

10.4.5 实训考核

由于面积量算主要是内业,所以考核应以完成任务情况、技能掌握情况、成果质量情况三个部分为准由指导教师做出考核。

参 考 文 献

顾孝烈.1996.房地产测绘.北京:中国建筑工业出版社

国家测绘局等.2003.测绘标准汇编——大地测量与地籍测量卷.北京:中国标准出版社

合肥工业大学等.1990.测量学.北京:中国建筑工业出版社

建设部住宅与房地产业司.2000.房地产测绘.北京:中国物价出版社

廖元焰.2003.房地产测量.北京:中国计量出版社

卢正等.2003.建筑工程测量实训指导.北京:科学出版社

吕永江.2001.房产测量规范与房地产测绘技术.北京:中国标准出版社

史美生等.1999.土木工程测量与房地产测绘.北京:中国物价出版社

谭峻.1992.地籍测量.乌鲁木齐:新疆科技卫生出版社

王大武等.1997.房地产测绘.北京:地震出版社

王侬等.1996.地籍测量.北京:测绘出版社

杨德麟.1998.大比例尺数字测图的原理方法与应用.北京:清华大学出版社

张建强.1994.房地产测量.北京:测绘出版社

詹长根.2001.地籍测量学.武汉:武汉大学出版社

赵文亮.2004.土木工程测量.北京:科学出版社